Sommaire

Articles

Recensions

Gerald A. Cohen (1941-2009) et le marxisme : apports et prise de distance

Fabien Tarrit*

Résumé

Le philosophe Gerald A. Cohen est décédé le 5 août 2009. Sa contribution s'est d'abord articulée autour de la pensée de Marx. Elle émergea sur la scène intellectuelle en 1978 avec la parution de *Karl Marx's Theory of History : A Defence*, qui impulsa la constitution du marxisme analytique. Par la suite, Cohen tendit à se détacher progressivement de la théorie de Marx. Il participa à la discussion sur le concept libertarien de propriété de soi en vue de l'associer à une approche marxiste, avant d'intégrer pleinement le débat normatif autour des problématiques de justice sociale, autour de la *Théorie de la justice* de John Rawls. Fondée sur la philosophie kantienne, sa critique de la théorie de Rawls lui reproche de ne pas accorder suffisamment d'autonomie aux choix individuels. Le présent article discute la pertinence du voyage intellectuel de Jerry Cohen dans son rapport à l'œuvre de Marx.

Mots-clé : Matérialisme historique, philosophie analytique, propriété de soi, philosophie politique

Abstract

Philosopher Gerald A. Cohen died on the 5th of August 2009. His contribution first got articulated around Marx's thought. It suddenly appeared on the intellectual theatre in 1978 with the publication of *Karl Marx's Theory of History: A Defence*, which allowed the constitution of Analytical Marxism. Later, he gradually departed from Marx's theory. He discussed the libertarian concept of self-ownership and the possibility to associate it to a Marxist

* Maître de conférences en sciences économiques, Université de Reims Champagne-Ardenne, REGARDS-OMI (EA 2065), fabien.tarrit@univ-reims.fr.

approach, before entering the normative debate around Rawls's *Theory of justice*. Based on the Kantian philosophy, his critique to Rawls was that the latter's theory allowed too little autonomy to individual choices. This paper discusses the consistency of Jerry Cohen's intellectual journey through his relation with Marx's work.
Keywords: Historical materialism, analytical philosophy, self-ownership, political philosophy

Classification JEL : B49, B52

Gerald A. Cohen, philosophe anglais d'origine canadienne, est décédé le 5 août 2009 à l'âge de 68 ans. Son œuvre intellectuelle, structurée autour du marxisme, du libertarisme de gauche et du libéralisme rawlsien, a fait de lui un auteur majeur dans la pensée contemporaine. Il est né au Canada en 1941, dans un environnement populaire. Sa mère est issue de la petite-bourgeoisie ukrainienne et en 1930 – elle avait 18 ans –, sa famille fuit le régime stalinien pour émigrer au Canada. Elle intégra alors la classe ouvrière et fut, jusqu'en 1958, un membre actif du Parti communiste du Québec (PCQ). Son père est né au Canada, « d'une origine prolétarienne irréprochable… il n'avait pas reçu d'éducation secondaire » (Cohen 2000, p. 53) ; il appartenait à l'Ordre du peuple juif uni (United Jewish People's Order), qui se présentait comme prosoviétique, antisioniste et antireligieux, et gérait l'école Morris Winchewsky à Montréal, dans laquelle le jeune Cohen reçut son éducation primaire. En 1952, après que cet établissement fut victime de la répression de la police québécoise (Anti-Subversive Squad of the Province of Quebec Provincial Police), il intégra une école publique protestante, puis entra en 1958 à l'Université McGill[1] à Montréal. De 1961 à 1963, il étudia la philosophie à l'Université d'Oxford en Angleterre. De 1963 à 1984, il enseigna à University College à Londres, avant d'obtenir une chaire à l'université d'Oxford[2], une première pour un auteur assimilé marxiste, en Théorie sociale et politique. Il la quitta en 2008 pour intégrer l'Université de Londres comme Professeur de Jurisprudence, sur le poste laissé vacant par Ronald Dworkin. Son

1. Il se souvient : alors qu'il était lycéen, « intégrer McGill constituait un espoir et une attente largement partagés » (2000, p. 79).

2. Il fut naturalisé anglais à cette occasion.

activité intellectuelle se prêtait également à des activités politiques (auprès du PCQ puis du Parti travailliste). Son œuvre comporte de nombreux éléments biographiques, ce qu'il justifie en insistant sur l'influence de son éducation sur sa pensée, tout en remarquant que « le fait que [s]on éducation [l]'a conduit à croire quelque chose n'est pas une raison de le croire » (*ibid.*, p. 36). Il fut ainsi, dès son plus jeune âge, conduit à s'intéresser à l'œuvre de Marx, et c'est en janvier 1966, au retour d'un séjour d'enseignement à l'Université McGill, qu'il commença à étudier spécifiquement la conception marxienne de l'histoire.

Ainsi ses travaux académiques se sont d'abord articulés autour de la pensée de Marx et des valeurs qu'il lui attribue, et il s'est consacré principalement au matérialisme historique (2000, 1988), avant de se rapprocher de la philosophie politique (1995, 2008, 2010)[3]. Ces éléments forment un programme de recherche évolutif engagé avec *Karl Marx's Theory of History : A Defence*, et la spécificité du parcours de Cohen lui confère une singularité au sein du *corpus* marxiste. Cet ouvrage fut largement jugé comme un travail majeur en philosophie marxiste dans le monde de langue anglaise (voir notamment Elster 1981 ; Lock 1988 ; Callinicos 2002), mais la résonance de son œuvre à l'extérieur du monde anglophone est largement en-deçà[4]. Cohen peut être considéré comme un auteur radical – « Être radical, c'est prendre les choses par la racine. Or, pour l'homme, la racine c'est l'homme lui-même » (Marx 1998, p. 25) – : l'homme est au cœur de sa pensée, il conçoit la philosophie comme un moyen de transformer le monde[5] et son parcours intellectuel s'articule autour de la

3. « En 1975, je me décidai, lorsque j'aurai achevé un livre que j'écrivais alors sur le matérialisme historique, à me consacrer à la philosophie politique en général » (1995, p. 4-5).

4. Deux de ses livres (*Pourquoi pas le socialisme ?,* L'Herne, 2010 ; *Si tu es pour l'égalité, pourquoi es-tu si riche ?,* Hermann, 2010) et deux de ses articles également (« La liberté et l'égalité sont elles compatibles ? », *Actuel Marx*, 1990 ; « Sauver la justice du constructivisme et l'égalité de la restriction à la structure de base », *Raisons publiques*, 2010) ont toutefois été récemment traduits en français. Par ailleurs, *Karl Marx's Theory of History : A Defence* a été traduit en espagnol (1984), en italien (1986), en norvégien (1986), en turc (1998). *If You're an Egalitarian How Come You're So Rich* a également été traduit en espagnol et en allemand (2001). Une thèse portant sur son œuvre a été soutenue en France (Tarrit, 2006b).

5. « Les philosophes n'ont fait qu'interpréter le monde de différentes manières, ce qui importe c'est de le transformer » (Marx, « Onzième thèse sur Feuerbach », *in* Engels 1946, p. 53).

recherche de justifications intellectuelles pour le socialisme. Il a pour point de départ l'œuvre de Marx, au sens où il a construit sa radicalité à partir de celle de Marx, pour des raisons qui tiennent notamment, mais pas exclusivement, à son éducation, et il s'achève avec celle de Rawls, avec pour fil directeur son objectif initial lié à l'élaboration d'outils intellectuels d'émancipation sociale. C'est en raison de cet accent porté sur la radicalité qu'il nous a paru souhaitable d'inscrire ses travaux dans cette dynamique en mettant l'accent sur son rapport particulier à l'œuvre de Marx. Le présent article interroge, de façon critique, la nature et l'évolution de ce rapport. Cohen a d'abord proposé une défense inédite du matérialisme historique, sur le mode de la philosophie analytique (I), il a par suite reconsidéré sa portée explicative, sur le même mode (II), avant d'orienter ses priorités intellectuelles vers la philosophie politique normative (III).

I. UNE DÉFENSE DU MATÉRIALISME HISTORIQUE SUR UN MODE INÉDIT

Comme son titre l'indique, *Karl Marx's Theory of History : A Defence* a pour objet la défense du matérialisme historique, en tant que composante indépendante de l'œuvre de Marx[6], ce que Cohen confirma plus tard en remarquant qu'« à cette période, le matérialisme historique était la seule partie du marxisme à laquelle [il] croyai[t] » (1995, p. 1). Sa défense apparaît alors que plusieurs débats sont en cours autour du marxisme en général et du matérialisme historique en particulier (I. 1.), elle repose sur des fondements analytiques (I. 2) et est articulée autour de l'explication fonctionnelle (I. 3). Elle a initié le marxisme analytique (I. 4).

I. 1. *Le débat avant Cohen*

Le livre fut publié, en 1978, à un moment particulier du développement du marxisme, qui était alors en crise. (I. 1.1). Il peut

6. Il précisait par ailleurs que « *les thèses de la théorie de la valeur travail ne sont pas présupposées ou impliquées par les affirmations contenues dans ce livre* » (2000, p. 353, souligné par Cohen).

être associé en particulier à deux débats majeurs : le déterminisme dans le matérialisme historique (I. 1.2) et la relation complexe entre marxisme et philosophie analytique (I. 1.3). Il est également une réponse à l'analyse de Louis Althusser (I. 1.4).

I. 1.1. *Un contexte de crise du marxisme*

Le livre est paru en 1978, dans un contexte théorique et politique particulier marqué par une double crise du marxisme. Il traversait une crise politique, liée notamment aux hésitations des intellectuels radicaux à l'égard de l'Union soviétique. Cela se manifesta à la fois par un abandon répandu des catégories centrales du marxisme (notamment la dictature du prolétariat), et par le fait que les organisations politiques se revendiquant explicitement du marxisme tendaient alors à être moins nombreuses et/ou à avoir moins d'influence. Il traversait également une crise théorique. Il faisait alors relativement peu débat dans le monde universi-taire anglophone[7] (principalement aux États-Unis et en Grande-Bretagne). Pourtant le livre de Cohen ne montre pas de signes de cette crise. Il apparaît avoir été écrit en abstraction de toute considération sur l'environnement politique ou intellectuel. Il n'en reste pas moins qu'en plus, ou à cause, d'une réception très favorable, Cohen a fait de Marx un opposant respectable dans les cercles philosophiques anglophones non marxistes, et a fourni une base philosophique plus accessible pour les marxistes de langue anglaise. Son livre renvoie à deux débats alors centraux : la question du déterminisme dans le matérialisme historique et le rapport entre marxisme et philosophie analytique.

I. 1.2. *Le déterminisme dans le matérialisme historique*

Pour Marx, les rapports légaux et les formes de l'État ne peuvent pas se comprendre principalement à partir du développement de l'esprit humain, mais ils puisent leurs racines dans les conditions matérielles d'existence et dans les rapports entre les différentes classes sociales ; cela nécessite une critique de l'économie politique. En d'autres termes la nature du mode de production de la vie

---

7. Jon Elster (1981, p. 745) constate « un fait curieux [...] l'absence d'un marxisme anglais », ce qui peut être généralisé au monde anglophone.

matérielle dicte les grands traits du mouvement de la vie spirituelle. Une interprétation assez répandue a été une lecture de la théorie de l'histoire de Marx comme un déterminisme, une histoire sans acteur. Dans le cadre d'une problématique en termes de relation entre forces productives et rapports de production, une question majeure est celle de la primauté ; en d'autres termes on se demande si la primauté explicative doit être accordée aux rapports de production ou aux forces productives. Pour Georges Plekhanoff (1927), c'est dans l'économie qu'il faut chercher l'anatomie de la société, et la nature des formes sociales est déterminée par l'état des forces productives. Pour Karl Kautsky (1907), le mouvement interne repose sur une impulsion externe, qui est potentiellement entravée par la structure, et l'histoire s'inscrit dans un processus évolutionnaire, dans lequel la conscience est réduite à un épiphénomène, et une condition majeure de l'émergence du socialisme n'est pas tant le développement objectif et subjectif du prolétariat qu'une science suffisamment développée. Kautsky et Plekhanoff peuvent être conçus en ce sens comme des sources de Cohen. Les années 1960 et 1970 furent également le témoin du développement d'importants débats sur la question de la nature du développement historique, notamment sur le féodalisme et son inscription dans un cadre matérialiste historique (voir Sweezy 1946 ; Braudel 1969 ; Dobb 1969 ; Brenner 1976[8]). La question qui se pose revient à savoir si le mode de production féodal était doté d'un mouvement historique propre et s'il comportait une tendance interne au développement[9].

I. 1.3. *La singulière complexité des rapports entre marxisme et philosophie analytique*

Le marxisme et la philosophie analytique sont deux univers intellectuels qui ont longtemps eu tendance à s'ignorer, pour le moins. Pour résumer succinctement, dans son refus des théories globales, la philosophie analytique a longtemps rejeté le marxisme dans son ensemble, alors qu'à l'inverse les marxistes ont largement rejeté la philosophie analytique, notamment car elle était jugée

8. Sur le débat marxiste analytique à propos de la transition du féodalisme au capitalisme, voir Tarrit 2013.

9. Pour une synthèse des débats sur la théorie de l'histoire avant Cohen, voir Cowling et Manners 1992.

ahistorique. C'est au lendemain de la Seconde guerre mondiale que sont apparus des éléments de confrontation, avec notamment les contributions de Vernon Venable (1945), de Harry B. Acton (1955) ou de John Plamenatz (1963). Pour Acton, « le marxisme est un amalgame de deux philosophies incompatibles, positivisme d'une part, et hégélianisme d'autre part » (1955, p. 251). Le marxisme est critiqué pour ne pas appliquer de manière solide les critères de clarté et de rigueur requis par la philosophie analytique. À l'inverse, pour Cohen, ces auteurs « rejettent la théorie non pas parce qu'ils appliquent les critères trop sévèrement mais parce qu'ils ne les appliquent pas avec suffisamment de sévérité » (1970, p. 271).

Précisément, Venable, Acton et Plamenatz procèdent effectivement à une analyse rigoureuse de la Préface de 1859 dans laquelle ils cherchent à définir le contenu des rapports de production, des forces productives, à dégager des liens explicatifs entre concepts, à discuter le sens de la causalité entre le droit (superstructure) et l'économie (infrastructure)… Toutefois les désaccords avec Cohen sont majeurs, ce dernier cherchant à défendre la théorie de Marx, ces auteurs cherchant à la déconstruire. Cependant, il n'en reste pas moins possible d'engager un dialogue entre marxisme et philosophie analytique, précisément sur le terrain du matérialisme historique, et c'est par la contribution de Louis Althusser que Cohen engage cet échange.

I. 1.4. *Une réponse à Althusser*

Le contexte intellectuel en Europe continentale était à l'inverse marqué par une influence significative du marxisme, notamment à travers la figure d'Althusser. Cohen admet que ce dernier « a exercé une forte influence sur [s]on intérêt actuel pour le matérialisme historique » (2000, p. x), et il apparaît, par plusieurs allusions discrètes, que son livre sur le matérialisme historique est une réponse à Althusser, en particulier à *Lire Le Capital*, paru en 1965. Les années 1970 furent en effet le théâtre d'une controverse relativement importante autour des travaux d'Althusser, notamment parmi les auteurs radicaux anglo-saxons (Edward P. Thompson, Perry Anderson, Andrew Levine…). Elle portait notamment sur la relation entre structure et sujet, sur l'articulation du rapport forces productives-rapports de production avec la lutte de classes. Althusser a ouvertement remis en cause le contenu hégélien de la pensée de Marx, notamment la relation dialectique, qu'il juge métaphysique et qu'il conçoit comme une « monstruosité philosophique destinée à justifier le pouvoir » (Althusser 1994, pp. 31-32). Pour Althusser comme pour Cohen, le matérialisme historique et la dialectique hégélienne sont incompatibles, les concepts élémentaires de toute structure théorique doivent être systématiquement questionnés et clarifiés, et il n'existe pas de méthodologie marxiste spécifique[10]. De même, Cohen accepte implicitement la coupure épistémologique althussérienne.

Il prit toutefois ses distances avec Althusser, et il évoque de profondes divergences – en estimant notamment qu'« il est peut-être regrettable que le positivisme logique, avec son insistance sur la précision dans l'activité intellectuelle, n'ait jamais atteint Paris » (Cohen 2000, p. x). Plus tard il parvint à une conclusion plus nette :

> Même si à une période j'étais attiré par l'althussérisme, je n'ai pas succombé à son intoxication, car j'ai constaté que son affirmation répétée sur la valeur de la rigueur conceptuelle ne correspondait pas à une rigueur conceptuelle dans la pratique intellectuelle. (Cohen 2002, p. 323)

Cette critique porte notamment sur la question du structuralisme, sa conception de l'histoire étant perçue comme un processus sans sujet, les êtres humains comme les simples soutiens de structures objectives, et la subjectivité comme une construction de l'idéologie, ce qui rend difficile la conceptualisation de la lutte et du changement social.

Ainsi le livre de Cohen n'est pas apparu *ex nihilo*, il s'inscrit dans un ensemble de débats d'une importance majeure, et propose sans ambiguïté une défense du matérialisme historique.

I. 2. *Une défense analytique*

Cohen conditionne sa défense à « deux contraintes : d'une part, ce qu'a écrit Marx et, d'autre part, ces normes de clarté et de

---

10. Althusser se demande « quel type de philosophie correspond le mieux à ce que Marx a écrit dans *Le Capital*. Quelle qu'elle soit, ce ne sera pas une "philosophie marxiste" [...] ce sera une philosophie *pour le marxisme* » (1994, p. 37-38, souligné par Althusser).

rigueur qui distinguent la philosophie analytique du vingtième siècle » (2000, p. IX). L'originalité de cette approche ne réside pas dans l'étude de l'œuvre de Marx, ni dans le recours à la philosophie analytique, mais dans la conjonction de ces deux éléments ; ainsi la principale nouveauté ne porte pas tant sur le contenu que Cohen attribue à la théorie que sur son mode d'exposition : une présentation analytique des concepts marxiens (I. 2.1) et leur articulation par des thèses explicatives (I. 2.2).

I. 2.1. *Une clarification des concepts du matérialisme historique*

Il procède à une clarification des concepts du matérialisme historique, tel qu'il apparaît dans la Préface de la *Contribution à la critique de l'économie politique* (Marx 1957, p. 4-5), qu'il considère comme le passage le plus représentatif et le plus synthétique de la théorie de l'histoire de Marx[11] ; il définit chacun des concepts de manière précise, puis dégage les liens causaux qui les unissent, d'une manière qui correspond aux méthodes de la philosophie analytique. Son accent a porté sur les concepts de la théorie qu'il juge élémentaires : les forces productives et les rapports de production, ainsi que, dans une moindre mesure, la superstructure.

Cohen définit les forces productives matérielles par le fait qu'elles contribuent matériellement à la production ; il s'agit des ressources productives physiques (instruments de production et matières premières) et de la force de travail. Leur développement correspond à la croissance du pouvoir productif, c'est-à-dire la hausse de la productivité. Il est en dernière analyse réductible au développement de la science.

Les rapports de production sociaux, qui seuls constituent la structure économique, correspondent à un rapport de subordination, dans lequel les producteurs produisent pour d'autres qui ne produisent pas pour eux-mêmes, et ils sont soumis à l'autorité de ces non-producteurs. Ainsi les rapports de production représentent une forme sociale, dans laquelle a lieu un certain développement des forces productives matérielles.

11. Ce passage en est sans nul doute la présentation la plus synthétique par Marx, mais la théorie apparaît également dans *L'idéologie allemande,* dans *Misère de la philosophie*...

La superstructure, quant à elle, se compose d'institutions non économiques pouvant être expliquées par la structure économique. Elle se définit exclusivement dans son rapport à celle-ci, dont elle est nécessaire à la stabilité. Ainsi la superstructure est telle qu'elle permet la stabilité de la structure économique et donc le développement des forces productives [12].

Ces concepts sont ensuite articulés pour dégager des thèses explicatives : la Thèse du développement et la Thèse de la primauté.

I. 2.2. *Le matérialisme historique en thèses*

La Thèse du développement énonce qu'il existe une « tendance universelle au développement [et] il est dans la nature des forces de se développer » (Cohen 2000, p. 135). Le développement des forces productives constituerait ainsi la variable explicative principale du changement historique – ce qui n'exclut pas une certaine influence des rapports sur les forces –, et il existerait une tendance endogène vers le progrès, dans une direction déterminée. Il présente cette tendance au développement comme autonome, et comme une caractéristique propre à l'humanité. Il dégage trois éléments universels visant à la justifier : la *rareté* des ressources comme situation de l'homme face à l'histoire, la *rationalité* et le *savoir* des hommes en tant qu'éléments propres à la nature humaine. Par conséquent, les hommes, parce qu'ils sont *rationnels* et *intelligents* [13], sont disposés à et capables d'employer et d'améliorer des moyens de production permettant le développement des forces productives pour faire face à la *rareté*, et il serait irrationnel de ne pas les utiliser [14].

La Thèse de primauté repose sur la Thèse du développement ; elle énonce que « la nature des rapports de production s'explique par le niveau de développement des forces productives » (*ibid.*, p. 134), qui sont ainsi la force motrice de l'histoire. En d'autres termes, la *correspondance* entre forces productives et rapports de production permet le *développement* des forces productives qui, lorsqu'il est entravé par l'apparition d'une *contradiction* entre forces et rapports,

---

12. Cohen limite la superstructure à la légalité, ou plus précisément « ne discute que l'ordre juridique qui, sans controverse, appartient à la superstructure » (1982, p. 30).

13. Cohen utilise indifféremment savoir et intelligence.

14. Voir Joshua Cohen (1982) et Robert Brenner (1985), également marxistes analytiques, sur la possibilité d'absence durable de développement.

nécessite une *transformation* des rapports en une forme *supérieure* afin de permettre le développement des forces, ce qui traduit la *primauté* explicative des forces sur les rapports. En tant qu'élément *matériel*, elles s'inscrivent dans une continuité historique, et nécessitent une forme *sociale* spécifique pour constituer le cadre de leur développement. Il est question d'asymétrie explicative, avec une primauté du *matériel* sur le *social*. La Thèse du développement constitue donc le postulat sans lequel il n'aurait pas de sens de parler de primauté explicative des forces productives sur les rapports de production.

I. 3. *Un recours original à l'explication fonctionnelle*

L'articulation entre forces productives et rapports de production par Cohen fait apparaître une innovation majeure : l'utilisation de l'explication fonctionnelle dans le matérialisme historique (I. 3.1). Elle repose sur une analogie avec la biologie évolutionnaire prédarwinienne (I. 3.2).

I. 3.1. *La nécessité d'un mode d'explication*

Dans la mesure où Cohen n'associe pas le matérialisme historique au matérialisme dialectique, la revendication de scientificité de son approche rend nécessaire la spécification du mode d'explication visant à articuler des thèses. Ainsi, il considère que l'explication fonctionnelle est indispensable au matérialisme historique : « la structure économique a pour fonction de développer les forces productives » (1980a, p. 129) et « la superstructure [a] pour fonction de stabiliser la structure économique » (1982, p. 29). Une construction par l'explication fonctionnelle, comme un sous-ensemble de l'explication causale, permet alors de rendre compatible le pouvoir causal des phénomènes expliqués et leur position secondaire dans l'explication. Ici l'explication fonctionnelle est utilisée comme un outil méthodologique destiné à articuler les concepts du matérialisme historique, et il rejette toute interconnexion fonctionnelle entre eux, ce qui le conduirait au fonctionnalisme. Cohen pense à l'inverse qu'il est possible de séparer ce mode explicatif de ses conséquences théoriques, au sens où « l'explication fonctionnelle est compatible avec le rejet de la doctrine du fonctionnalisme, et l'explication fonctionnelle n'est pas nécessairement conservatrice » (2000, p. 284). Il n'en reste pas moins que Cohen, tout comme Althusser, est à rebours de la tradition marxiste qui a largement rejeté l'explication fonctionnelle comme conservatrice, en l'assimilant au fonctionnalisme. Précisément, il envisage l'explication fonctionnelle comme conséquentielle, à savoir que les conséquences sont explicatives de par leur impact sur l'élément à expliquer, au sens de Robert Merton[15]. Cohen estime que, dans le cadre de la philosophie analytique, l'explication fonctionnelle est le seul moyen de sauver le marxisme de son absorption dans le courant dominant, marqué par la suprématie de l'individualisme méthodologique.

> Je pense qu'il n'existe pas de construction alternative tenable des énoncés centraux du matérialisme historique, c'est pourquoi si ma défense échoue, le matérialisme historique échoue. Par conséquent si j'ai tort, le coût pour le marxisme est considérable. (1980a, p. 129)

I. 3.2. *Une analogie biologique*

En outre, ce cadre théorique ouvre la possibilité d'une analogie entre l'explication fonctionnelle et la biologie évolutionnaire[16]. Cohen considère que le matérialisme historique « pourrait en être à son étape lamarckienne » (1980a, p. 134), c'est-à-dire prédarwinienne, ce qui signifie que les espèces ont eu telles caractéristiques utiles « parce qu'elles étaient utiles » (*ibid.*, p. 133), et qu'un organe cherche toujours à s'adapter à son environnement, sans qu'il soit nécessaire de spécifier le mécanisme par lequel il s'adapte.

Pour Lamarck, les populations évoluent parce que les organismes changent en accord avec leur dynamique interne ce qui, selon Cohen, correspond mieux au matérialisme historique : La théorie « cv/ns[17] ne permet pas d'expliquer l'acquisition ou la possession par un organisme particulier d'une caractéristique fonctionnelle en réfé-

15. « Lorsque le solde net d'un ensemble de conséquences d'une structure sociale existante est clairement dysfonctionnel, un impérieux besoin de changement se fait jour » (Merton 1965, p. 90).

16. « Ma référence à Darwin vise à montrer la respectabilité de l'explication fonctionnelle comme élément de ma défense du matérialisme historique » (1980b, p. 44). Une telle analogie existait chez Marx, comme en témoigne l'hommage que lui rendit Engels à l'occasion de ses funérailles : « Charles Darwin a découvert la loi de l'évolution de la nature organique sur notre planète. Marx est celui qui découvrit la loi fondamentale et constitutive qui détermine le cours et l'évolution de l'histoire humaine » (Engels 1973, p. 114).

17. Variation des chances et sélection naturelle.

rence à sa fonctionnalité pour cet organisme » (1982, p. 38). Ainsi Cohen attribue au contenu évolutionnaire de l'explication lamarckienne le noyau dur de l'explication fonctionnelle qu'il associe au matérialisme historique. Cela signifie que les rapports de production s'adaptent au développement des forces productives, de même que les espèces s'adaptent à l'environnement. C'est après avoir structuré sa théorie à l'aide de l'évolutionnisme lamarckien qu'il rentre dans le détail de l'explication fonctionnelle à l'aide de fonctions latentes de type mertonien. Il existerait un potentiel pour créer des rapports de production permettant un développement supérieur des forces productives, toutefois, celui-là ne peut pas se réaliser tant que les anciens rapports n'ont pas permis aux forces de se développer à un tel point qu'elles puissent utiliser de nouveaux rapports de production ayant un potentiel de développement largement supérieur. Jon Elster présente la position de Cohen comme primitive en termes de philosophie de sciences, un inductivisme à l'image du Cercle de Vienne : « Si Marx fut le Buffon du marxisme, Cohen est son Lamarck ; attendons le Darwin » (1981, p. 754). Il juge qu'il manque à l'explication fonctionnelle un mécanisme explicatif[18]. Or Cohen estime qu'un organe cherche toujours à s'adapter à son environnement, sans qu'il soit nécessaire de spécifier le mécanisme par lequel il s'adapte, tout en ayant connaissance de son existence.

Cohen transforme, sans la nier, une opposition normative indéniable entre marxisme et fonctionnalisme en un rapprochement méthodologique en utilisant un instrument des fonctionnalistes, l'explication fonctionnelle, pour défendre un aspect du marxisme, le matérialisme historique.

I. 4. *Le document fondateur du marxisme analytique*

> Il est largement accepté que la genèse du marxisme analytique puisse être attribuée à la publication de *Karl Marx's theory of history : a defence* par Cohen en 1978. (Roberts 1996, p. 1)

18. Cette question a fait l'objet d'un numéro spécial de *Theory and Society* paru en 1982, avec les contributions de Jon Elster, John Roemer, Philippe Van Parijs, Anthony Giddens, Johannes Berger et Claus Offe ainsi qu'une réponse de Cohen.

L'application résolue par Cohen des méthodes de la philosophie analytique au texte de Marx correspond en particulier à un renouvellement du mode d'interprétation du matérialisme historique et de la façon de penser le marxisme. Au-delà des nombreux éloges qu'il a reçus dans le monde universitaire anglo-saxon, il a, en offrant une approche du marxisme correspondant aux canons traditionnels de la philosophie analytique, attiré un certain nombre d'intellectuels plus ou moins proches du marxisme qui, jusqu'à présent, butaient sur les postulats philosophiques lui étant traditionnellement attribués. Cohen vise à rapprocher les traditions philosophiques marxiste et analytique autour du matérialisme historique (I. 4.1), ce qui fait de lui le précurseur du marxisme analytique (I. 4.2).

I. 4.1. *Une réconciliation inédite autour du matérialisme historique*

Cohen a ouvert au marxisme les portes du monde universitaire anglo-saxon en atténuant les réticences de nombreux universitaires radicaux s'en étant écartés en raison du manque de rigueur qu'ils attribuaient au marxisme, notamment au raisonnement dialectique. En septembre 1979, l'année ayant suivi la première parution de *Karl Marx's Theory of History : A Defence*, Cohen et Elster organisèrent à Londres une rencontre entre une trentaine d'universitaires marxistes, ou proches du marxisme, principalement originaires de pays de langue anglaise et issus d'un champ disciplinaire couvrant les sciences humaines et sociales (économie, sociologie, histoire, philosophie, science politique…)[19]. L'expérience fut renouvelée l'année suivante dans le même lieu, sur le même thème, avec beaucoup moins de personnes – une dizaine – et des rencontres annuelles furent organisées sur ce mode chaque mois de septembre, entre auteurs ayant pour centre d'intérêt commun une ambition consistant à séparer le contenu de la théorie de Marx de son

19. Parmi les premiers contributeurs figuraient, outre G.A. Cohen, le philosophe et sociologue norvégien Jon Elster, l'économiste américain John Roemer, le sociologue américain Erik O. Wright, l'historien américain Robert Brenner, le philosophe belge Philippe Van Parijs, le philosophe américain Hillel Steiner, the politiste hollandais Robert Van der Veen, l'économiste indien Pranab Bardhan. Sur le marxisme analytique, voir Tarrit 2006a, 2014. « À l'origine, ces rencontres furent à l'initiative de Gerald Cohen pour discuter de certains thèmes de son livre *Karl Marx's Theory of History : A Defence* » (Wright 2010, p. 18).

mode d'exposition. Le rassemblement prit le nom de Groupe de Septembre, ou parfois de Groupe du marxisme sans foutaise[20], en référence à ce qu'il juge comme un énoncé ne pouvant être clarifié et n'ayant pas de potentiel de suggestion[21]. Les réunions se déroulèrent le plus souvent à Londres, mais aussi à Paris, à Chicago, à New York, à Cambridge, à Oxford. Elles furent annuelles jusqu'en 2000, la rencontre fut annulée en 2001 en raison des événements du 11 septembre, et il fut décidé de passer à une fréquence biannuelle. La dernière rencontre eut lieu en septembre 2012.

I. 4.2. Cohen précurseur

Cohen ne se présente pas lui-même comme un précurseur, ni comme un fondateur, mais comme membre d'un groupe de chercheurs partageant un ensemble de préoccupations[22]. Le groupe publia pour la première fois le terme « marxisme analytique » en 1986, dans un ouvrage collectif dirigé par John Roemer, *Analytical Marxism*, même s'il était utilisé en séminaire par Jon Elster dès 1980[23]. Il donna lieu à de nombreux débats sur la validité de la

---

20. « Quand un ensemble de marxistes ou semi-marxistes qui, comme moi, en sont venus à répugner ce que nous considérions comme l'obscurité qui était parvenue à imprégner le marxisme – quand nous avons formé, à la fin des années 1970, un groupe de discussion marxiste qui se réunit annuellement, auquel je suis heureux d'appartenir, j'étais satisfait que mes collègues souhaitent l'appeler le Groupe du marxisme sans foutaise » (Cohen 2002, p. 323-324).

21. Voir Cohen 2002. Il fait référence à Harry Frankfurt, pour qui la foutaise correspond « simplement à l'absence de lien à une préoccupation avec la réalité » (Frankfurt 2005).

Dans un article non publié, il se demande « Why One Kind of Bullshit Flourishes in France » (Pourquoi un certain type de foutaise se développe en France) et répond en trois points :

– L'autorité liée au caractère central de Paris remplace la rigueur analytique ;

– L'accent sur le style masque la foutaise ;

– Il existe en France une forte tolérance à la foutaise, liée au fait que la foutaise est étudiée à l'école.

22. « Ce livre a reçu plus d'attention que celle dont il aurait fait l'objet en d'autres circonstances, en raison de la coïncidence qui l'a vu paraître à un moment où d'autres universitaires marxistes s'engageaient également à travailler dans ce qui s'appelle dorénavant "marxisme analytique" » (2000, p. XVII).

23. Ce n'est toutefois pas la première fois. Une école nommée « marxisme analytico-linguistique » s'est développée en Pologne à partir de 1956 (voir Skolimowski 1965). Le marxisme analytique ne s'y rattache pas directement, mais les deux ont en commun une séparation entre positif et normatif, entre scientificité et éthique. À partir de la fin des

théorie de Marx, avec un certain nombre d'ouvrages majeurs, parmi lesquels *A General Theory of Exploitation and Class* (Roemer 1982), *Karl Marx, une interprétation analytique* (Elster 1989), *Classes* (Wright 1985). D'après Erik Olin Wright (1994, p. 40-41) : quatre éléments méthodologiques caractérisent

> ce qui est analytique dans le marxisme analytique… Des normes scientifiques conventionnelles… Une conceptualisation systématique… Une spécification précise de la construction des arguments théoriques entre concepts… Une importance accordée aux actions intentionnelles des individus.

La dernière caractéristique n'est pas de même nature, et surtout elle est moins consensuelle, au sens où il est inexact d'associer strictement le marxisme analytique à la théorie du choix rationnel. On peut ainsi concevoir le marxisme de choix rationnel comme une branche spécifique du marxisme analytique, Cohen, Wright et Brenner ne pouvant être qualifiés de partisans du choix rationnel (voir Veneziani 2010).

L'œuvre de Marx est testée de manière systématique : « Il n'est probablement pas un seul dogme du marxisme classique qui n'ait fait l'objet d'une critique insistante lors de ces débats » (Elster 1989, p. 12). Le marxisme analytique peut être synthétisé comme

> une tentative de préserver le programme de recherche classique (a) en reconstruisant la théorie de l'histoire sur des fondements non hégéliens et (b) en remplaçant la théorie classique de la valeur travail par la théorie contemporaine de l'équilibre général. (Carling 1997, p. 770)

Cela correspond globalement aux travaux de Cohen et de Roemer, alors qu'Elster proposa une vision plus générale. Des débats majeurs sur la théorie de Marx animèrent le marxisme analytique pendant les années 1980 – notamment son débat avec Elster sur l'explication fonctionnelle –, au cours desquels Cohen fut amené à modifier la périphérie du matérialisme historique.

---

années 1970, s'est également constituée, au Japon, une école de pensée nommée « marxisme analytique » (voir Takamasu 1994). Elle s'est fixée pour objectif une étude algébrique des questions posées par le marxisme, avec un fort degré de formalisation, dans la continuité des travaux du marxisme algébrique, en particulier de Nobuo Okishio (1961), de Michio Morishima (1973).

II. UNE RECONSIDÉRATION DU MATÉRIALISME HISTORIQUE SUR LE MÊME MODE

> Je pensais que la théorie était vraie avant d'écrire ce livre [*Karl Marx's Theory of History : A Defence*], et la conviction initiale a plus ou moins survécu à la contrainte de l'écriture… Maintenant, je ne pense pas que le matérialisme historique soit faux, mais je ne suis pas sûr de pouvoir affirmer s'il est vrai ou non. (1983, p. 227)

Dans sa démarche visant à spécifier les éléments respectivement constitutifs du noyau dur et de la périphérie de la théorie, envisagée comme un programme de recherche au sens de Lakatos, et dans le cadre des débats avec les auteurs du Groupe de Septembre, Cohen reconstruisit son interprétation du matérialisme historique en un sens qui correspond à un affaiblissement de sa portée explicative, qui ne nous paraît pas sans lien avec l'influence du marxisme analytique. Il posa les fondements de cette « reconsidération » (*Ibid.*) en interrogeant la structure logique de la théorie dès les années 1980 (II. 1), avant de l'appuyer, pendant les années 1990, sur des éléments empiriques (II. 2).

II. 1. *Une reconstruction sur un mode théorique*

Cohen présenta explicitement les fondements de cette relecture en interrogeant d'abord la structure logique de la théorie qu'il défendait dans *Karl Marx's Theory of History : A Defence*. Elle repose sur trois éléments et correspond à une décomposition, sur le mode analytique, de l'œuvre de Marx en plusieurs champs théoriques (II. 1.1), d'une réinterprétation plus personnelle du matérialisme historique (II. 1.2) et d'une réaffirmation de son rejet de la méthode dialectique (II. 1.3).

II. 1.1. *Une fragmentation conceptuelle de l'œuvre de Marx*

Cohen spécifie le marxisme comme plusieurs théories plutôt que comme une théorie qui se développe sous plusieurs aspects, s'inscrivant ainsi en rupture avec l'hypothèse d'homogénéité du marxisme : « Marx a produit au moins quatre ensemble d'idées : une anthropologie philosophique, une théorie de l'histoire, une théorie économique et un projet de société future » (Cohen 1983, p. 232).

– L'anthropologie philosophique, comme théorie de la nature humaine, correspondrait à une conception selon laquelle les hommes sont des êtres créatifs.

– La théorie de l'histoire invoquerait une croissance implicite du pouvoir productif comme soutien du changement social.

– La théorie économique équivaudrait à la théorie de la valeur travail et à ses prolongements (théorie de l'exploitation, loi de la baisse tendancielle du taux de profit).

– Le projet de société future serait le communisme, porteur de l'épanouissement des hommes et de l'humanité.

Ainsi, pour Cohen « le marxisme n'est pas une théorie, mais un ensemble de théories plus ou moins reliées » (1984, p. 3)[24], ce qui rend possible l'énoncé selon lequel « le matérialisme historique et l'anthropologie philosophie marxiste sont indépendants » (1983, p. 247) et donc que la conception marxiste de la nature humaine n'est pas appropriée au matérialisme historique, ou plus précisément à sa version globale[25]. Nous concevons cette position comme une évolution significative de sa pensée, dans la mesure où sa défense initiale du matérialisme historique se fondait sur un aspect pouvant être considéré comme faisant partie de la nature humaine, *i.e.* sur l'hypothèse selon laquelle les hommes sont rationnels et intelligents. Il n'est pas exclu de penser, même si Cohen ne l'a pas affirmé explicitement, qu'il existe un lien entre d'une part une anthropologie philosophique qui énonce que les hommes sont créatifs, et d'autre part les hypothèses de rationalité et d'intelligence. C'est ainsi que Cohen va distinguer deux interprétations du matérialisme historique, en fonction de leur portée explicative.

II. 1.2. *Un dédoublement du matérialisme historique*

Cohen interroge le champ du matérialisme historique et il juge la théorie trop matérialiste. C'est la raison pour laquelle il propose deux formes de matérialisme historique, spécifiées par un noyau dur

24. Sans pour autant affirmer qu'il s'agisse d'une réfutation de cette démarche, il est possible de la contraster avec ce qu'écrit Marx (1964, p. 148) : « Quelques défauts qu'ils puissent avoir, c'est l'avantage de mes écrits qu'ils constituent un tout artistique et je ne puis parvenir à ce résultat qu'avec ma façon de ne jamais les faire imprimer, tant que je ne les ai pas tout entiers devant moi ».

25. Voir plus loin, p. 21.

commun et deux périphéries distinctes : un matérialisme historique global et un matérialisme historique restreint[26]. Le matérialisme historique global énonce que « l'histoire est, de façon centrale » (1984, p. 10), l'histoire du développement des forces productives, au sens de la Thèse du développement, qui « explique les principaux aspects des phénomènes spirituels » (*ibid.*, p. 11), alors que le matérialisme historique restreint énonce que l'histoire est « *entre autres* » (*ibid.*, p. 10, souligné par Cohen) l'histoire du développement des forces productives. Il ouvre ainsi la possibilité de fournir une explication des phénomènes spirituels qui soit indépendante des phénomènes matériels. Cohen reproche à Marx de n'avoir « jamais envisagé la distinction… et… de s'être engagé, malheureusement, dans la variante globale » (*ibid.*, p. 15). Ainsi, en cohérence avec la coupure épistémologique qu'il a empruntée à Althusser, il affirme (1988, p. 167) que

> *L'idéologie allemande* ne peut certainement pas être sauvée pour le matérialisme historique restreint, mais l'énoncé le plus précis et le plus circonspect de la théorie dans la Préface de 1859 [...] peut quasiment l'être[27].

La condition est la suivante, elle concentre le cœur de la prise de distance de Cohen avec Marx :

> Je concède que la Préface contient une phrase sans ambiguïté globale à propos de la conscience : « Ce n'est pas la conscience des hommes qui détermine leur être ; c'est inversement leur être social qui détermine leur conscience ». Si elle est supprimée, j'estime que le reste est ouvert à la construction restreinte. Je considère cette phrase comme une figure de style, le propre commentaire global de Marx sur la doctrine qu'il présente, plutôt qu'un commentaire sur ce qu'elle exige. Je ne prétends pas qu'il ne pensait pas ce qu'il affirmait lorsqu'il a écrit cette phrase, et j'admets que sa présence nuance le reste de la Préface. Mon affirmation est que le reste de la

26. Il présenta cette position à l'occasion de la réunion du Groupe de Septembre en 1983 à Paris. Une distinction similaire est proposée par Wright, Levine et Sober (1992), également marxistes analytiques, entre matérialisme historique faible et matérialisme historique fort.

27. Il est intéressant de noter que ce passage n'apparaît pas dans la version initiale de l'article (1984).

> Préface peut être considéré différemment si elle est supprimée. (1984, p. 17-18)

Cohen attribue à Marx une élaboration globale, qui serait liée à une influence hégélienne – « Quand il remplaça l'idéalisme hégélien par son propre matérialisme, [Marx] conserva l'aspect global de la doctrine qu'il avait rejetée » (*ibid.*, p. 23) – et, par ce prélèvement inattendu dans la Préface, il estime qu'il aurait dû défendre un matérialisme historique restreint, qui comporte un aspect non matérialiste, selon lequel les phénomènes spirituels, tels que la religion et le nationalisme, peuvent être expliqués indépendamment de la structure matérielle. Il reste matérialiste pour Cohen, au sens où « les phénomènes spirituels… ne doivent pas modifier ni être responsables du progrès matériel » (*ibid.*, p. 10). Il vise à tenir compte de ces phénomènes, et Cohen considère cette position comme une réponse au « défi [que constitue] l'énoncé par Max Weber de la Réforme Protestante et ses conséquences » (*ibid.*, p. 11). En l'occurrence, l'affirmation par Weber (2000) qu'un aspect particulier de la religion protestante, en l'occurrence le développement d'une morale encourageant un comportement individualiste, explique l'émergence du capitalisme en Europe[28], est contradictoire avec le matérialisme historique global, mais reste cohérent avec le matérialisme historique restreint. Il reconnaît son « déplacement [d'une position globale] vers une position restreinte » (1984, p. 23), même s'il considère que *Karl Marx's Theory of History : A Defence*, « était déjà, implicitement ou de manière naissante, un matérialisme historique restreint » (*ibid.*, p. 25), ce qui à nos yeux n'apparaît pas clairement dans ce texte. Aussi il estime souhaitable de « ne pas qualifier le matérialisme historique restreint de théorie *matérialiste* de l'histoire » (*ibid.*, souligné par Cohen).

Sa réinterprétation du matérialisme historique s'appuie également sur son rejet initial de la méthode dialectique, qui est commun aux auteurs du Groupe de Septembre.

---

28. Cette position peut toutefois être nuancée, notamment avec les travaux de H.M. Robertson (1933). D'une part, c'est en s'adaptant au capitalisme que la religion protestante a encouragé l'esprit d'entreprise. D'autre part, toute branche du protestantisme n'entretenait pas le même rapport avec le capitalisme, et plus généralement, la propension de diverses branches du christianisme à encourager le capitalisme reposait sur les circonstances matérielles.

II. 1.3. *Un rejet de la méthode dialectique*

Cohen dénonce comme une conception obstétrique – et donc comme un argument historiciste – l'énoncé selon lequel les solutions à un problème résident dans le plein développement de ce problème, et selon lequel la transformation sociale pourrait être décrite comme le processus par lequel le vieil ordre donne naissance au nouveau. C'est une critique adressée à la théorie de Hegel[29], et plus précisément au contenu hégélien de l'œuvre de Marx, selon qui une solution n'existe que lorsqu'un problème est pleinement développé et lui est endogène[30] :

> Au lieu de le renverser ou de le remettre à l'endroit, Marx aurait mieux fait, après avoir désavoué Hegel, de le laisser là où il était. Les choses réellement importantes que Marx avait à dire sur l'histoire et sur la libération de l'humanité ne l'obligeaient pas à renverser la causalité entre être et conscience. (*ibid.*, p. 23)

Marx estime nécessaire d'étudier profondément les phénomènes sociaux afin d'en extraire une solution, et le rôle du théoricien socialiste est de rendre explicite la tâche de la classe ouvrière, en l'occurrence accomplir une révolution sociale. Pour Cohen la classe ouvrière joue le rôle de la sage-femme dans la conception obstétrique ; il estime que « de toute évidence, la conception obstétrique de la pratique politique est erronée » (2010, p. 156)[31] car « elle justifie une inattention criminelle à ce *que* l'on essaie de réaliser, au problème du modèle socialiste » (*ibid.*, p. 159, souligné par Cohen). C'est la

---

29. « Le dialectique constitue [...] l'âme motrice de la progression scientifique, et il est le principe par lequel seul une *connexion et nécessité immanente* vient dans le contenu de la science, de même qu'en lui en général réside l'élévation vraie, non extérieure, au-dessus du fini » (Hegel 1970, p. 344, souligné par Hegel).

30. « La formulation d'une question est sa solution » (Marx 1968, p. 15).

31. Nous remarquons que la lecture de la méthode dialectique par Cohen, fondée sur la métaphore de la sage-femme, était condamnée par Engels face à la critique du *Capital* par Dühring– « en l'absence de moyens meilleurs et plus clairs, c'est la négation de la négation selon Hegel qui doit faire ici office de sage-femme et accoucher l'avenir du sein du passé » (*in* Engels 1957, p. 159) –, à laquelle il formula la réponse suivante : « Au contraire : c'est avoir démontré par l'histoire comment, en fait, le processus en partie s'est réalisé, en partie doit se réaliser encore, que Marx le désigne, en outre, comme un processus qui s'accomplit selon une loi dialectique déterminée. C'est tout. Nous avons donc affaire derechef à une supposition gratuite de M. Dühring quand il prétend que la négation de la négation doit faire ici office de sage-femme en accouchant le futur du sein du passé » (Engels 1957, p. 164).

raison pour laquelle, face au refus par Marx de « formuler des recettes… pour les marmites de l'avenir » (1978, tome I, p. 26), Cohen « juge que les socialistes ont besoin d'écrire des recettes » (2010, p. 160), ce qui le conduit à orienter ses priorités intellectuelles vers la philosophie politique normative.

II. 2. *Une reconstruction à la lumière des faits*

Cohen prolonge et justifie sa reformulation avec des éléments empiriques qui, selon lui, affaiblissent la crédibilité du matérialisme historique, sur trois aspects. D'une part, les modifications significatives de la structure de classe transforment la configuration des rapports sociaux et la possibilité de dégager un groupe porteur de transformation sociale (II. 2.1). D'autre part, la disparition de l'URSS interroge à la fois la possibilité d'un futur socialiste et la validité de la théorie marxiste (II. 2.2). Enfin, l'émergence de problématiques environnementales remet en question le mot d'ordre de développement des forces productives (II. 2.3).

II. 2.1. *Une mutation de la structure de classe*

Cohen estime que la modification de la structure de classe des sociétés capitalistes, au moins depuis les années 1980, vers une plus grande hétérogénéité et une moindre polarisation[32] ne permet plus de dégager un groupe social ayant à la fois une capacité pour le changement social, c'est-à-dire qui soit majoritaire dans la société et producteur des richesses, et un intérêt pour le changement social, c'est-à-dire qui soit exploité et dans le besoin[33], ce qui entre en tension avec les énoncés du matérialisme historique. Cette position

32. Réduction du nombre d'ouvriers (au sens strict), développement d'une nouvelle forme de petite-bourgeoisie, modification des structures de qualification, affaiblissement du mouvement ouvrier…

33. Cette lecture renvoie à la définition structurelle des classes sociales qu'il proposait dans *Karl Marx's Theory of History : A Defence* – « la classe d'une personne s'établit uniquement par sa position objective dans le réseau des rapports de propriété » (2000, p. 73) –; elle peut être mise en contradiction avec la distinction entre classe en soi et classe pour soi, telle que notamment proposée par Edward P. Thompson (1988, p. 13) –, « la grille sociologique la plus fine ne saurait mettre en évidence un pur modèle de classe, pas plus qu'un pur modèle de déférence ou d'amour. Ce rapport doit toujours s'incarner dans des hommes et un contexte réels ».

fait écho à l'approche du marxiste analytique Erik O. Wright (1985), qui théorise les positions de classe contradictoires pour relativiser, sans pour autant la réfuter, la structure duale des rapports de classe[34]. Pour Cohen, une telle modification a renforcé la nécessité de poser des questions éthiques, d'apporter des réponses normatives : « Des changements profonds de la structure de classe des sociétés capitalistes occidentales… soulèvent des problèmes normatifs qui n'existaient pas auparavant » (2010, p. 145).

En outre, Cohen estime que la réalisation du mot d'ordre du *Manifeste du parti communiste* « Prolétaires de tous les pays, unissez-vous ! », qu'il conçoit comme une anticipation du dépassement par les prolétariats nationaux de leur particularisme en faveur d'une solidarité internationale, a été rendue impossible par l'histoire, notamment par « les travailleurs… se rendant dans les tranchées de la Première Guerre mondiale » (Cohen 1983, p. 239). D'une manière plus générale, il estime que la désagrégation de la classe ouvrière occidentale en groupes distincts, la majorité agraire des pays dominés, la puissance du capital transnational, l'existence de barrières culturelles empêchant la coopération ouvrière internationale… rendent difficile, voire impossible, l'unification des travailleurs à l'échelle mondiale. En d'autres termes, il dégage la possibilité de divergences d'intérêts entre travailleurs de différents pays ; par exemple, le prolétariat indien peut constituer une pression sur le prolétariat anglais, jouant le rôle d'armée industrielle de réserve. Le double défi constitué par la diversité culturelle et les différences de niveau de vie rendraient alors difficile l'identification mutuelle des classes ouvrières. C'est la raison pour laquelle une théorie morale serait rendue nécessaire pour créer un lien de solidarité international.

II. 2.2. *La disparition de l'URSS*

Cohen assimile la dislocation de l'URSS à une absence de perspective pour un futur socialiste[35] :

34. Pour une présentation synthétique de la littérature marxiste analytique sur les classes sociales, voir Tarrit 2012.

35. Il est important de noter que pour Cohen, la transformation de la structure de classe exerce une influence causale plus importante que la dislocation de l'URSS et de ses satellites pour expliquer le recul de la pensée critique, en particulier du marxisme.

> La perte affecte à la fois ceux qui (comme moi) avaient autrefois cru, et qui n'avaient pas abandonné tout espoir, que l'Union soviétique réaliserait l'idéal socialiste, et, a fortiori, ceux qui croyaient encore, ne serait-ce qu'hier, qu'elle était en fait en train de les réaliser. (1991, p. 11)

Il affirme que l'éclatement de la Révolution en Russie en 1917 serait contradictoire avec les énoncés centraux du matérialisme historique sur deux points :

– D'une part, « une formation sociale ne disparaît jamais avant que se soient développées toutes les forces productives qu'elle est assez large pour contenir » (Marx 1957, p. 5). Or, Cohen juge que les forces productives n'étaient pas été suffisamment développées en Russie pour permettre d'envisager la disparition du capitalisme.

– D'autre part, « jamais des rapports de production nouveaux et supérieurs ne s'y substituent avant que les conditions d'existence matérielles de ces rapports soient écloses dans le sein même de la vieille société » (*ibid.*). Or pour Cohen, il serait faux d'affirmer que les conditions pour le socialisme existaient en Russie à cette période.

En revanche, il distingue le socialisme du marxisme et pense que le marxisme a été renforcé, puisque la disparition de l'URSS validerait son explication. Selon lui, la Révolution russe n'était pas une révolution socialiste, et l'URSS n'a jamais été un pays socialiste, si bien qu'une réussite du socialisme en URSS aurait été un échec pour le matérialisme historique, donc son échec est un succès pour le matérialisme historique :

> Si l'Union soviétique était parvenue à construire un socialisme attirant, la conséquence pour le socialisme et pour l'humanité aurait été merveilleuse, mais elle aurait été mauvaise pour la crédibilité du matérialisme historique. (Cohen 2010, p. 104)

Il aurait également été possible d'imaginer que la révolution en Russie en 1917 marquait le début de l'élargissement de la révolution à l'échelle mondiale, mais le débat sur la théorie de la révolution permanente dépasse très largement le cadre de cet article[36]. Il n'en

36. Une des rares allusions publiques que fit Cohen à ce sujet est la suivante : « Je ne m'associe pas pour autant au trotskysme, mais peut-être à la position selon laquelle il faut

reste pas moins que l'apparition de cette distinction entre socialisme et marxisme s'inscrit dans le dégagement progressif de Cohen à l'égard du marxisme.

II. 2.3. *L'émergence de problématiques environnementales*

Cohen évoque une contradiction entre le développement des forces productives, préconisé par le matérialisme historique tel qu'il l'a initialement interprété, et la préservation de l'environnement : il affirme que le caractère limité des ressources naturelles rend impossible une croissance des forces productives jusqu'à l'abondance. La présente crise environnementale représenterait une entrave au développement des forces productives.

> Une abondance future (supposée) inévitable était une raison pour prédire l'égalité. Une rareté persistante est à présent une raison pour l'exiger. Nous ne pouvons plus soutenir l'optimisme matérialiste, extravagant et pré-écologiste de Marx. (*Ibid.*, p. 231, souligné par Cohen)

Marx aurait alors été excessivement pessimiste sur les conséquences sociales d'une situation non abondante et, pour cette raison, excessivement optimiste sur la possibilité d'une telle abondance. Au demeurant, cette interprétation de Cohen résulte à la fois de la Thèse du développement qui pose comme condition au progrès historique le développement des forces productives, et de sa définition des forces productives comme étant réductibles à la science.

Une série d'éléments d'ordre logique et théorique d'une part, et d'ordre factuel d'autre part, ont conduit Cohen à modifier son approche à l'égard du marxisme, et plus précisément du matérialisme historique, et à modifier la ceinture d'hypothèses protectrices, sans avoir pour autant cherché à s'assurer de la manière dont le matérialisme historique possède des outils internes de défense contre ces éléments, de telle sorte qu'il a été conduit à en proposer une interpréation restreinte. Dans le même mouvement, il à mis l'accent de manière plus significative sur les questions normatives.

---

choisir entre un rejet des thèses centrales du matérialisme historique et une affirmation de certaines thèses trotskystes » (1999, p. 104).

III. UN GLISSEMENT DE SES PRIORITÉS VERS LA PHILOSOPHIE POLITIQUE NORMATIVE

Dès les années 1970, Cohen avait la philosophie politique pour centre d'intérêt, aux côtés du matérialisme historique. Jugeant à la fois que matérialisme historique (au sens global) et philosophie politique étaient substituables et non complémentaires, et que les thèses explicatives sur l'histoire avaient perdu une partie de leur autorité morale, il parvint à la conclusion qu'un matérialisme historique restreint rendait nécessaire de se concentrer sur la recherche de réponses normatives, puisque « le socialisme devait être préféré au capitalisme en raison d'un principe normatif » (1995, p. 3), et non plus pour des raisons scientifiques, si l'on s'en tient à une rupture épistémologique (au sens de Bachelard) entre scientifique et normatif. Il a estimé que le marxisme n'est pas incompatible avec les discussions éthiques[37]. Il a d'abord étudié la possibilité de l'associer au concept de propriété de soi (III. 1), qu'il écarté au profit d'une intégration au débat sur la théorie de la justice – en référence à l'ouvrage de Rawls – en philosophie politique normative (III. 2).

III. 1. *Une discussion du concept de propriété de soi*

C'est par la propriété de soi que Cohen a établi un lien entre marxisme et philosophie politique. Il importe de saluer ici son ambition théorique, consistant à analyser un concept central d'un courant auquel il est opposé – le libertarisme – pour le mettre au service de son propre champ théorique. Il a ainsi procédé de la sorte avec le concept de propriété de soi comme un soutien à la théorie de l'exploitation (III. 1.1), le soumettant à un certain nombre de conditions, avant de conclure à son caractère inopératoire (III. 1.2).

III. 1.1. *L'hypothèse d'un soutien du concept de propriété de soi à la théorie marxienne de l'exploitation*

Il nous semble inexact d'établir un lien de causalité immédiat entre la relecture par Cohen du matérialisme historique et son intérêt

---

37. Cohen (1988-1989) distingue parmi les auteurs marxistes ceux pour qui les questions éthiques ont un intérêt central et ceux pour qui elles sont secondaires. Il se situe lui-même dans la première catégorie, justifiant ainsi son tournant normatif.

croissant pour la propriété de soi, puisqu'il affirme que « [s]on marxisme n'a pas contrôlé ni affecté [s]a philosophie morale et politique dans le sens où de nombreux marxistes ou antimarxistes l'auraient pensé » (1995, p. 2). Dans tous les cas, il apparaît que les travaux de Cohen se sont à un moment donné – à partir du milieu des années 1980 – orientés vers une analyse du concept de propriété de soi, qui apparaît dans *Self-Ownership, Freedom and Equality* (1995). Elle repose essentiellement sur une critique de la théorie de Robert Nozick (1988), qu'il conçoit comme un auteur emblématique du libertarisme. Il juge que son appropriation du concept de propriété de soi pour une défense du capitalisme est injustifiée, et il estime que cette association à la clause lockéenne[38] peut au contraire servir d'appui à une critique du capitalisme. Pour Nozick, la thèse de la propriété de soi conduit à la conclusion selon laquelle l'égalité de condition – et donc toute intervention publique allant dans ce sens – exige la violation des droits à la propriété de soi, *i.e.* l'esclavage. Ainsi, afin de combattre la justification de l'inégalité, il est nécessaire de réfuter soit le concept de propriété de soi, soit l'inférence de la propriété de soi à la conclusion inégalitaire présentée par Nozick. Cohen a choisi la seconde option[39], ce qui correspond à une confrontation directe avec les arguments de Nozick.

> Un moyen de faire de la bonne philosophie est de réunir des prémisses que même les opposants ne souhaitent pas nier, et par inférence, en déduire des résultats que les opposants souhaiteront nier, mais qui sont difficiles à nier puisqu'ils en ont accepté les prémisses. L'astuce est de partir de prémisses largement acceptées vers des conclusions controversées. Il n'y a aucune ruse de parvenir

---

38. « Chacun garde la *propriété* de sa propre personne. Sur celle-ci, nul n'a de droit que lui-même. Le *travail* de son corps et l'*ouvrage* de ses mains, pouvons-nous dire, sont vraiment à lui. Toutes les fois qu'il fait sortir un objet de l'état où la Nature l'a mis et l'a laissé, il y mêle son *travail*, il y joint quelque chose qui lui appartient et, par là, il fait de lui sa *propriété*. Cet objet, soustrait par lui à l'état commun dans lequel la Nature l'avait placé, se voit adjoindre par ce *travail* quelque chose qui exclut le droit commun des autres hommes. Sans aucun doute, ce *travail* appartient à l'ouvrier ; nul autre que l'ouvrier ne saurait avoir droit sur ce à quoi le *travail* s'attache, dès lors que ce qui reste commun suffit aux autres, en quantité et en qualité » (Locke 1997, p. 153, souligné par Locke).

39. « L'inférence de la propriété de soi à l'inévitabilité de l'inégalité était ma cible » (1995, p. 13). Il rejoint sur ce point des auteurs pouvant être considérés comme des libertariens de gauche, tels Hillel Steiner ou Michael Otsuka.

> à des conclusions controversées à partir de prémisses elles-mêmes controversées. (1995, p. 112)

Cohen se confronte ainsi directement à certains de ses adversaires théoriques, sur le mode du marxisme analytique[40]. Ainsi, « on peut récuser l'inégalitarisme de Nozick sans pour autant remettre en cause la thèse de la propriété de soi » (Cohen 1990b, p. 37). Précisément, Cohen discute l'affirmation que la critique marxiste du capitalisme, et en particulier celle de l'exploitation, repose sur la thèse de la propriété de soi[41].

> L'affirmation marxiste selon laquelle le capitaliste exploite le travailleur le travailleur dépend de la proposition selon laquelle les personnes sont propriétaires légitimes de leurs propres pouvoirs. Je nomme ceci la thèse de la propriété de soi, et j'affirme qu'elle... soutient l'argument marxiste pour la proposition que le rapport capitaliste est en soi un rapport d'exploitation. (Cohen 1990, p. 366)

Dans la mesure où les prolétaires ne détiennent pas les moyens de production, ils sont forcés d'accepter des emplois générateurs d'exploitation et de plus-value ; ils ont ainsi le droit de ne pas être des prolétaires mais n'en ont pas le pouvoir et sont forcés à vendre leur force de travail.

Le concept de propriété de soi peut ainsi être utilisé à des fins progressives, sous certaines conditions.

III. 1.2. *Une propriété de soi conditionnelle*

Par conséquent, si l'exploitation est moralement condamnable, elle l'est parce que les travailleurs sont forcés de mettre leurs compétences au service des capitalistes, ce qui renvoie à la logique nozickéenne selon laquelle les contribuables sont forcés de financer des programmes d'aide sociale. La privatisation originale est donc un vol de ce qui devrait être détenu en commun, contrairement à ce qu'écrit Nozick, pour qui « les choses viennent au monde en étant attachées à des personnes qui ont des droits sur elles » (1988, p. 174). L'inégalité qu'il défend repose sur l'attribution à la propriété de soi d'un

40. « Pourquoi donner au diable les meilleures armes ? » (Roemer 1986, p. 192-193).

41. Cohen conçoit le principe marxien de proportionnalité – « De chacun selon ses capacités » (Marx, Engels 1972, p. 32) – comme « une forme tronquée de la propriété de soi » (Cohen 1990a, p. 34).

principe inégalitaire sur la distribution externe des ressources – premier arrivé, premier servi. Pour Cohen, une appropriation privée contredit le souhait des non-détenteurs, donc Nozick ne peut pas se présenter comme un défenseur de la liberté, puisque « la protection de la propriété privée réduit la liberté des *non*-détenteurs » (1981, p. 10-11, souligné par Cohen). Ainsi, la propriété de soi ne constituerait pas en tant que telle un préjudice au maintien de l'égalité de condition et Nozick « n'a pas montré que l'inégalité est une conséquence nécessaire de la propriété de soi » (1995, p. 14).

Des prolétaires, n'étant propriétaires que de leur force de travail, sont incapables de contrôler suffisamment leur vie pour qu'il soit possible de parler d'autonomie. Ainsi pour que chacun puisse avoir un degré raisonnable d'autonomie, il est nécessaire d'imposer des restrictions à la propriété de soi. La conjonction entre propriété de soi et propriété commune du monde supprimerait donc la tendance de la propriété de soi à générer des inégalités. Il s'agit d'une propriété privée des ressources internes et d'une propriété collective[42] des ressources externes. Ainsi, la propriété de soi ne constituerait pas en soi un préjudice au maintien de l'égalité de condition.

C'est finalement, entre autres, au nom de son incompatibilité avec la philosophie de Kant, ou plus exactement de l'incompatibilité entre le concept de propriété de soi et l'impératif catégorique kantien, de laquelle il s'est sensiblement rapproché, que Cohen critique le concept de propriété de soi, dans le même mouvement par lequel il se consacre à philosophie politique rawlsienne et post-rawlsienne[43], qui se fonde explicitement sur la philosophie de Kant[44].

III. 2. *Une confrontation avec la théorie de la justice de John Rawls*

> Ayant passé le premier tiers (qui j'espère sera le seul) de ma carrière universitaire à m'attacher à explorer le fondement et la nature [du matérialisme historique], je me trouve à la fin (je le suppose) du deuxième tiers de ma carrière, intéressé par des questions philo-

42. Au sens large, qui peut également inclure une propriété commune.

43. Ce terme fait référence aux débats sur l'égalité, autour de la *Théorie de la justice* de Rawls.

44. « La théorie que je propose est de nature profondément kantienne » (Rawls 1987, p. 20).

sophiques sur l'égalité auxquelles je n'aurais auparavant pas pensé nécessaire d'accorder un intérêt, d'un point de vue socialiste. (1995, p. 7)

Ainsi, au cours des années 1990, ses travaux, ponctués par la publication de *Si tu es pour l'égalité, pourquoi es-tu si riche ?* en 1999[45], s'inscrivent dans le débat contemporain en philosophie politique initié par la publication en 1971 de *Théorie de la justice* par John Rawls. Il propose une critique de cette dernière articulée autour de deux aspects : l'objet auquel doivent s'appliquer les principes de justice, à savoir la structure de base (III. 2.1), et les principes de justice eux-mêmes, en particulier le principe de différence (III. 2.2).

III. 2.1. *Pour un élargissement de la structure de base*

Un aspect central de la critique de Cohen à Rawls repose sur l'objet auquel s'appliquent les principes de justice, à savoir la structure de base de la société. Il s'avère qu'une distinction entre droit et vertu telle que celle proposée par Kant n'apparaît pas chez Rawls. « La position de Rawls qu'[il] conteste fortement [est] sa restriction de la justice à la "structure de base[46]" de la société » (Cohen 2010, p. 18) et il juge que le choix rawlsien de se « replie[r] sur la structure coercitive » (Rawls 1987, p. 30) est « une délimitation purement arbitraire de son sujet » (Cohen 2010, p. 285). Pour Cohen, la justice d'une société n'est pas seulement fonction de sa structure coercitive, mais aussi de sa structure non coercitive et des choix personnels des individus, et une société juste au sens du principe de différence exige non seulement des règles coercitives, mais aussi un *ethos* social[47] et une philosophie personnelle[48]. En l'absence de tels choix, fondés sur la promotion d'une distribution plus juste, des inégalités non nécessaires à l'amélioration de la situation des plus défavorisés persisteront, ce qui est contraire au principe de différence. Il consi-

45. Ce travail sera prolongé par *Rescuing Justice and Equality* (2008).

46. Il s'agit pour Rawls (1987, p. 33) de « l'objet premier de la justice ».

47. Cohen le définit comme « l'ensemble des sentiments et des attitudes en vertu desquels ses pratiques normales et ses pressions informelles sont ce qu'elles sont » (2010, p. 298).

48. Une société fondée exclusivement sur la structure coercitive, c'est-à-dire telle que les individus n'ont pas d'autre choix que d'obéir aux règles, correspondrait à un régime totalitaire.

dère donc « qu'un *ethos* qui détermine les choix au sein de règles justes est nécessaire dans une société attachée au principe de différence » (2010, p. 270). Ainsi la justice exige une philosophie individuelle au-delà de l'obéissance à des règles et à des normes, à une structure coercitive et à une structure informelle, aussi justes soient-elles. À cet égard, en distinguant les choix personnels et la structure législative, Cohen est plus kantien que Rawls. Pour Kant les principes moraux s'appliquent non seulement au droit, mais également à la vertu individuelle[49]. Cohen juge que l'objet de la justice doit être élargi au-delà de la structure coercitive, et il propose de décomposer la structure de base de la manière suivante : « la structure coercitive, les autres structures[50], l'ethos social et les choix des individus » (2010, p. 293). Ainsi, les choix pour lesquels la loi est indifférente sont décisifs pour la justice sociale. Des injustices distributives peuvent refléter des choix individuels dans une structure coercitive juste, ce qui soulève la question de la responsabilité personnelle. Précisément, les préoccupations de Cohen ne se limitent pas à la structure dans laquelle les choix sont déterminés, fût-elle coercitive ou informelle, ni à un ensemble de choix individuels, mais à la trajectoire des interactions entre structure et choix, ce qu'il nomme la « justice distributive » (*Ibid.*, p. 273). Les individus doivent être guidés par une culture de justice dont chacun serait doté, et sans laquelle persisteraient des inégalités nuisibles à l'amélioration de la condition des plus défavorisés, et donc incompatibles avec le principe de différence de Rawls. Il considère qu'une telle culture est nécessaire pour deux raisons : d'une part, l'impossibilité de mettre en œuvre des règles égalitaires pouvant être vérifiées et, d'autre part, le risque encouru par la liberté si les règles devaient être toujours suivies à n'importe quel prix. Ainsi, Cohen déplace la théorie politique d'une approche institutionnelle fondée sur la structure légale à une approche interactionnelle fondée sur les comportements, actions et interactions des individus et des groupes d'individus.

49. « On appelle la simple conformité ou non-conformité d'une action, abstraction faite des mobiles de celles-ci, légalité, <*Gesetzmässigkeit*> et, en revanche, moralité (éthique) la conformité en laquelle l'Idée du devoir selon la loi est en même temps le mobile de l'action » (Kant 1993, p. 93).

50. Ce sont les structures extra-juridiques.

Le deuxième aspect de sa critique de Rawls porte précisément sur le mode de mise en œuvre de la justice, en particulier le principe de différence.

III. 2.2. *Principe de différence et comportement individuel*

Le principe de différence de Rawls[51], énonce que « des inégalités ne sont justifiées que si elles contribuent à améliorer le sort des personnes dotées des situations les moins favorables » (Rawls 1987, p. 341). Précisément, Cohen « ne [s]'oppose pas au principe de différence lui-même mais [...] il n'existe quasiment aucune inégalité significative qui puisse satisfaire la condition qu'il établit » (2010, p. 253-254). Il développe ainsi une critique de la « position très largement partagée, notamment par Rawls, selon laquelle le principe de différence permet de défendre les inégalités essentiellement en raison des incitations matérielles » (*ibid.*, p. 254). Le principe de différence fondé sur un principe d'incitation comporte donc un certain nombre de contradictions, notamment entre le principe de différence et la notion de solidarité qu'il est censé inclure[52]. Le raisonnement se décompose de la manière suivante :

La prémisse normative majeure énonce que les inégalités économiques sont justifiées lorsqu'elles bénéficient aux personnes défavorisées. La prémisse factuelle mineure énonce que lorsque les impôts sont plus faibles, alors les plus riches – considérés par définition comme les plus talentueux – sont plus productifs, et les plus pauvres ont une meilleure situation matérielle. Par conséquent, une politique publique visant à améliorer la situation des plus pauvres devrait diminuer les impôts des plus riches, cette situation étant plus favorable à ceux-là que dans une société plus égale. Le principe de différence peut ainsi être utilisé pour justifier une diminution des impôts pour les catégories les plus riches, au sens où celles-ci

51. Il fonde sa théorie de la justice aux côtés des principes d'égale liberté et d'égalité des chances.

52. « Puisqu'une conception publique de la justice nécessite des règles claires, simples et intelligibles, nous comptons sur une division institutionnelle du travail pour préserver la justice et les principes élémentaires qui s'appliquent directement aux transactions particulières entre individus et associations. Une fois cette division mise en œuvre, les individus et les associations sont libres de progresser vers leurs fins (acceptables) dans le cadre de la structure de base, assurés de savoir que les régulations nécessaires à la préservation de la justice élémentaire sont en cours ailleurs dans le système social » (Rawls 2001, p. 54).

seraient incitées à améliorer leur productivité. Ainsi, une plus grande somme serait disponible pour la redistribution, et des opportunités d'emploi s'ouvriraient aux plus pauvres. Des incitations porteuses d'inégalités seraient alors justifiées en ce qu'elles amélioreraient la situation des personnes défavorisées.

Or, ce qui semble être une défense normative de l'inégalité, est en réalité une défense factuelle. Rawls ne démontre pas que l'inégalité porteuse d'incitation est juste, il se contente d'affirmer que l'inégalité est inévitable. Un premier élément de critique apporté par Cohen est une question de définition : Rawls désigne les personnes les plus favorisées comme les personnes talentueuses. Or, la seule affirmation valable énonce que ces personnes sont dotées d'une situation telle qu'elles peuvent exiger un revenu plus élevé, ce qui n'est pas nécessairement lié au talent, et qu'elles font varier leur productivité autour de ce revenu. Pourtant, il est possible d'affirmer que leur position résulte de circonstances aléatoires, ce qui est contraire à l'hypothèse rawlsienne selon laquelle les opportunités sont les mêmes pour tous. Cohen conclut que « l'argument pour l'inégalité fondé sur les incitations constitue une application déformée du principe de différence » (2010, p. 257).

En outre, cet argument repose sur l'hypothèse du caractère égoïste des préférences et d'un comportement stratégique de la part des personnes riches dotées des caractéristiques permettant l'obtention d'un revenu élevé. L'inégalité n'est nécessaire que si ces personnes décident de produire moins en cas de diminution des inégalités. Or, dans une société entièrement[53] fondée sur le principe de différence, et donc caractérisée par la fraternité et la dignité, les riches renonceront aux incitations, et l'effet attendu ne se produira pas. L'argument incitation n'est pas nécessaire au principe de différence si les personnes acceptent ce principe, puisqu'il repose sur une solidarité implicite entre les catégories de la population, et puisque sa mise en œuvre exige un certain degré d'homogénéité et de cohésion sociale. Ainsi, l'hypothèse selon laquelle les personnes n'auront pas plus d'avantage à moins que ce soit au bénéfice des plus défavorisés

53. C'est-à-dire pour les quatre éléments de la structure de base précédemment dégagés.

n'est pas compatible avec l'hypothèse rawlsienne selon laquelle les individus sont maximisateurs.

Pour Cohen, « la justice est elle-même un compromis ou un équilibre entre l'intérêt individuel et les revendications d'égalité » (1992, p. 314). C'est en ce sens que le principe de différence exige une culture de la justice, un ethos, sans lequel une société juste est impossible, et à défaut, la conjonction entre défense des intérêts individuels et effectivité de la justice sociale ne serait que fortuite. Un éthos égalitaire rendrait ainsi inutile l'exigence de porter un intérêt conscient aux personnes défavorisées, puisqu'il correspondrait à une internalisation de cet intérêt. Une telle approche se présente comme un substitut à la position d'indifférence mutuelle postulée dans la position originelle. D'une part, rien ne dit que dans le cadre de leurs interactions, les personnes choisiraient un tel comportement. D'autre part, l'indifférence mutuelle est incompatible avec les valeurs de fraternité défendues par Rawls. Par conséquent, la lecture large préconisée par Cohen est plus prudente que celle de Rawls, mais elle ne s'appuie pas fondamentalement sur la justice, et exige des comportements individuels justes. Rawls doit alors abandonner soit les incitations à l'exercice du talent des plus riches, soit les idéaux de fraternité. Cohen « pense qu'il vaut la peine de conserver les idéaux » (*Ibid.*, p. 322). Ce sont eux, et leur absence dans le cadre théorique rawlsien, qui vont pousser Cohen à prendre des distances pour privilégier une lecture individuelle sur une lecture sociale. Ainsi il s'est concentré sur les convictions, sur les comportements individuels, et sur la philosophie devant leur être attribuée. Sans pour autant être devenu un philosophe de la chrétienté, il évoque « sa bonne disposition actuelle à l'égard de… la panacée sociale chrétienne [selon laquelle] pour venir à bout de l'inégalité, une révolution est nécessaire dans la sensibilité ou dans la motivation, plutôt que (uniquement) dans la structure économique » (2010, p. 244).

Cette remarque doit être toutefois relativisée, au sens où elle a été prononcée dans le cadre des Conférences Gifford, précisément consacrées à un sujet religieux. Cohen n'a jamais été religieux, n'a jamais adopté la religion chrétienne et n'a jamais associé son travail au christianisme, et les liens qu'il dégage ici ne sauraient être considérés comme un engagement intellectuel. Il n'en reste pas moins que cela n'enlève rien à la portée de la critique qu'il adresse à la théorie de la justice de Rawls, à la fois sur l'objet de la justice, et sur les principes de justice.

CONCLUSION

Les thématiques de recherche de Gerald A. Cohen furent le matérialisme historique du début des années 1970 à la première moitié des années 1980, le concept de propriété de soi jusqu'au milieu des années 1990, puis la philosophie politique normative jusqu'à son décès en 2009. Un tel mouvement, qui a accompagné les débats du Groupe de Septembre, est illustré par la mise en parallèle de l'épigraphe de son premier ouvrage, *Karl Marx's Theory of History : A Defence* – la Préface de *Contribution à la critique de l'économique politique* de Marx –, et de la phrase qui clôt *Si tu es pour l'égalité, pourquoi es-tu si riche ?,* extraite de l'Évangile selon Saint-Marc – « Que servira-t-il à l'homme de gagner le monde entier, s'il perd son âme ? » (chapitre 8, verset 36). Il a ainsi achevé son parcours intellectuel de la sorte, en parvenant à un résultat apparemment contradictoire et irréconciliable avec son approche initiale.

> Il est vrai que lorsque j'avais, disons, une vingtaine d'années, j'aurais été choqué d'anticiper que je devais parvenir à la position qui est actuellement la mienne, car les trois formes de doctrine égalitaire [marxienne, rawlsienne, chrétienne] que j'ai distinguées peuvent, en un sens, être ordonnées de telle manière que ma position actuelle est à l'opposé de ma position marxiste initiale. (2010, p. 16-17) [54]

Cohen n'est pas pour autant devenu chrétien, il n'a jamais cédé à la facilité intellectuelle, ses travaux sont marqués d'une grande rigueur argumentative, et ont toujours consisté à puiser au sein de l'œuvre de grands auteurs (Marx, Locke, Kant) les outils intellectuels au service de l'émancipation. Au demeurant, tout en affirmant n'avoir « absolument pas abandonné les valeurs de socialisme et d'égalité qui sont centrales dans la croyance marxiste » (2010, p. 9), il

54. Il a depuis publié deux ouvrages, *Rescuing Justice and Equality* en 2008 et *Why not Socialism ?* en 2009. Le premier est précisément une discussion des travaux de John Rawls, le second est un court essai dans lequel il discute de la faisabilité et de la désirabilité du socialisme.

s'appuie sur une citation de *Gatsby le Magnifique* (Francis Scott Fitzgerald) – « Et nous luttons ainsi, barques à contrecourant, refoulés sans fin vers notre passé » (reproduit in Cohen, *ibid.*, p. 13) – pour illustrer qu'ayant « été éduqué en marxiste … [s]on travail intellectuel a consisté à tenter d'évaluer cet héritage, d'éliminer ce qui ne devrait pas être conservé et de conserver ce qu'il faut sauver » (*ibid.*, p. 8), et qu'il est resté « attaché aux enseignements normatifs de [s]on enfance, et en particulier à une croyance en l'égalité… Un courant puissant [l]e renvoie sans cesse vers elle, quelle que soit la direction dans laquelle [il] tente de naviguer » (*ibid.*, p. 14). Cependant, il apparaît que les arguments par lesquels Cohen s'éloigne de la pensée de Marx ne reposent pas entièrement sur des fondements solides, et il ne nous paraît pas excessif de penser que le marxisme analytique, en particulier le marxisme de choix rationnel et les contributions de Jon Elster, a exercé une forte influence sur cette évolution. Il apporte néanmoins des éléments convaincants à la thèse selon laquelle il est illusoire de vouloir dépasser les tensions entre les croyances personnelles non fondées sur des critères de scientificité et une argumentation à haut niveau de rigueur.

RÉFÉRENCES

ACTON Harry B. 1955. *The Illusion of the Epoch : Marxism-Leninism as a Philosophical Greed.* Londres : Cohen and West.

ALTHUSSER Louis. 1994. *Sur la philosophie.* Paris : Gallimard.

BRAUDEL Fernand. 1969. *Écrits sur l'histoire.* Paris : Flammarion

BRENNER Robert. 1976. « Structures sociales et développement agricole dans l'Europe pré-industrielle ». *In* Gérard Béaur, 1998, *La terre et les hommes – France et Grande-Bretagne, XVIIe-XVIIIe siècle,* p. 187-214. Paris : Hachette, (trad. fr.).

BRENNER Robert. 1985. « Marx's First Model of the Transition to Capitalism ». *In* Bernard Chavance, *Marx en perspective,* p. 203-230. Paris : EHESS.

CALLINICOS Alex. 2002. « Theory, History and Committment : An Interview ». *Imprints : a journal of analytical socialism,* vol. 6 n°1, p. 3-27.

CARLING Alan. 1997. « Analytical and Essential Marxism ». *Political Studies,* vol. 45, p. 768-783.

COHEN Gerald A. 1970. « On Some Criticisms of Historical Materialism ». *Supplement to the Proceedings of the Aristotelian Society,* vol. 44, p. 121-156.

—. 1980a. « Functional Explanation : Reply to Elster ». *Political Studies,* vol. 28 n°1, p. 129-135.

—. 1980b. « Marx and the Giraffe ». *The New York Review of Books,* vol. 27 n°2, p. 44.

—. 1981. « Freedom, Justice and Capitalism ». *New Left Review,* n°126, p. 3-16, (*In* Cohen 1988, p. 286-304).

—. 1982. « Functional Explanation, Consequence Explanation and Marxism ». *Inquiry*, vol. 25 n°1, p. 27-56.

—. 1983. « Reconsidering Historical Materialism ». *Marxism : Nomos*, n°26, p. 227-252, (*In* Cohen 1988, p. 132-154).

—. 1984. « Restricted and Inclusive Historical Materialism ». *Irish Philosophical Journal*, n°1, p. 3-31, (*In* Cohen 1988, p. 155-181).

—. 1988, *History, Labour and Freedom : Themes from Marx*. New York : Oxford University Press.

—. 1988-1989. « On the Currency of Egalitarian Justice ». *Ethics*, vol. 99 n°1-2, p. 906-944.

—. 1990a. « Self-Ownership, Communism and Equality ». *Supplement to the Proceedings of the Aristotelian Society*, n°64, p. 25-44, (*In* Cohen 1995, p. 117-143).

—. 1990b. « La liberté et l'égalité sont-elles compatibles ? ». *Actuel Marx*, n°7, p. 29-42, (Publ. orig. 1989).

—. 1991. « The future of a disillusion ». *New Left Review*, n°190, p. 5-20, (*In* Cohen 1995, p. 244-265).

—. 1992. « Incentives, Inequality and Community ». *Tanner Lectures on Human Values*, vol. 13, p. 261-329.

—. 1995. *Self-Ownership, Freedom and Equality*. Cambridge : Cambridge University Press.

—. 1999. « Marxism after the Collapse of the Soviet Union ». *The Journal of Ethics*, vol. 3 n°2, p. 99-104.

—. 2000. *Karl Marx's Theory of History : a Defence*. Expanded Edition. Londres : Oxford University Press, (Publ. orig. 1978).

—. 2002. « Deeper into Bullshit ». *In* Sarah Buss et Lee Overton, *Contours of Agency : Essays on Themes from Harry Frankfurt*, p. 322-339. Cambridge : MIT Press.

—. 2008. *Rescuing Justice and Equality*. Cambridge : Harvard University Press.

—. 2010. *Si tu es pour l'égalité, pourquoi es-tu si riche ?*. Paris : Hermann, (Publ. orig. 1999).

COHEN Joshua. 1982. « Book review. *Karl Marx's Theory of History* : A Defence ». *The Journal of Philosophy*, vol. 79 n°5, p. 253-273.

COWLING Mark et John MANNERS. 1992. « Pre-History : The debate before Cohen ». *In* Paul Wetherly, *Marx's Theory of History*, p. 9-29. Newcastle : Avebury.

DOBB Maurice. 1969. *Études sur le développement du capitalisme*. Paris : Maspero.

ELSTER Jon. 1980. « Cohen on Marx's theory of history ». *Political Studies*, vol. 28 n°1, p. 121-128.

—. 1981. « Un marxisme anglais. A propos d'une nouvelle interprétation du matérialisme historique ». *Annales Economie Sociétés Civilisations*, vol. 36 n°5, p. 745-757.

—. 1989. *Karl Marx, une interprétation analytique*. Paris : PUF, (Publ. orig. 1985).

ENGELS Friedrich. 1946. *Ludwig Feuerbach et la fin de la philosophie classique allemande*. Paris : Éditions Sociales, (Publ. orig. 1886).

—. 1957. *Anti-dühring. M.E. Dühring bouleverse la science*. Paris : Éditions Sociales, (Publ. orig. 1878).

—. 1973. « Projet d'allocution funèbre à l'occasion de la mort de Karl Marx ». *In* Karl Marx et Friedrich Engels, *Lettres sur les sciences de la nature (et les mathématiques)*. Paris : Éditions Sociales, (Publ. orig. 1883).

FRANKFURT Harry. 2005. *De l'art de dire des conneries*. Paris : 10/18 (Publ. orig. 1988).

HEGEL Georg W.F. 1970. *Encyclopédie des sciences philosophiques*. Vol. 1, *la science de la logique*. Paris : Vrin, (Publ. orig. 1817).

KANT Emmanuel. 1993. *Métaphysique des mœurs*. Paris : Vrin, deux tomes, (Publ. orig. 1797).

KAUTSKY Karl. 1977. *Les trois sources du marxisme. L'œuvre historique de Marx.* Paris : Spartacus, (Publ. orig. 1907).

LOCK Graheme. 1988. « Louis Althusser and G.A. Cohen : a confrontation ». *Economy and Society*, vol. 17 n°4, p. 499-517.

Locke John. 1997. *Deux traités du gouvernement.* Paris : Vrin, (Publ. orig. 1728).

MARX Karl. 1957. *Contribution à la critique de l'économie politique.* Paris : Éditions Sociales, (Publ. orig. 1859).

—. 1964. « Lettre à Engels, le 31 juillet ». *In* Marx, Karl et Engels, Friedrich. *Lettres sur Le Capital.* Paris : Éditions Sociales, (Publ. orig. 1865).

—. 1968. *La question juive.* Paris : Union Générale d'Éditions, (Publ. orig. 1843).

—. 1978. *Le capital, Livre premier.* Paris : Éditions Sociales, trois tomes, (Publ. orig. 1867).

—. 1998. *Contribution à la critique de la philosophie du droit de Hegel.* Paris : Allia, (Publ. orig. 1844).

MARX Karl, Engels Friedrich (1972), *Critique des programmes de Gotha et d'Erfurt.* Paris : Éditions Sociales (Publ. orig. 1875).

MERTON Robert. 1965. *Éléments de théorie et de méthode sociologique.* Paris : Plon, (Publ. orig. 1957).

MORISHIMA Mishio. 1973. *Marx's Economics : A Dual Theory of Value and Growth.* Cambridge : Cambridge University Press.

NOZICK Robert. 1988. *Anarchie, État et utopie.* Paris : PUF, (Publ. orig. 1974).

OKISHIO Nobuo. 1961. « Technical changes and the rate of profit ». *Kobe University Economic Review*, n°7, p. 85-99.

PLAMENATZ John. 1963. *Man and Society : A Critical Examination of Some Important Social and Political Theories from Machiavelli to Marx.* Londres : Longmans Green.

PLEKHANOFF Gueorgui. 1927. *La conception matérialiste de l'histoire.* Paris : SFIO.

RAWLS John. 1987. *Théorie de la justice.* Paris : Seuil, (Publ. orig. 1971).

—. 2001, *Justice as Fairness : A Restatement.* Cambridge : Cambridge University Press.

ROBERTS Marcus. 1996. *Analytical Marxism : a Critique.* Londres : Verso.

ROBERTSON Hector M. 1933. *Aspects of the Rise of Economic Individualism : A Criticism of Max Weber and His School.* Cambridge : Cambridge University Press.

ROEMER John. 1982. *A General Theory of Exploitation and Class.* Cambridge : Cambridge University Press.

ROEMER John (éd.). 1986. *Analytical Marxism.* Cambridge : Cambridge University Press.

SKOLIMOWSKI Henryk. 1965. « Analytical-Linguistic Marxism in Poland ». *Journal of the History of Ideas*, vol. 26 n°2, p. 235-258.

SWEEZY Paul M. 1946. *The theory of capitalist development.* Londres : Dobson :.

TAKAMASU Akira. 1994. « Analytical Marxism and Mathematical Marxian Economics ». *Chulalongkorn Journal of Economics*, vol. 6 n°3, p. 330-349.

TARRIT Fabien. 2006a. « A Brief History, Scope and Peculiarities of 'Analytical Marxism ». *Review of Radical Political Economics*, vol. 38 n°4, p. 595-618.

—. 2006b. *Cohen et le marxisme analytique : Genèse, portée et limites d'un essai de refondation du marxisme.* Thèse de doctorat, Université de Reims Champagne-Ardenne.

—. 2012. « Marxisme analytique et classes sociales ». *In* Jean-Marie Harribey, Matthieu Montalban, *Pouvoir et crise du capital. Marx penseur du XXIe siècle.* Paris : Le bord de l'eau.

—. 2013. « Du féodalisme au capitalisme, une interprétation marxiste. Les travaux du marxisme analytique », *Economie et sociétés série « Histoire de la pensée économique »*, n°48, p. 961-994.

—. 2014. *Le marxisme analytique. Forces et faiblesses.* Paris : Syllepses.
THOMPSON Edward P. 1988. *La formation de la classe ouvrière anglaise.* Paris : Seuil, (Publ. orig. 1963).
VENABLE Vernon. 1945. *Human Nature : The Marxian View.* New York : Knopf.
VENEZIANI Roberto. 2010. « Analytical Marxism ». *Journal of Economic Surveys.*
WEBER Max. 2000. *L'éthique protestante et l'esprit du capitalisme.* Paris : Flammarion, (Publ. orig. 1905).
WRIGHT Erik O. 1985. *Classes.* Londres : Verso.
—. 1994, *Interrogating Inequality : Essays on Class Analysis, Socialism and Marxism.* Londres : Verso.
—. 2010. « An Interview with Erik Olin Wright ». *Economic Sociology*, vol. 2 n°10, p. 7-20.
WRIGHT Erik O., Andrew LEVINE et Elliott SOBER. 1992. *Reconstructing Marxism: Essays on Explanation and the Theory of History.* Londres : Verso.

SÉLECTION NATURELLE OU VOLONTÉ DE PUISSANCE : COMMENT INTERPRÉTER LE PROCESSUS DE DESTRUCTION CRÉATRICE ?

ANDRÉ LAPIED ET SOPHIE SWATON*

Résumé

La délicate mise en rapport de la philosophie nietzschéenne et de l'économie est d'une pratique récente. Dans ce contexte, cet article est motivé par l'introduction du traitement nietzschéen de la « destruction créatrice » en économie et la manière de justifier philosophiquement cette référence. Pour cela, nous mettons en concurrence les interprétations évolutionnistes et nietzschéennes de la destruction créatrice. Ces deux métaphores nous semblent difficilement conciliables et nous avançons des arguments en faveur de la volonté de puissance, contre la lutte pour la vie, pour mieux interpréter le mécanisme de destruction créatrice.

Mots-clés : destruction créatrice, concurrence, théories évolutionnistes, Nietzsche, volonté de puissance

Abstract

The difficult connection between Nietzsche's philosophy and economics has only been very recently examined. This essay examines (a) the introduction in economics of Nietzsche's

---

* André Lapied, GREQAM, Aix-Marseille Université, a.lapied@univ-amu.fr; Sophie Swaton, CWP, Université de Lausanne, Sophie.swaton@unil.ch. Les auteurs remercient les participants au séminaire de philosophie et économie du CEPERC-GREQAM, en particulier Alain Leroux, Jean Magnan de Bornier et Gilles Campagnolo, les participants du séminaire interne du Centre Walras-Pareto, en particulier Amanar Akhabbar, Nicolas Brisset, Nicolas Eyguesier et Antoine Missemer, ainsi que les deux arbitres de la *Revue de Philosophie Économique*, pour leurs commentaires sur une première version de ce papier.

particular meaning of "creative destruction" and (b) the philosophical justification of this notion. In so doing, the paper evaluates the conflicting evolutionist and Nietzschean interpretations of "creative destruction". These two metaphors are hardly compatible in order to demonstrate that the will for power offers a better interpretation of the "creative destruction" mechanism than the fight for life does.

Keywords : creative destruction mechanism, evolutionary theories, Nietzsche, will to power

Classification JEL : B13, D41

INTRODUCTION

La question de la pertinence d'une référence à Nietzsche pour fonder un raisonnement économique peut être légitimement questionnée en soi et ceci pour au moins quatre raisons. Tout d'abord, Nietzsche a laissé peu de traces explicites dans la pensée économique. Sur ce point, P. R. Senn (2006) remarque qu'il existe très peu de références à Nietzsche dans les histoires de la pensée économique ou dans les revues d'économie, qui sont les sources usuelles de recherche en paternité des idées économiques[1]. Ensuite, parce que Nietzsche n'a pas été un grand lecteur d'ouvrages économiques. Les économistes cités par Nietzsche : Bagehot, Bentham, Carey, Carlyle, Galiani, Herrman, Malthus et Mill sont, en effet, peu nombreux et pas toujours des plus illustres, à quelques exceptions notables près[2]. De plus, les développements économiques dans l'œuvre de Nietzsche sont assez rares. Il traite pourtant, par exemple, de la baisse de la qualité des produits dans l'industrie moderne, de la question de la division du travail ou de la place de l'État dans l'organisation économique[3]. Enfin, parce que, lorsque Nietzsche écrit sur l'économie ou sur les économistes, c'est pour développer une analyse essentiellement critique[4]. Au delà de théories particulières, ce sont les valeurs de la discipline qui sont remises en

1. Page 10.
2. *Cf.* M. A. G. van Meerhaeghe (2006), p. 40-43.
3. *Cf.* M. A. G. van Meerhaeghe (2006), p. 43-48.
4. *Ibid.*

cause[5]. Malgré ces *a priori* peu favorables, on peut se demander comment une œuvre philosophique aussi influente que celle de Nietzsche et concomitante à l'émergence de la science économique moderne (orthodoxie et hétérodoxie mêlées) a pu avoir aussi peu d'impact sur le corpus de l'économie. L'ouvrage collectif de J. G. Backhaus et W. Drechsler : *Friedrich Nietzsche (1844-1900) – Economy and Society*, première tentative d'ensemble pour « réconcilier » les économistes avec Nietzsche, présente donc un grand intérêt.

Parmi les thèmes traités, cet ouvrage mentionne le concept de destruction créatrice, introduit pour la première fois par l'économiste allemand Werner Sombart[6] « the economist who was probably most influenced by Nietzsche »[7]. C'est l'introduction du traitement nietzschéen de la « destruction créatrice » en économie et la manière de justifier philosophiquement cette référence qui motivent cet article, en dépit de la difficulté inhérente à toute tentative d'isoler un élément de la totalité du discours au sein d'une approche qui refuse sa constitution en système cohérent. Nous souhaitons ainsi mettre en concurrence les interprétations évolutionnistes et nietzschéenne de la destruction créatrice. À ce propos, il convient de préciser qu'il s'agit de l'opposition, non entre deux fondements possibles d'un concept économique qui n'en nécessite pas, mais entre deux métaphores[8].

Il est communément admis que Herbert Spencer a tenté de répandre le concept d'évolution à travers l'adage de « la survie du plus apte » qui sera malencontreusement utilisé par des thèses eugénistes qui conduiront au discrédit des métaphores biologiques par les économistes après la Seconde Guerre Mondiale[9]. Quant à

5. *Ibid.*

6. W. Sombart (1913).

7. *Cf.* H. Reinert et E. S. Reinert (2006, p. 56). Nous renvoyons également à Q. Skinner (1969). Sur la réception de Nietzsche et plus précisément sur la reprise du phénomène du ressentiment par Sombart en 1912-1913, voir K. Lichtblau (1996, chap. 2 p. 158-177). Notons également que la lecture évolutionniste de Nietzsche est courante en 1900. Sur ce point, *cf.* A. Tille (1895). Pour une approche générale de la réception de Nietzsche au XIXe siècle, voir A. Berlan (2010).

8. Sur l'usage par Nietzsche des métaphores comme vecteur de connaissance, *cf.* P. Wotling (1995).

9. Sur l'accueil de Darwin par les économistes, voir Marciano (2007).

Darwin, il est de connaissance commune de lui associer le principe de la sélection artificielle et de la sélection naturelle tout comme le fait qu'il puise dans Malthus (Lazaric 2010) l'idée de « survie pour l'existence ». C'est bien ce qui pose problème à Nietzsche et ce sur quoi nous nous penchons. En effet, Nietzsche est loin d'être un partisan des théories de Darwin vers lesquelles le concept de destruction créatrice a pourtant convergé. Dès lors, si l'interprétation nietzschéenne du concept de destruction créatrice n'est pas compatible avec une orientation évolutionniste[10], doit-on privilégier l'approche de Nietzsche ou celle de l'évolutionnisme pour mieux comprendre le phénomène de destruction créatrice ?

Rappelons que pour Nietzsche, la volonté de puissance est une interprétation qui permet à celui qui s'en sert de s'élever au-dessus de la « horde ». C'est dans un acte de création et d'élévation que Zarathoustra peut, non seulement créer ses propres lois, mais se créer d'abord lui-même, en venant à bout des ses propres résistances. Les processus de création et de destruction lui sont donc nécessaires et s'expriment dans cette volonté propre aux « nobles » spirituellement et moralement puissants. Eux seuls ont l'aptitude de vouloir et de pouvoir sortir de l'enlisement et de la stagnation dans lesquels les « faibles » ou les « décadents », incapables de s'affranchir du ressentiment, se complaisent. Les « faibles » et les « forts » sont des types humains, non des catégories d'individus réels. Quant aux firmes, elles n'ont évidemment pas directement de volonté de puissance mais on peut interpréter leur politique (qui résulte de décisions humaines) comme procédant d'une volonté de puissance.

Un éventuel rapprochement nécessite de poser la question des fondements philosophiques de la destruction créatrice (section 1). En première analyse, la théorie de l'évolution, dans son interprétation standard à travers la sélection naturelle de Darwin ou la thèse de l'adaptation que l'on s'accorde à associer à Lamarck, semble constituer le chaînon manquant entre ce mécanisme économique et la pensée de Nietzsche (section 2). Néanmoins, la critique virulente de Nietzsche contre l'évolutionnisme de Darwin et de Lamarck

10. H. Reinert et E. S. Reinert (2006, p. 56) : « shall argue that the idea of "creative destruction" enters the late XIXth Century *Zeitgeist* through the works of Friedrich Nietzsche ».

(section 3) nous engage plutôt à substituer la volonté de puissance à la sélection naturelle pour revenir aux sources mêmes de la pensée nietzschéenne (section 4).

1. LE PROCESSUS DE DESTRUCTION CRÉATRICE

Dans les mythologies égyptiennes, hindoues et grecques, chaque acte créateur réitère la création de l'univers par les dieux. La création apparaît donc comme un acte divin dans lequel le chaos se transforme en cosmos grâce à une structure et à des normes[11]. La création symbolise la victoire du dieu sur le chaos, souvent associé aussi à un dragon, emblème du monstre marin ou du serpent primordial. Cet acte n'est jamais définitif et se réitère dans un mouvement incessant de destruction-création. Le concept de destruction créatrice renvoie donc à l'idée que la naissance d'une chose est associée à la destruction d'une précédente. Tel est le sens du mythe de Phoenix, créature censée renaître de ses cendres et qui sera plus tard reprise à bon compte par les chrétiens médiévaux qui y lisent le symbole de la résurrection du Christ. Notons également que l'hindouisme se fonde sur l'existence de trois divinités : Brahma, Vishnu et Shiva, respectivement considérés comme créateur, protecteur et destructeur de l'univers en vue de permettre sa nécessaire régénération. Dans certaines traditions, Shiva est même considéré comme le destructeur et le créateur à la fois.

Selon Reinert et Reinert (2006), c'est à Johann Gottfried Herder que l'on doit l'introduction des mythes indiens de destruction-création dans la philosophie allemande, mythes auxquels s'intéresseront Goethe, puis Nietzsche. Il est vrai que Nietzsche, notamment par le biais de Schopenhauer, a été influencé par la philosophie hindoue, dont on retrouve des mythes revisités sous sa plume. Mais c'est plutôt celui de Dionysos et d'Apollon, renvoyant respectivement à une typologie dynamique (destruction-création) et statique (équilibre et ordre), que Nietzsche explicitera davantage.

En économie, la destruction créatrice passe par le mécanisme de la concurrence. Celle-ci peut avoir deux types d'effets. Le premier,

---

11. *Cf.* Mircea Eliade (2008).

de court terme, exerce une pression sur les prix pour que ceux-ci rejoignent les coûts marginaux. Le deuxième, de long terme, qui nous concerne ici, détermine l'affectation des ressources entre les firmes. Ce second mécanisme suppose une hétérogénéité de l'efficacité économique des entreprises. Les firmes les plus efficientes, les plus innovantes (du point de vue technique ou managérial), vont se développer car elles peuvent proposer une meilleure qualité ou des prix inférieurs et vont, de ce fait, utiliser davantage de ressources rares (compétences, capitaux). À l'inverse, les firmes les moins performantes vont subir un déclin et, par conséquent, vont libérer des ressources.

La destruction créatrice correspond à ce double mouvement inverse qui, dans une optique d'équilibre, résulte en une utilisation optimale des biens rares. Elle est liée à la concurrence, puisque des entreprises inefficientes, mais protégées par un monopole, conserveraient leur position et empêcheraient ainsi le transfert vers les firmes performantes. La transmission s'effectue *via* le système des prix car les entreprises sont en concurrence pour les *inputs* et les firmes les plus efficaces ont une plus grande capacité à payer que la moyenne.

Cette destruction créatrice peut s'interpréter comme un mécanisme de sélection des meilleures firmes au détriment des moins bonnes, sous l'effet de la concurrence. Peut-il être, pour autant, rapproché de la sélection naturelle ?

2. LES DIFFÉRENTES RÉINTERPRÉTATIONS DE LA LUTTE POUR LA VIE

Précisons que le terme d'évolution est sujet à de nombreuses équivoques. *Evolure* signifie le déploiement, le développement d'une origine qui est donnée. Il induit donc une forme de fixisme. Mais il existe un autre sens auquel on associe volontiers la conception moderne de l'évolutionnisme : évoluer au sens de transformer, impliquant une modification. Dans la constitution de l'histoire du vivant, la classification des espèces (d'Aristote à Linné) joue un rôle fondamental. Pourtant, il serait erroné de n'y voir qu'une succession d'étapes et un simple fixisme. Penser le vivant est complexe, dans la mesure où il y a nécessairement une volonté de donner à la vie un caractère unifiant et, en même temps, cette dernière ne saurait constituer un objet abstrait puisque, de fait, en la pensant, le vivant se donne nécessairement le primat. Toute l'histoire de la formation du vivant de l'Antiquité jusqu'à sa constitution en science en 1800, avec Lamarck notamment, témoigne de cette ambiguïté qu'une conception « évolutionniste » moderne ne peut ignorer.

2.1. *Darwin et la sélection naturelle*

Une nouvelle confusion s'établit souvent entre la sélection naturelle et la lutte pour l'existence chez Darwin[12]. Or, ces deux dimensions sont irréductibles l'une à l'autre. C'est à partir de la lutte pour l'existence que s'énonce la loi de la sélection naturelle dont le domaine d'application est la variation (s'effectuant à partir de changements aléatoires). « J'emploie le terme de lutte pour l'existence dans le sens général et métaphorique, ce qui implique les relations mutuelles de dépendance des êtres organisés, et, ce qui est plus important, non seulement la vie de l'individu, mais son aptitude ou sa réussite à laisser des descendants »[13]. Nous relevons deux arguments dans cette citation pour justifier la métaphore guerrière : la multiplicité des relations conduit aux conflits ; c'est la postérité des vivants qui est en jeu. La mort et la destruction sont donc au programme.

La lutte pour l'existence donne à chaque moment une définition de l'utile et par-là de l'aptitude à la sélection qui s'en sert pour valoriser les variations. La sélection naturelle prend en compte l'utilité du vivant considéré dans son ensemble, et non la seule utilité de l'homme comme cela est le cas dans le mécanisme de la sélection artificielle (domestication). C'est de cette dernière d'ailleurs que part Darwin pour mieux en exposer les limites. Ainsi, en intervenant dans la reproduction des espèces et en choisissant par rapport à une seule structure visible, l'homme aboutit à un résultat opposé : la préservation des espèces les plus faibles.

---

12. Sur la sélection naturelle et sur ses mauvaises interprétations, nous renvoyons aux protestations de Darwin (1871), au chap. 4 (p. 87) : « on a dit que je parle de la sélection naturelle comme d'une puissance active ou divine ; mais qui donc critique un auteur lorsqu'il parle de l'attraction ou de la gravitation, comme régissant le mouvement des planètes ? ».

13. *Ibid.*, p. 68.

Comment s'opère l'analogie entre l'évolutionnisme darwinien et le mécanisme de concurrence tel que précédemment exposé ? Par le processus de la sélection naturelle interprétée du point de vue de la théorie économique. Notons qu'il s'agit là d'une transposition proche d'une interprétation récurrente de l'évolutionnisme liée à la maximisation du profit (Alchian 1950 ; Friedman 1953), avec laquelle une interprétation institutionnaliste de l'évolutionnisme ne peut s'accorder (Bazzoli et Dutraive 2006 ; Dutraive 2010).

Si la disparition des entreprises inefficaces n'est pas une condition suffisante de développement de celles qui sont performantes, elle est malgré tout nécessaire. En situation où les capitaux et les compétences sont des ressources rares, les financements et les hommes laissés disponibles par les premières peuvent se reporter sur les secondes, ce qui est susceptible d'engendrer la spirale positive de la croissance rentable. Elle est ainsi alimentée, mais non initiée, par le déclin des adversaires. La destruction est, de ce fait, le terreau sur lequel pousse la création, ou au moins le développement. Dans cet enchaînement, le rôle de la concurrence est primordial, puisqu'elle joue aussi bien au niveau du marché des *outputs* que sur celui du travail et, bien entendu, des capitaux. C'est sous cette condition environnementale que la destruction créatrice peut être considérée comme un mécanisme de sélection sur le critère d'efficience.

Et c'est en ce sens que l'on a pu évoquer un rapprochement avec la sélection naturelle darwinienne, bien que, pour être tout à fait rigoureux, d'une part, la qualification de sélection artificielle serait plus justifiée ici, les décisions humaines régissant les firmes ; d'autre part, Darwin refuse d'attribuer un critère fixe à la condition de l'évolution. Mais il est vrai aussi que, face à une problématique darwinienne, un retour rapide s'opère fréquemment vers Lamarck à qui l'on doit l'héritage de la thèse de « l'auto-genèse » et celle de la détermination pour l'environnement. Dans les deux cas, il faut bien reconnaître qu'il y a un déterminisme de l'évolution et une reconnaissance d'un « ordre établi »[14] (et en suspens, la question de

14. Lamarck (1809), chap. 4, p. 114 : l'homme « chargé lui-même de réduire sans cesse le nombre de ses semblables », possède la clé de l'ordre entier dans lequel « tout se conserve ». Le passage d'une transformation individuelle à un type spécifique va de soi pour Lamarck, qui combine paradoxalement une vision essentialiste de l'espèce et sa propre innovation transformiste. Ce compromis est refusé par Darwin : l'invocation d'une

l'hérédité de l'acquis). Darwin lui-même, dans une lettre de 1877, regrette de ne pas avoir prêté plus d'attention aux facteurs « lamarckiens », au sens de « facteurs primaires de l'évolution » (des déterminations par le climat, l'environnement, les actions physiques ou encore la nourriture).

2.2. *Lamarck et l'adaptation*

Il est courant d'opposer Lamarck à Darwin sur leur modèle respectivement prôné : instructif *versus* sélectif, relayé par le débat acquis-inné (inné au sens d'accident chez Darwin). Comment s'effectue, à partir de cette lecture, le parallèle avec la concurrence ?

Précisément, une interprétation lamarckienne standard du mécanisme de la concurrence fait intervenir l'adaptation. Les firmes confrontées à des difficultés peuvent disparaître ou s'adapter. Cette seconde possibilité correspond à des restructurations, des changements organisationnels, des évolutions dans les règles de décision, etc. Si elles s'adaptent, la destruction se passe en interne et en termes d'emplois ou de coûts. Elle peut aussi dégager des ressources qui seront utiles pour un développement efficace. Les salariés utilisés à des activités non rentables et les capitaux mobilisés pour des unités en pertes sont susceptibles d'alimenter des processus de production plus efficaces. La concurrence se retrouve ici encore, bien que de manière plus douce ; elle ne va pas éliminer mais pousser au changement. En d'autres termes, c'est un aiguillon plutôt qu'une faux. L'adaptation ainsi décrite se transmet dans le temps, ce qui constitue une caractéristique importante pour compléter l'analogie avec l'évolution lamarckienne. En effet, les firmes gardent en mémoire des changements intervenus dans leur fonctionnement.

Du point de vue strictement économique, la différence avec la théorie précédente provient principalement du niveau d'analyse retenu. À l'échelon le plus élémentaire, celui des règles de décision, la dichotomie disparition-adaptation est floue. Il est, en effet, assez vain de distinguer entre une règle modifiée et une règle changée. À l'autre extrémité de l'échelle, en ce qui concerne les entreprises, la

---

succession temporelle et d'une explication par les origines n'est pas concevable à l'intérieur d'un concept de Nature qui échapperait à tout bouleversement.

différence séparant les deux visions est plus évidente et se démontre aisément du point de vue juridique. Dans tous les cas, il y a destruction d'une entité (firme, unité de production, méthode, etc.) au profit d'une nouvelle. Dans certaines circonstances, cette dernière peut être considérée comme une adaptation de la première et, dans d'autres, elle s'appréhende comme une structure distincte.

Le fondement de l'évolution du concept de destruction créatrice valide donc la pertinence de la grille de lecture évolutionniste, dans ses interprétations standards, pour expliciter le processus de concurrence. Le lien avec la philosophie nietzschéenne reste pourtant, à ce stade de l'analyse, encore bien loin d'être établi.

3. LA CRITIQUE NIETZSCHÉENNE DES THÉORIES DE L'ÉVOLUTIONNISME

Le rapprochement de Nietzsche avec l'évolutionnisme ne peut faire l'économie de prendre en compte les nombreuses critiques qu'il a émises contre cette doctrine. Les citations suivantes sont amplement suffisantes pour se faire une idée de la virulence et de la profondeur de la contradiction. Dans le *Crépuscule des idoles*[15], il est écrit :

> *Anti-Darwin.* Pour ce qui est de la fameuse « lutte pour la vie », elle me semble jusqu'à présent plus souvent proclamée que prouvée. Elle peut avoir lieu, mais c'est l'exception : le caractère le plus général de la vie, ce n'est *nullement* la pénurie, la famine, c'est plutôt la richesse, l'opulence et même l'absurde gaspillage – là où lutte il y a, c'est une lutte pour le *pouvoir*... Il ne faut pas confondre la nature avec Malthus. – Et même en admettant que cette lutte ait bien lieu – de fait, elle a parfois lieu –, son issue est contraire à celle que souhaite l'école de Darwin, et que l'on *devrait* peut-être souhaiter avec elle : elle se termine au détriment des forts, des privilégiés, des heureuses exceptions ! *Ce n'est pas* en perfection que croissent les espèces[16].

15. « Divagations d'un "Inactuel" », § 14, p. 116.

16. En italiques dans le texte. Le rapprochement entre Darwin et Malthus ne va pas pour autant de soi et ne doit pas être surestimé. L'*Essai sur le principe de population* (1826) fournit trois lois : (1) la population est bornée par les moyens de subsistance, (2) elle

On trouve également dans *La généalogie de la morale*[17], le passage suivant :

> On a beau comprendre *l'utilité* d'un organe physiologique (ou d'une institution juridique, d'une coutume sociale, d'un usage politique, ou encore d'une forme artistique ou d'un culte religieux), on n'a pour autant rien compris encore à sa naissance : pour gênant et désagréable que cela soit à de vieilles oreilles, – de tout temps en effet on a cru que la finalité démontrable, l'utilité d'une chose, d'une forme, d'une institution, était aussi la cause de leur naissance : l'œil aurait été fait pour voir, la main pour saisir. [...] L'« évolution » d'une chose, d'un usage, d'un organe n'est donc rien moins que son progrès vers une fin, encore moins un progrès logique et direct, obtenu avec un minimum de force et aux moindres frais, – mais bien la succession de processus de subjugation plus ou moins indépendants les uns des autres, plus ou moins profonds qui s'opèrent en elle, et qui renforcent les résistances qu'ils ne cessent de rencontrer, les métamorphoses tentées par réaction de défense, et aussi les contre-actions couronnées de succès. [...] L'idiosyncrasie démocratique contre tout ce qui domine et veut dominer, le *misarchisme* moderne (pour employer un mot aussi laid que la chose) s'est peu à peu transposé, déguisé en termes intellectuels, en haute intellectualité, à tel point qu'aujourd'hui il pénètre, il peut pénétrer, pied à pied, jusque dans les sciences les plus exactes, en apparence les plus objectives; bien plus il me semble qu'il domine déjà tout à fait la physiologie et les sciences de la vie, à leur détriment, cela va de soi, puisqu'il a escamoté un concept fondamental, celui même d'*activité*. En revanche, sous la pression de cette idiosyncrasie, on met au premier plan l'« adaptation », c'est-à-dire une activité secondaire, une simple réactivité, on en vient à définir la vie même comme une adaptation interne, toujours plus adéquate, à des circonstance

s'accroît avec les subsistances, (3) des obstacles destructifs ou préventifs peuvent la limiter. Mais Darwin (qui lit l'*Essai* de Malthus en 1838), ne peut fixer la notion même d'obstacle ni aucun autre facteur décisif dans la lutte pour l'existence qui donne lieu à une forme de connaissance inédite : la sélection naturelle. En outre, dans le *Voyage d'un naturaliste*, (p. 93), Darwin a écrit : « il n'existe pour les mammifères aucun rapport immédiat entre la grosseur des espèces et la quantité de végétation dans les pays qu'ils habitent ». Et (p. 75) : « quand nous nous dirigeons vers le sud et que nous voyons une espèce diminuer en nombre, nous pouvons être certains que cette diminution tient autant à ce qu'une autre espèce a été favorisée qu'à ce que la première a éprouvé un préjudice ». Il est difficile de faire moins malthusien.

17. « Deuxième dissertation », § 12, p. 269-271.

> extérieures (Herbert Spencer). C'est ainsi que l'on méconnaît la nature de la vie, sa *volonté de puissance*; c'est ainsi que l'on perd de vue la préséance fondamentale des forces spontanée agressives, conquérantes, capables de donner lieu à de nouvelles interprétations, de nouvelles directions et de nouvelles formes, et à l'influence desquelles l'« adaptation » est soumise; c'est ainsi que l'on nie le rôle souverain que jouent dans l'organisme les fonctions suprêmes, celles où la volonté de vie se manifeste de façon active et formatrice [18].

La mise en sommeil des contradictions entre Nietzsche et la science économique ou entre Nietzsche et l'évolutionnisme, pour tenter un grand écart consistant à justifier la destruction créatrice par la concurrence (un principe économique analogue à une théorie évolutionniste) à l'aide de la pensée Nietzschéenne, est-elle un oubli volontaire pour ne pas s'embarrasser d'un héritage gênant?

En effet, l'opposition de Nietzsche aux auteurs évolutionnistes remarquée ci-dessus, porte en partie sur les conclusions de ces analyses. Le concept darwinien de préservation de la vie aboutirait, selon Nietzsche, à des idées dangereuses car il favoriserait les forces du déclin. Si la sélection naturelle est immunisée contre la prise en compte de la seule dimension d'utilité humaine et agit au niveau du vivant dans son ensemble et constitue à ce titre, un anti-hasard, dans la sélection artificielle, en revanche, l'homme arrive à la finalité inverse de celle à laquelle il aspirait et finit par protéger les plus faibles. En ce sens, bien qu'indirectement, on peut dire que la théorie darwinienne de la sélection naturelle prend le contre-pied de celle de la sélection artificielle; mais c'est bien de préservation qu'il s'agit dans les deux cas, que ce soit celle des faibles ou des forts [19].

Pour Nietzsche, le « type humain » du préservateur est le prêtre, l'ascète, qui n'ont pas suffisamment de « santé » pour vaincre les forces du *statu quo*. Le clivage entre destruction et création réapparaît

18. En italiques dans le texte.

19. Cette thèse de la préservation apparaît dans l'ensemble des interprétations économiques évolutionnistes modernes. C'est pourquoi, dans l'optique d'une interprétation nietzschéenne de la destruction créatrice qui serait plus adaptée qu'une interprétation évolutionniste, nous n'avons pas besoin, pour illustrer cette dernière, de nous fixer sur une théorie ou un courant particulier parmi les clivages théoriques et les divergences de l'optique moderne (*cf.* Leroux 1997 ; Marciano 2009) : le simple retour à la virulente critique des auteurs de référence par Nietzsche suffit amplement ici pour notre propos.

alors sous un jour nouveau. La conservation de la vie empêche la destruction nécessaire à l'expansion d'une existence nouvelle. Cette remarque instille le soupçon qu'avec la philosophie nietzschéenne, la destruction créatrice serait établie sur des bases non seulement différentes que celles du darwinisme, mais également plus assurées. La préservation de la vie renvoie, par son principe conservateur, à l'idéal ascétique, à la décadence. Pour obtenir le *statu quo*, les forces du déclin se regroupent contre le bouillonnement de la création, par opposition au « noble » isolé. Le libéralisme de Spencer selon lequel l'égoïsme, allié à la main invisible du marché concurrentiel, conduisent au progrès de l'espèce, en l'occurrence de l'entreprise, peut subir la même critique, ainsi que les utilisations socialisantes ou nationalistes de Darwin[20].

Le rejet de ces théories est basé sur la même analyse, que nous retrouvons sous la plume de Nietzsche dans le *Crépuscule des idoles*[21] :

> *Ce n'est pas* en perfection que croissent les espèces. Les faibles l'emportent de plus en plus sur les forts : – c'est qu'ils ont pour eux le nombre, et c'est aussi qu'ils sont *plus intelligents* ... Darwin a oublié l'esprit (c'est bien anglais !), or *les faibles ont davantage d'esprit* ... Il faut avoir besoin d'esprit pour arriver à avoir de l'esprit – on le perd quand on n'en a plus besoin. Qui a de la force se passe fort bien d'esprit (« *Ne t'y attache pas* ... », pense-t-on aujourd'hui en Allemagne, « *le Reich nous appartient* ... »). Par esprit, on le voit, j'entends la prudence, la patience, la ruse, la dissimulation, l'empire sur soi, et tout ce qui est *mimicry* (à quoi il faut rattacher une grande partie de la prétendue vertu)[22].

Pour Nietzsche, la sélection naturelle basée sur le principe de la préservation de l'espèce, l'instinct de survie, conduit, non à un progrès de l'humanité – de l'entreprise dans la transposition qui nous intéresse – mais à la révolte des esclaves, à la défaite du fort devant le troupeau. En termes modernes, nous pourrions parler d'anti-sélection.

20. *Cf.* J. S. Moore, 2001.
21. « Divagations d'un "Inactuel" », § 14, p. 116-117.
22. En italiques dans le texte.

Nietzsche est sans doute moins éloigné de la pensée lamarckienne[23], sous réserve que l'on distingue cette dernière de la vision téléologique qu'elle sous-tend – et que conteste d'ailleurs Darwin – et que l'on accepte la dichotomie souvent établie entre les deux auteurs en matière de modèle : instructif pour l'un (Lamarck) et sélectif pour l'autre (Darwin). En un mot, c'est la résurgence du débat entre le caractère transmissible ou non de l'hérédité qui se pose à l'époque. Or, Lamarck privilégie précisément l'idée de transmission, d'apprentissage, de caractères acquis et non innés[24]. C'est à ce titre que certains auteurs (Call 1998) ont également osé un rapprochement entre Nietzsche et Spencer, ce dernier, à l'instar de Lamarck, ayant développé l'idée de transmission et d'acquis. Transposé sur le volet social, on peut accorder à ces tentatives de conciliation qu'il est logique que Nietzsche préfère Spencer à Darwin dans l'explicitation de l'évolution de la société humaine : les nobles aristocratiques chez Nietzsche sont eux aussi capables de transmettre.

Dans la perspective de Spencer, la théorie du « laisser-faire » oblige d'une certaine manière les personnes qui peuvent transmettre leur expérience et leur apprentissage à leurs enfants à s'adapter. Le « laisser-faire » serait donc une politique essentielle au sens où la peur et la menace de la misère obligent les personnes à se maintenir au-delà. Tel serait le propre d'une société développée. Ici résiderait, selon Call (1998, p. 15), le caractère lamarckien de Spencer, contrairement à Darwin qui refuse le caractère acquis et transmissible de la compétitivité et de l'aptitude à l'industrie[25]. Pour Darwin, on reste comme on naît économiquement; pour Spencer, la souffrance économique du pauvre, loin d'être un prélude à son extermination[26], devient, au contraire, une motivation pour s'améliorer et devenir performant.

---

23. Si Nietzsche évoque très peu Lamarck (3 fois dans son œuvre contre 26 pour Darwin), il vante pourtant la supériorité du premier sur le second.

24. *Cf.* Bowler 1983. Sur la transmission chez Darwin, voir Marciano 2007.

25. « In Lamarckian terms, Spencer's liberalism required him to hold that the characteristics associated with success in the free market – industriousness, competitiveness, and so on – could be acquired and then transmitted to future generations ».

26. D'après Bowler (1988, p. 39), dans la perspective de Spencer, « the unfit individual is not congenitally unfitted to his environment; he is merely temporarily out of phase with it ».

Néanmoins, ce que Nietzsche récuse chez Spencer c'est, d'une part, l'idée que la science serait autre chose qu'une interprétation, à savoir une science objective et universelle apte à trouver la vérité suprême ; d'autre part, les implications politiques de la théorie de Spencer, notamment dans sa conception d'une défense du « laisser-faire ».

Dans la perspective nietzschéenne, la science est, au mieux, une interprétation[27].Or le XIXe siècle refuse de la voir en tant que telle, sous prétexte que son objet serait plus en rapport avec le monde réel observable. Ce que Nietzsche récuse n'est évidemment pas la science en elle-même, mais la certitude, propre à son siècle, que la science a accès à des vérités universelles. Comme l'indique le titre même de son ouvrage, *Le Gai Savoir*, c'est à une pratique scientifique différente à laquelle aspire Nietzsche. La théorie de Darwin n'est donc qu'une interprétation du monde ; refuser de la voir comme telle peut avoir de graves répercussions, notamment en matière politique.

Quant à Spencer, il incarne, selon Nietzsche, le scientifique type du XIXe siècle, qui pense que sa science propose une vérité objective. Cette croyance est d'autant plus une interprétation qu'elle conduit, d'après Nietzsche, à des politiques libérales. Or, la théorie nietzschéenne ne peut s'accorder avec les conclusions politiques et les enjeux de cette idéologie, au même titre d'ailleurs que ceux de l'idéologie socialiste.

---

27. *Cf.* A. Nehamas (1985, p. 65) : « The methods of science have been assumed to be better than any others, and its objects have been considered to be more real or ultimate than anything else. At the heart of Nietzsche's critique is not an attack on science *per se*, but rather an attack on what Nietzsche saw as the complacent, overconfident attitude which underlay much nineteenth-century science ».

En ce sens, Nietzsche influencera les travaux de Thomas Kuhn. Selon Lewis Call (1998, p. 2), « In his classical book, *The structure of scientific revolutions*, Kuhn argues that although scientists often try to claim that their work is universally valid, science can be better understood as a system of competing perspectives or worldviews which Kuhn calls "paradigms". The parallels between Nietzsche's argument and that of Kuhn are striking, and Kuhn's work has of course been enormously influential among contemporary historians and philosophers of science. »

4. CONTRE LE NIVELLEMENT DES VALEURS : LA VOLONTÉ DE PUISSANCE

La critique que fait Nietzsche du libéralisme est-elle compatible avec sa conception du processus de destruction – création ? Pour comprendre le fondement de cette critique, il importe de constater qu'au XIXe siècle, les idées de Darwin étaient aussi bien récupérées dans les politiques libérales que socialistes. Or, selon Nietzsche, les deux théories ne sont pas si éloignées l'une de l'autre et se réfèrent aux valeurs de la « horde ». La finalité du socialisme pour les individus n'est pas l'ordre social pour l'ordre social mais un ordre social pour les individus eux-mêmes, pour leur permettre d'exprimer leur individualité. Dès lors[28], les références de certains types de socialisme aux droits, libertés et à la dignité de l'individu, ne sont pas si éloignées de l'individualisme libéral. D'un côté, l'idéologie libérale garantit le droit que quiconque montre de la persévérance et aspire à travailler puisse profiter des fruits de son labeur ; de l'autre côté, le socialisme promeut des droits économiques pour tous à travers une refonte des classes. Dans ces deux perspectives, nous sommes bien loin de la vision aristocratique de Nietzsche et de son idée d'une élite capable de transcender les limites de la modernité, dont le socialisme et le libéralisme sont deux illustrations. En conséquence, ce que Nietzsche récuse dans ces deux idéologies, c'est le nivellement des valeurs. Au fond, libéralisme et socialisme partagent une même vision de l'homme. Il n'y a donc aucune création de valeurs, au sens où Nietzsche entend le terme.

Certains soulignent que Nietzsche lui-même, à l'instar de Darwin, est tenté de se laisser séduire par les sirènes du progrès[29], bien qu'il ne s'accorde point avec son siècle ni sur la forme ni sur le

---

28. *Cf.* Call (1998).

29. Call (1998, p. 19) : « Ironically, of course, Nietzsche was himself hardly able to resist the temptation to invoke his own brand of Lamarckian theory in defence of his own concept of human progress. This only underscores the pervasive influence that evolutionary thought had on the nineteenth-century mind. But when we consider Nietzsche's reservations about certain varieties of evolutionary theory in the light of his aggressive denunciation of nationalism, it becomes equally clear that Nietzsche was seriously concerned about the excesses of German mass politics. These excesses, too often cloaked in an aura of 'respectable' biological science, would lead to political disaster in twentieth-century Germany ».

mécanisme que doit revêtir ce progrès. Selon Nietzsche, on tend vers quelque chose et sa notion de cycle le souligne bien. Mais il s'agit d'un mouvement global de forces à la fois positives et négatives qui, pour s'expliquer, implique la volonté de puissance, plus explicite que la théorie évolutionniste à rendre compte du processus de destruction – création.

Car l'opposition fondamentale de Nietzsche à l'évolutionnisme tient à la méthodologie du philosophe : la généalogie. Pour Nietzsche, connaître quelque chose sur l'utilité n'est pas connaître quelque chose sur l'origine. Or, seul ce dernier savoir possède une valeur pour comprendre la société humaine. La concurrence peut servir à sélectionner les firmes efficaces mais ceci ne dit rien sur l'origine de la concurrence : impossible d'en conclure qu'elle s'est installée pour cette sélection. Pour Nietzsche, l'origine de la concurrence se trouve uniquement dans la volonté de puissance :

> Tout but, toute utilité ne sont cependant que des *symptômes* indiquant qu'une volonté de puissance s'est emparée de quelque chose de moins puissant qu'elle et lui a de son propre chef imprimé le sens d'une fonction ; et toute l'histoire d'une « chose », d'un organe, d'un usage peut être ainsi une chaîne continue d'interprétations et d'adaptations toujours nouvelles, dont les causes ne sont même pas nécessairement en rapport les unes avec les autres, mais peuvent se succéder et se remplacer les unes les autres de manière purement accidentelle. [...] J'insiste sur ce point de vue capital de la méthode historique, d'autant plus qu'il va fondamentalement à l'encontre de l'instinct dominant et du goût du jour qui préféreraient encore s'accommoder d'une contingence absolue, voire de l'absurdité mécaniste de tout événement plutôt que d'admettre la théorie selon laquelle, dans tout événement, se manifeste une *volonté de puissance*[30].

Selon Nietzsche, l'erreur principale de Darwin et Lamarck (ou Spencer) consiste à croire que c'est la lutte pour la survie qui régit le monde vivant, alors que c'est la volonté de puissance. Dans certains cas, la lutte pour la vie est une conséquence de la volonté de puissance, jamais une cause première. Par exemple, dans de nombreuses situations, la lutte pour la vie se manifeste par un

30. *La généalogie de la morale*, § 21, p. 269-270. En italiques dans le texte. F. Porcher (2010) utilise cet argument de Nietzsche pour mener une critique de l'utilitarisme.

combat contre les autres. La volonté de puissance introduit plus de complexité, de diversité, de créativité dans la vie. Les créateurs ne cherchent pas à survivre mais à accroître leur volonté de puissance. Il est donc possible d'opposer, de manière certes réductrice, Nietzsche à Darwin, en avançant que le premier a proposé une conception du développement de la vie alors que le second a donné une théorie de la préservation de celle-ci. Pour preuve de la supériorité de son analyse, Nietzsche remarque que la lutte continue même quand les ressources sont abondantes, alors que la simple préservation est garantie.

Le jeu de la volonté de puissance se comprend exclusivement au niveau de l'individu, non à celui des gènes. La puissance ne peut se transmettre, « l'aristocratie » nietzschéenne n'est pas héréditaire. La volonté de puissance voulant développer la vie et non la préserver peut même aboutir à la mort, qui est la condition nécessaire d'un développement :

> Je veux dire que le fait de *devenir* partiellement *inutile*, de dépérir et dégénérer, de perdre sens et utilité, bref de mourir, cela aussi appartient aux conditions d'un progrès véritable : lequel prend toujours forme de volonté et de voie vers *plus de puissance* et s'accomplit toujours aux dépens d'un grand nombre de puissances mineures. L'importance d'un « progrès » se *mesure* même à la quantité des choses qu'il aura fallu lui sacrifier; l'humanité dans sa quantité sacrifiée au profit d'une seule espèce d'hommes *plus forts* – voilà qui *serait* un progrès…[31].

Selon une approche nietzschéenne, les firmes veulent dominer, surpasser. C'est donc la destruction qui leur permet de croître dans leur volonté de puissance. Elles jouent les unes contre les autres et non contre une moyenne, une norme qui permet de survivre sur un marché[32]. On le voit dans le fait que les firmes continuent de s'opposer alors que le marché autorise la survie d'un grand nombre d'entreprises. Dans les marchés en croissance, la concurrence n'est pas moins forte que dans les marchés à maturité, contrairement à ce que prétend une version naïve du cycle de vie du produit. Les

31. *La généalogie de la morale*, § 22, p. 270. En italiques dans le texte.

32. Les critères de normalité sont issus d'une vision statistique du monde qui est opposée à la conception nietzschéenne basée sur l'individu (*Cf.* J. S. Moore 2001).

fusions-acquisitions, dont la capacité à créer de la valeur est remise en cause dans la majorité des cas, sans pour autant qu'elles passent de mode, peuvent sans doute être mieux expliquées par la volonté de puissance que par un instinct de survie. Les firmes poursuivent même parfois cette guerre au détriment de leur pérennité, en prenant des risques qui mettent en péril leur existence, comme nous avons aisément pu le constater récemment dans le système bancaire.

Dans l'interprétation nietzschéenne que nous avons formulée ici, la volonté de puissance est un mécanisme qui peut expliquer une destruction créatrice animée par la concurrence, à condition de s'éloigner des conceptions traditionnelles de l'évolutionnisme initiées par la théorie de la sélection naturelle et sexuelle chez Darwin et son utilisation chez Spencer comme argument en faveur du libéralisme. La volonté de puissance est d'ailleurs beaucoup plus appropriée que la théorie de l'évolution, non seulement pour expliquer les comportements non adaptatifs tels que la religion, la philosophie et l'art, mais également pour institutionnaliser le concept de « faiblesse ». En effet, la création implique de prendre des risques, notion étrangère aux « faibles » qui cherchent avant à tout à se préserver. Au contraire, tous les hommes d'exception ont voulu la puissance, non la volonté de se protéger. Être puissant ne délivre aucune garantie, ni de longévité, ni de transmissibilité à la postérité.

Le processus de création est fondamental chez Nietzsche; mais celui de destruction aussi. Créer au sens romantique du terme ne suffit pas. Goethe associe la création à la souffrance. Nietzsche fait de ce processus de destruction créatrice une force unique, un même élan qui contient sa propre dynamique et, au-delà d'un concept positif pour une analyse binaire, sert de véritable instrument critique. Le nihilisme nietzschéen contient les germes d'une création future. En effet, le nihilisme comprend des forces à la fois négatives et positives. Ce sont les mêmes raisons qui produisent la masse grandissante et l'élite des individus forts. Il est vrai que Nietzsche présente le nihilisme principalement dans sa version négative plutôt que dans sa force historique importante. Pour comprendre cette dernière, une analogie avec la critique marxiste du capitalisme est intéressante[33] : le capitalisme, dans sa version négative, en tant que mode de

33. *Cf.* Call (1998), p. 4.

production, est associé à l'origine de nombreux maux au sein de la société. Néanmoins, au niveau de l'histoire, le capitalisme représente une force positive qui rendra peut-être le monde meilleur. Parallèlement, dans sa face négative, le nihilisme se définit comme un sentiment de vide, comme l'intuition que les idées, les institutions qui ont le plus de valeurs précisément se « dévaluent ». Et parmi les valeurs qui se dévaluent elle-même, Nietzsche mentionne avant tout le progrès. Dans ce processus complexe de dévaluation des valeurs, tout ce qui était tenu avant comme valable (une croyance en Dieu ou en la Raison) devient à son tour sans signification, ce qui tend bien à montrer qu'il n'y avait rien d'universel dans ces « vérités ». Le scepticisme constitue alors une nouvelle caractéristique du nihilisme qui s'ajoute à la première ; le nihilisme peut donc s'appréhender comme une force positive qui détruit les idoles, sans pour autant supprimer l'inévitable sentiment de vide précédemment décrit.

Dans l'histoire de l'humanité, le processus de déification est important ; l'idée d'humanité elle-même a été déifiée. Selon Nietzsche, la métaphysique constitue le dernier rempart pour échapper au nihilisme. Il s'agit, compte-tenu de la déception procurée par ce monde-ci, de s'en inventer un autre qui serait le « vrai » monde, au-delà du monde réel. Mais cette entreprise est vaine et vouée à l'échec. Nietzsche y voit l'ultime caractéristique du nihilisme dont Kant est le plus illustre représentant par sa foi dans les catégories de la raison qui se réfèrent à un monde fictif. Nietzsche estime que la philosophie kantienne a également influencé la vison de la science au XIXe siècle dont il critique l'idéal ascétique, analogue à celui du philosophe hostile à la vie et suspicieux des sens. La religion et la science peuvent donc se rejoindre dans cet idéal ascétique qui se camoufle sous le masque de l'« objectivité scientifique », dont Nietzsche récuse le caractère universel, au profit d'une analyse par l'interprétation.

CONCLUSION

Au terme de cet article, on peut dire que la concurrence est elle-même une interprétation. La volonté de puissance, perçue en tant que concept positif, permet d'appréhender les deux pôles de la destruction et de la création, souvent saisis dans une opposition entre statique et dynamique. Mais la volonté de puissance fonctionne aussi comme un instrument critique, contenant, dans un même mouvement, des forces nécessairement antinomiques. En ce sens, le processus de destruction créatrice fonctionne bien à un double niveau. Ce constat, loin d'être anecdotique, est cohérent avec la pensée même de Nietzsche : au-delà d'un tri, d'un argument romantique ou d'une dialectique, le processus de destruction créatrice fonctionne plutôt comme une boucle formée par deux éléments qui se renforcent mutuellement, sans aucune contradiction.

Le jeu des volontés de puissance permet de fournir des explications cohérentes à des phénomènes économiques réels qui sont hors de portée de la théorie de la sélection naturelle. En effet, celle-ci résulte de la lutte pour la survie et, transposée au monde économique, dans nombre de situations, la pérennité de l'entreprise n'est pas mise en jeu par le contexte de marché. C'est souvent la prise de risque excessive, par souci de domination, qui conduit à une surmortalité des firmes. L'exemple récent des institutions de crédit est révélateur de ce type de comportement.

L'évolutionnisme que récuse Nietzsche est celui qui voit toujours la fonction derrière l'organe et finit par interpréter chaque action comme la nécessité de ses conséquences, véhiculant une vision téléologique (lamarckienne donc plutôt que darwinienne). Toutefois, au-delà de cette critique et indépendamment de savoir à quel auteur il s'attaque, le reproche commun que Nietzsche formule à l'encontre de ces théories concerne sans doute l'idée de réactivité qui est sous-entendue (et plus encore le fait de croire à la « vérité » de ce qui est avancé alors qu'il ne s'agit que d'une interprétation). Dès lors, même si Darwin s'est expliqué sur l'utilisation de la lutte pour l'existence en tant que métaphore et sur le fait que les variables de la sélection intervenaient à titre aléatoire, il n'en demeure pas moins dans toute sa théorie, une « non-volonté » au profit d'une réactivité, notamment par rapport au milieu et aux relations d'interdépendance. Ces forces réactives et passives sont au cœur d'un même processus pour Nietzsche, à savoir la volonté de puissance. La destruction et la création sont solidaires dans la généalogie de la morale.

C'est à ce titre que la volonté de puissance constitue un mode descriptif qui offre au final plus de pertinence pour comprendre le processus de destruction créatrice que la métaphore évolutionniste de la lutte pour l'existence. Loin d'une psychologie naïve (« l'obtuse psychologie d'antan ») qui assimilerait la volonté de puissance à un simple désir de domination, c'est une « psychologie des profondeur » qui est véhiculée par la volonté de puissance comprise en un seul mot : elle ne tend à rien d'extérieur à elle-même si ce n'est à l'auto-accroissement. La puissance « veut » plus de puissance ; les volontés de puissance sont des « quantas dynamiques » selon l'expression de Nietzsche. Et ce sont bien des volontés de puissance qui régissent les décisions des firmes voulant poursuivre une expansion, alors que leur survie n'est pas menacée.

RÉFÉRENCES :

ALCHIAN A. 1950. « Uncertainty, evolution and economic theory ». *Journal of Political Economy*, vol. 58 n°3, p. 211-222.

BAZZOLI L. et V. DUTRAIVE. 2006. « Fondements pragmatistes de l'institutionnalisme en économie. Théorie de la connaissance et théorie de l'action chez Veblen et Commons ». *Revue de Philosophie Économique*, 2006/1 n°13, p. 123-153.

BACKHAUS J.G. et W. DRECHSLER. 2006. *Friedrich Nietzsche (1844-1900), Economy and Society*. Springer.

BERLAN A. 2010. *La critique culturelle et la constitution de la sociologie allemande : Ferdinand Tönnies, Georg Simmel et Max Weber.* Thèse de doctorat, université Rennes 1.

BOWLER P.J. 1983. *The eclipse of Darwinism : Anti-Darwinian evolution theories in the decades around 1900.* Baltimore : Johns Hopkins University Press.

BOWLER P.J. 1988. *The non-Darwinism revolution : Reinterpreting a historical myth.* Baltimore : Johns Hopkins University Press.

CALL L. 1998. « Anti-Darwin, anti-Spencer : Friedrich Nietzsche's critique of Darwin and Darwinism ». *History of Science*, vol. 36, p. 1-22.

DARWIN C. 1871. *La descendance de l'homme.* Paris : Reinwald, (3e édition, trad. E. Barbier, 1881).

DUTRAIVE V. 2010. « L'institutionnalisme comme théorie de la connaissance et comme méthode des sciences sociales : l'épistémologie pragmatiste et évolutionniste de T. Veblen ». *Economies et Sociétés*, Série « Histoire de la pensée économique », n°3.

ELIADE M. 2008. *Le sacré et le profane.* Paris : Gallimard.

FRIEDMAN M. 1953. *Essays in Positive Economics.* Chicago : University of Chicago Press.

LAMARCK J.B. 1809. *Philosophie zoologique.* Paris : Bibliothèque 10-18, (1re partie présentée par Jean-Paul Aron, 1968).

LAZARIC N. 2010. *Les théories économiques évolutionnistes.* Paris : La Découverte.

LEROUX A. 1997. « L'évolutionnisme de Friedrich Hayek. Une double controverse révélatrice d'une double illusion ». *Revue économique*, vol. 48 n°3, p. 751-760.

LICHTBLAU K. 1996. *Kulturkrise und Soziologie um die Jahrhundertwende. Zur Genealogie der Kultursoziologie in Deutschland.* Frankfurt and Main : Suhrkamp.

MALTHUS T.H. 1992. *Essai sur le principe de population.* Paris : Flammarion.

—. 2003. *Voyage d'un naturaliste autour du monde.* Paris : La Découverte.

MARCIANO A. 2007. « Economists on Darwin's theory of social evolution and human behaviour ». *The European Journal of the History of Economic Thought*, vol. 14 n°4, p. 681-700.

—. 2009. « Why Hayek is a Darwinian (after all)? Hayek and Darwin on social evolution ». *Journal of Economic Behavior and Organisation*, vol. 71, p. 52-61.

MOORE J.S. 2001. « Nietzsche's anti-Darwin ». Présenté à la 11th annual conference of the Friedrich Nietzsche Society. Cambridge UK : Emmanuel College.

NEHAMAS A. 1985. *Nietzsche : Life as Literature*. Cambridge, Mass. and London : Harvard University Press.

NIETZSCHE F. 1971. Textes établis par G. Colli et M. Montinari, trad. C. Heim, I. Hildenbrand, et J. Gratien. *Œuvres philosophiques complètes*, t. VII, *La généalogie de la morale*. Paris : Gallimard.

—. 1974. Textes établis par G. Colli et M. Montinari, trad. J-C. Hémery. *Œuvres philosophiques complètes*, t. VIII, *Crépuscule des idoles*. Paris : Gallimard.

PORCHER F. 2010. « "Utilité" versus "volonté de puissance". Sens et portée de l'anti-utilitarisme de Nietzsche ». *Revue de MAUSS permanente*, 6 juillet.

REINERT H. et E.S. REINERT. 2006. « Creative destruction in Economics ». *In* J.G. Backhaus et W. Drechsler, *Friedrich Nietzsche (1844-1900), Economy and society*, p. 55-85. Springer.

SENN P.R. 2006. « The influence of Nietzsche on the History of Economic Thought ». *In* J.G. Backhaus et W. Drechsler, 2006, p. 9-37.

SKINNER Q. 1969. « Meaning and Understanding in the History of Ideas », *History & Theory. Studies in the Philosophy of History*, n° VIII/1, p. 25-26.

SOMBART W. 1913. *Krieg und Kapitalismus*. München : Duncker & Humbolt.

TILLE A. 1895. *Von Darwin bis Nietzsche. Ein Buch Entwicklungsethik*. Leipzig : Naumann.

VAN MEERHAEGHE M.A.G. 2006. « Nietzsche and Economics ». *In* J.G. Backhaus et W. Drechsler, 2006, p. 39-53.

WOTLING P. 1995. *Nietzsche et le problème de la civilisation*. Paris : PUF.

DU DÉPASSEMENT DU WELFARISME PAR LE PROCÉDURALISME – UNE ANALYSE CONCEPTUELLE

YVES MEINARD*

Résumé
L'analyse de la notion de procéduralisme montre qu'elle est utilisée dans la littérature en deux sens très différents. Nous mettons en évidence une condition suffisante à la mise en cohérence de ces deux idées, basée sur une compréhension pragmatique de la notion d'acceptabilité. Nous montrons alors que l'adoption de cette condition suffisante implique que tout dépassement procéduraliste du welfarisme passe par un travail de formation des préférences.
Mots-clefs : procéduralisme, théorie de la justice, welfarisme, philosophie politique

Abstract
An analysis of the notion of proceduralism shows that it is given two very different meanings in the literature. We display a sufficient condition, based on a pragmatic approach to the notion of acceptability, for these two meanings to become coherent with one another. We then argue that, if this sufficient condition is accepted, then any attempt at overcoming welfarism in a procedural direction must involve a method based on the formation of preferences.
Key-words : proceduralism, theory of justice, welfarism, political philosophy

Classification JEL : D63.

---

* Société GERECO - Expertise-Conseil en Environnement et Développement Durable, Espace Saint-Germain, 30 avenue du Général Leclerc, 38217 Vienne Cedex, France. Adresse électronique : yves.meinard@gmail.com

INTRODUCTION

Au XXe siècle, la philosophie politique a, du moins sur la scène anglo-saxonne, longtemps été dominée par l'utilitarisme. De même, il a longtemps été légitime de considérer que l'économie normative était coextensive au welfarisme, c'est-à-dire à la doctrine qui stipule, selon la définition consacrée de Sen (1979), que l'évaluation « d'un état de choses dépend au bout du compte de l'ensemble des utilités individuelles dans cet état de choses et – clause plus exigeante – peut être vue comme une fonction croissante de cet ensemble. » Depuis les années 1970, en particulier grâce aux travaux de Rawls (1958, 1987) et Sen (1979, 1987), ces méthodes, qui confinent l'évaluation sociale à un examen des états finaux ou des résultats, ont été de plus en plus décisivement remises en question par des approches qualifiées de « procéduralistes », dont l'ambition distinctive est d'établir le rôle que les procédures doivent jouer dans l'évaluation sociale. En philosophie, ces théories procéduralistes se sont dans un premier temps focalisées, avec Rawls (1987), sur l'analyse des concepts de justice et d'équité (Kymlicka 1999), avant de s'élargir à la réflexion sur la délibération politique (Habermas 1999) et la démocratie (Rawls 1995a; Habermas 1997; Cohen 2002, 2010; Girard & Le Goff 2010). En économie, en particulier sous l'impulsion de Kolm (1968), des formalisations et axiomatisations de l'équité ont de même été développées, mais c'est certainement dans le domaine de la théorie du choix social (dans le prolongement d'Arrow 1963) et dans celui de la théorie des « capabilités » de Sen (1987) que la réflexion sur les procédures a joué le rôle le plus décisif.

Ces approches procéduralistes ont amplement bénéficié des interactions entre économistes et philosophes (Clément et al. 2008; Sen 2010). Mais le degré de sophistication aujourd'hui atteint par la littérature ne facilite pas la poursuite de ces interactions. Dans un tel contexte, l'objectif du présent article est double. Il est tout d'abord d'opérer une clarification des idées contenues dans la notion de procéduralisme, et d'ainsi identifier et clarifier la signification de certains raisonnements, issus de la littérature philosophique, qui sont d'une grande pertinence pour la littérature économique mais qui y sont pour l'heure peu exploités. Cet important travail de mise au point sera indispensable afin de réaliser le second objectif de cet article – son objectif principal –, qui est d'introduire une nouvelle approche pour le dépassement du welfarisme dans une direction procédurale. Cette approche montre que le défaut rédhibitoire des tentatives actuelles de dépassement procéduraliste du welfarisme est qu'elles impliquent un problème de « double comptage » des procédures. Les variations sur les modalités d'agrégation des préférences apparaissent, dans ce raisonnement, tout à fait insuffisantes pour opérer un dépassement du welfarisme, lequel repose inévitablement sur un travail de formation des préférences.

Cet article comporte trois sections. Nous montrerons dans la première section que la notion de procéduralisme recouvre en fait deux idées bien distinctes, dont la confusion complexifie les dialogues entre économistes et philosophes. Dans une deuxième section, nous exhiberons une condition suffisante à la mise en cohérence de ces deux idées : si cette condition est réalisée, bien que les deux idées contenues dans la notion de procéduralisme restent bel et bien distinctes, cette notion retrouve une unité conceptuelle. Les implications de ce raisonnement pour l'économie normative pourront alors être mises en évidence dans une dernière section, qui nous permettra de développer notre approche du dépassement procéduraliste du welfarisme.

1. DEUX IDÉES CONTENUES DANS LA NOTION DE PROCÉDURALISME

Le terme « procéduralisme » est souvent utilisé, tant dans la littérature philosophique que dans la littérature économique contemporaines, comme si sa définition était clairement établie et consensuelle. Une confrontation de ces littératures montre pourtant un contraste saisissant.

La littérature économique, comme l'illustre entre autres le travail de Sen (2010), reprend souvent l'argument de Riker (1982), selon lequel la théorie du choix social serait un exemple par excellence d'approche procéduraliste, car elle a pour objet de comparer la manière dont les préférences des individus peuvent être agrégées par différentes procédures. Dans la littérature philosophique, cette idée, pourtant à première vue incontestable, est réfutée, par exemple par Estlund (2011) : malgré toute l'attention qu'elle porte aux procédures, la théorie du choix social serait en fait tout aussi peu procéduraliste que, par exemple, l'utilitarisme classique, qui pose *ex ante* un critère (la maximisation de l'utilité agrégée) permettant d'évaluer les états de choses indépendamment des procédures ou processus qui les ont produits.

Dans cette section, nous allons défendre l'idée que ce contraste révèle que la notion de procéduralisme contient en fait deux idées bien différentes, entre lesquelles oscillent les différentes théories qui se revendiquent procéduralistes. Ces deux idées s'opposent à deux niveaux : premièrement, elles ne s'intéressent pas à la même procédure ; deuxièmement, elles sont fondées sur deux exigences différentes. Mettre en évidence ces deux idées, et les distinguer clairement de la notion de constructivisme (notion proche, mais bien différente, que nous laisserons de côté dans cet article) permettra de clarifier la notion de procéduralisme.

1.1 *La première idée contenue dans la notion de procéduralisme*

La première idée est bien illustrée par l'utilisation par Sen (2005, 2010) des considérations relatives aux procédures ou aux processus pour l'évaluation des états de choses que ces derniers produisent. Soit par exemple un état x de la société, mis en place suite à la réalisation d'une procédure de vote p. Le procéduralisme impose l'exigence de ne pas réduire l'évaluation de x à un examen de x, et de prendre au contraire p en compte. On peut définir comme suit cette première idée contenue dans la notion de procéduralisme :

> Procéduralisme compréhensif : La légitimité (la justice ou la justification) d'un état de choses x ne dépend pas (seulement) de critères portant sur x, mais également (ou plutôt) de critères portant sur p.

Pour désigner cette idée, nous parlons de « procéduralisme compréhensif » en référence à Sen, qui la pointe quand il oppose les « résultats comme états finaux » [*culminative outcomes*] aux « résultats compréhensifs » [*comprehensive outcomes*][1] (Sen 2005, traduction modifiée). Les premiers sont les états finaux, pris pour eux-mêmes indépendamment des procédures ou processus ayant amené à leur mise en place : un même état final peut être mis en place par différentes

1. L'adjectif « compréhensif » a chez Rawls (1995a) un sens différent. Seul le sens de Sen nous intéresse ici.

procédures. Les seconds sont les résultats appréhendés à la lumière des procédures ou processus qui ont mené à leur réalisation : ils ne peuvent être décrits sans faire référence à ces processus ou procédures.

Un cas particulier d'approche procéduraliste en ce sens consiste à prendre en compte les droits des agents concernés par la mise en place de x. Soit par exemple un individu i qui préfère l'état x à l'état y, et qui dispose du droit[2] de choisir entre x et y. Une théorie comme l'utilitarisme classique, qui est non procéduraliste, ne ferait pas de différence entre les deux cas suivants : (1) x est mis en place parce qu'un dictateur l'impose, indépendamment du droit de i; (2) x est mis en place parce que i exerce son droit. Une approche procéduraliste au sens compréhensif ferait au contraire valoir que le fait que le droit de i n'a pas été respecté dans le cas (1) doit conduire à juger que (2) lui est supérieur ou est plus justifié (plus juste ou plus légitime).

La prise en compte des droits n'est cependant qu'une modalité parmi d'autres de prise en compte des procédures en ce sens. Ainsi par exemple, Rawls (1995a) la complète entre autres par celle du caractère public des règles collectives. Pour sa part, Kolm (2005) insiste sur la nécessité de la compléter par une prise en compte des libertés réelles (par opposition aux droits formels).

1.2 *La distinction entre procéduralisme et constructivisme*

Cette première idée contenue dans la notion de procéduralisme doit être bien distinguée d'une notion que cet article n'a pas l'ambition d'étudier pour elle-même : la notion de constructivisme moral, dont une variante est défendue par Rawls (1995a, Lecture III). Rawls écrit en effet que le « contenu de la conception politique de la justice » doit être construit, en l'occurrence dans sa théorie au moyen d'un « artifice procédural » : la « position originelle » (Rawls 1995a, III § 3.2). Il est utile de donner de cette notion de constructivisme une définition générale, non limitée à la procédure précise envisagée par Rawls, en la définissant simplement par opposition au

2. Il s'agit d'un droit au sens moral, et non positif : la question n'est pas de savoir si la loi accorde ce droit.

« réalisme moral », c'est-à-dire à l'approche qui pose qu'il existe un ordre indépendant et préexistant de vérités morales[3].

> Constructivisme moral : Le contenu d'une conception de la justice ne relève pas d'un ordre indépendant et préexistant de vérités morales, il est construit par un processus de raison.

Le constructivisme ainsi défini s'appuie lui aussi sur une procédure, mais la procédure en question n'est pas un vote ou un processus de choix menant à la mise en place d'un certain état de la société : c'est un exercice de la raison permettant de construire une conception de la justice.

Malgré le rôle central qu'elles accordent toutes deux à certaines procédures, la notion de constructivisme et l'idée de procéduralisme compréhensif sont donc bien différentes l'une de l'autre.

1.3 *La seconde idée contenue dans la notion de procéduralisme*

Outre l'idée de procéduralisme compréhensif et celle de constructivisme, on trouve également dans la littérature une troisième idée associée au terme « procéduralisme ». Cette idée, qui joue un rôle majeur dans la critique de la *Théorie de la justice* par Habermas (1997, 1999), mais qui a ensuite été pleinement revendiquée par Rawls (1995a), consiste à identifier l'ambition cardinale du procéduralisme comme étant celle « d'appliquer le principe de tolérance à la philosophie elle-même » (Rawls). Ou, de manière équivalente, d'éviter toute « préemption monologique » (Habermas) de l'évaluation sociale par les philosophes, c'est-à-dire d'éviter que ces derniers s'attribuent le statut exceptionnel de sages seuls capables d'effectuer une évaluation sociale ou d'identifier les critères à utiliser pour cela. Dans la littérature, cette idée est souvent pointée en qualifiant le procéduralisme de « pur ». Ainsi d'Estlund (2011, p. 60), qui écrit que « le procéduralisme pur de Habermas [...] est, à l'origine, une objection au fait de privilégier la perspective normative de quelque

3. Rawls (1995a) ne définit pas explicitement le réalisme moral : il définit l'intuitionnisme rationnel et affirme qu'il s'agit d'un cas particulier de réalisme moral. Cette absence d'une définition exhaustive n'est pas dommageable à la clarté de son propos, et une telle définition ne nous sera pas non plus indispensable.

citoyen particulier. » Cette seconde idée peut être formulée comme suit :

> Procéduralisme pur : Personne ne peut prendre le statut d'expert pour identifier les critères permettant d'effectuer l'évaluation de x (que ce soit en considérant x seulement ou en le considérant au regard de p).

Bien qu'elle puisse déboucher sur une prise en compte des processus dans l'évaluation des états de choses qu'ils produisent, cette idée n'est ni fondée sur ni limitée à une telle prise en compte : elle recentre plutôt la réflexion sur le statut de l'énonciateur de la théorie de l'évaluation sociale.

Cette idée est bien distincte de la notion de constructivisme, définie plus haut par opposition au réalisme moral. En effet, bien que Rawls regroupe ces deux notions dans sa définition spécifique du constructivisme (Rawls 1980, p. 517), pris dans la définition générale donnée plus haut, le constructivisme n'est pas impliqué par l'idée de procéduralisme pur formulée ci-dessus, car celle-ci est conceptuellement compatible avec le réalisme moral. En effet, il est concevable qu'il existe un domaine de vérités morales indépendantes, pour l'accès auquel aucune expertise n'est possible. Le procéduralisme pur n'est pas non plus impliqué par le constructivisme, puisqu'une conception de la justice peut très bien être construite par des experts et n'être accessible que pour eux. La distinction entre ces deux idées tient au fait que l'existence d'un domaine de vérité indépendant est une question ontologique, alors que l'expertise est une question gnoséologique. Ces questions sont liées, mais une réponse à l'une ne peut, sans autre forme d'argument, être considérée comme étant suffisante pour répondre à l'autre.

L'idée de procéduralisme pur, telle que nous venons de la définir, peut sembler très éloignée de l'idée de procéduralisme compréhensif, définie précédemment, au point que la pertinence du regroupement d'idées aussi différentes sous le même nom de « procéduralisme » peut sembler déroutante. Dans la littérature philosophique, il apparaît pourtant bel et bien que l'idée de procéduralisme pur telle que nous l'avons définie joue un rôle majeur dans la réflexion sur le procéduralisme.

C'est par exemple sur elle que s'appuie Habermas (1995) quand il reproche à la théorie de Rawls de ne pas être suffisamment procédurale, car elle attribue selon lui au philosophe une charge théorique trop importante (Habermas 1995, p. 131), au lieu de laisser ouvertes des questions auxquelles la pratique politique des citoyens devrait pouvoir répondre[4]. Le pluralisme professé par Sen (2010), qui se traduit en particulier par son refus de construire une liste des capabilités de base, peut également être interprété comme une application de cette idée[5]. Pour ne prendre qu'un dernier exemple, c'est la distinction entre cette idée et la notion de constructivisme qui permet à Estlund (2003, 2011 chap. XIII) de dénoncer l'analogie démocratie/contractualisme. Selon cette analogie, les résultats des procédures démocratiques peuvent tirer leur légitimité de la ressemblance entre ces dernières et les procédures de construction élaborées par les théories contractualistes. Estlund montre que cette analogie est fallacieuse et trompeuse. Fallacieuse, car elle confond deux types de procédures profondément différents : les deux types de procédures concernées respectivement par la notion de constructivisme et le procéduralisme pur. Et trompeuse, car à focaliser la réflexion sur un exercice de raison (comme si la question était celle du constructivisme), elle occulte ce qui est selon lui la question majeure de la justification de la démocratie, à savoir la possibilité de rejeter l'autorité des experts (qui est au cœur de l'idée de procéduralisme pur).

1.4 *L'intérêt d'une distinction claire entre les deux idées contenues dans la notion de procéduralisme*

Les deux idées que nous avons appelées procéduralisme compréhensif et procéduralisme pur sont bel et bien différentes à deux niveaux :

– Elles ne s'intéressent pas exactement aux mêmes procédures. Le procéduralisme compréhensif s'intéresse aux procédures ayant conduit à un certain état de choses, dans le but d'évaluer cet état de

---

4. Rawls (1995b, § 5.2) rejette cette critique en soulignant que, dans la justice comme équité, il n'y a pas d'expert : nous reviendrons sur ses arguments au § 3.1.

5. Dans cette interprétation (développée notamment par Putnam, 2004), certaines approches, qui se présentent comme des applications de la théorie de Sen, la trahissent en rabattant son procéduralisme pur sur un procéduralisme compréhensif. Ce serait le cas par exemple des travaux de Nussbaum (2006) ou des études empiriques comme celles de Papadopoulos & Tsakloglou (2008).

choses (les différentes variantes de procéduralisme compréhensif se distinguent par les caractéristiques de ces procédures qu'elles prennent en compte). Le procéduralisme pur s'intéresse quant à lui aux procédures de choix des critères au moyen desquels l'évaluation des états de choses doit être effectuée.

– Et ces deux idées ne sont pas fondées sur la même exigence. Le procéduralisme compréhensif impose de prendre en compte les procédures au lieu de se limiter aux états de choses auxquels elles conduisent. Le procéduralisme pur impose de ne pas endosser le statut d'expert.

La confusion entre ces deux idées contenues dans la notion de procéduralisme est pourtant encouragée dans la littérature par certains usages, comme la formulation des débats sur le procéduralisme au moyen de la terminologie de la « substance. » Sous le vocable unique qui oppose « substance » et « procédure », les auteurs rassemblent des idées hétérogènes, qui reflètent l'importance relative qu'ils accordent aux idées de procéduralisme compréhensif et de procéduralisme pur dans leur vision du procéduralisme. Par exemple, Rawls définit le substantiel comme étant ce qui concerne les résultats (Rawls 1995b, § 5.1), ce qui est ambigu tant que n'est pas précisé si les résultats en question sont les « résultats comme états finaux » ou les « résultats compréhensifs ». Pour Estlund (1998, 2011 p. 109), est substantiel ce qui peut faire l'objet d'une expertise, c'est donc au procéduralisme pur qu'il s'oppose. D'autres auteurs sont plus ambivalents : c'est le cas de Brettschneider (2009), qui définit textuellement les « jugements substantiels » comme étant ceux qui peuvent être formulés sur les résultats indépendamment de toute considération des procédures, mais en vient en pratique dans son raisonnement à étendre l'application du qualificatif « substantiel » à tous les jugements qui traitent de valeurs, que ces valeurs concernent des résultats comme états finaux ou des procédures.

Identifier clairement la tension entre deux idées bien différentes au sein de la notion de procéduralisme permet de dépasser les confusions de ce type et d'avancer une interprétation de la signification du contraste dont nous sommes partis dans cette section, entre l'argument de Sen et Riker, selon lequel la théorie du choix social serait une approche procéduraliste, et l'argument d'Estlund, qui rejette cette idée. En comparant les résultats de règles d'agrégation qui modélisent des procédures (par exemple des dispositifs de vote), la théorie du choix social prend évidemment en compte les procédures et leurs effets, et elle adopte en ce sens une démarche procéduraliste au sens compréhensif. Estlund rétorque que la théorie du choix social est substantielle car, écrit-il textuellement, elle ne fait intervenir le déroulement d'aucune procédure réelle, et se contente au contraire de comparer, sur le plan formel, différentes règles mathématiques d'agrégation. L'opposition réel/formel, au moyen de laquelle cet argument est exprimé, n'est guère explicite, mais Estlund s'en contente sans la développer.

S'il avait adopté la définition du « substantiel » de Rawls (1995b), on aurait pu interpréter son argument comme étant l'idée que l'exercice « formel » du théoricien du choix social est substantiel car il consiste à comparer des résultats : ceux des différentes règles d'agrégation. Mais l'argument n'aurait alors guère été concluant, car il aurait hérité de l'ambiguïté du terme « résultats ». Soit il traite des « résultats compréhensifs », auquel cas l'argument est vide (car les « résultats compréhensifs » incluent les procédures) ; soit il traite des « résultats comme états finaux », auquel cas l'argument est faux (car il suppose que les règles comparées ne peuvent pas prendre en compte les procédures, ce qui est faux).

Quoi qu'il en soit, étant donné la définition du substantiel qu'Estlund adopte explicitement, une interprétation plus cohérente consiste à dire que, dans son argument, le formel est ce qui relève du travail du théoricien qui identifie des critères et formule des verdicts, et le réel est ce qui relève du déroulement effectif des procédures par lesquelles sont choisis les critères d'évaluation des états de choses. Dans cette interprétation, le théoricien qui formule ces comparaisons et en tire des conclusions pose par là certains critères d'évaluation sociale, et il renonce en ce sens au procéduralisme pur, qui refuse que quiconque puisse assumer le statut particulier requis pour effectuer cette tâche.

Dans cette interprétation, le contraste entre les deux conclusions relève alors du malentendu : si les deux arguments aboutissent à des conclusions opposées alors qu'ils s'appuient tous deux sur la notion de procéduralisme, c'est parce qu'ils ne se focalisent pas sur la même idée contenue cette notion.

2. UNE CONDITION SUFFISANTE POUR L'UNIFICATION CONCEPTUELLE DE LA NOTION DE PROCÉDURALISME

Les différents auteurs qui traitent du procéduralisme accordent une importance relative variable aux deux idées (procéduralisme compréhensif et procéduralisme pur) que nous avons identifiées dans la notion de procéduralisme. Sans entrer dans une étude quantitative, on peut remarquer que, si le procéduralisme compréhensif a fait son chemin dans la littérature économique, le procéduralisme pur est bien plus cantonné à la littérature philosophique (à l'exception notable des travaux de Sen évoqués plus haut, sur les capabilités de base). Il convient donc de poser la question de savoir si une appropriation plus poussée de cette idée dans la littérature économique est souhaitable. Dans cette section, nous allons défendre une réponse positive à cette question, en tâchant de montrer que, si la part des choses n'est pas toujours clairement faite dans la littérature entre ces deux idées, c'est parce qu'elles peuvent être mises en cohérence et constituer une notion de procéduralisme unitaire. Plus précisément, nous allons mettre en évidence une condition suffisante pour restituer à la notion de procéduralisme son unité conceptuelle, en mettant en cohérence les deux idées distinctes dont nous avons montré, dans la section précédente, qu'elles étaient contenues dans la notion de procéduralisme.

Notre ambition dans cette section est simplement d'exhiber cette condition suffisante : nous n'étudierons pas la question de savoir si cette condition suffisante est également nécessaire ; ni même, d'ailleurs, la question de savoir si l'approche que nous développons est, ou non, sous-jacente à tous ou à la majorité des raisonnements consacrés au procéduralisme dans la littérature. Nous voulons simplement montrer une manière, qui nous paraît éclairante, de reconstituer une unité conceptuelle à cette notion omniprésente dans la littérature, mais profondément ambiguë en l'état[6].

6. Nous n'approfondirons pas les liens que le procéduralisme et ses deux idées constitutives entretiennent avec le constructivisme. Les problèmes philosophiques qui se posent sur le plan gnoséologique auquel nous nous cantonnons sont trop complexes pour que nous ayons l'ambition de traiter ici également les questions ontologiques posées par l'articulation avec le constructivisme.

Soit une théorie procéduraliste compréhensive T. Nous voulons trouver une condition suffisante pour que T puisse être dite procéduraliste pure. Nous montrerons que :

1) si les critères contenus dans T sont présentés comme étant acceptables et

2) si est adoptée ce que nous appellerons une approche pragmatique de l'acceptabilité,

alors T est procéduraliste pure.

2.1 *L'idée d'acceptabilité*

Dans la littérature philosophique contemporaine sur le libéralisme, une notion permet d'établir un pont entre procéduralisme compréhensif et procéduralisme pur : la notion d'acceptabilité. Rawls (1995a) en a introduit une version particulière, en l'espèce de la notion du raisonnable, dans *Libéralisme politique*. Dans cet ouvrage, il avance en effet que le philosophe qui cherche à élaborer ou identifier un critère d'évaluation sociale n'a pas à poser ce critère comme étant vrai : il lui suffit d'en étayer le caractère raisonnable. Estlund (2011) a montré que cette notion de caractère raisonnable n'est en fait qu'une spécification d'un critère d'acceptabilité qui forme le cœur des principales théories libérales contemporaines.

L'acceptabilité permet bel et bien d'établir un pont entre les deux idées contenues dans la notion de procéduralisme. En effet, si le philosophe ou l'économiste qui avance T peut montrer que les critères d'évaluation sociale qu'elle contient sont acceptables, il peut défendre qu'il ne se pose pas en expert en avançant ces critères, puisque ce qu'il énonce est acceptable[7]. Dans *Libéralisme politique*, Rawls défend ainsi que sa théorie est acceptable par tout citoyen raisonnable : il avance des critères qui définissent un procéduralisme

7. Notons qu'il est bien évidemment possible d'avancer comme étant acceptables des critères d'évaluation sociale qui ne relèvent pas du procéduralisme compréhensif. On pourrait par exemple prétendre qu'un critère d'évaluation social utilitariste est acceptable. L'idée d'acceptabilité n'implique donc pas par elle-même le procéduralisme compréhensif. De même, au lieu d'être appliquée aux procédures menant aux états de la société à évaluer, l'idée d'acceptabilité peut être appliquée à la procédure définitoire du constructivisme. Dans le présent article, nous laisserons de côté les questions posées par ces applications pour ne nous intéresser qu'à la question de l'acceptabilité d'une théorie procédurale compréhensive (T).

compréhensif, semble-t-il sans pour autant se poser en expert, et donc en adhérant à un procéduralisme pur. L'acceptabilité semble ainsi être la garante du procéduralisme pur, et un procéduralisme compréhensif qui serait acceptable serait *eo ipso* un procéduralisme pur.

2.2 *L'insuffisance de l'idée d'acceptabilité*

Les choses ne sont cependant pas si simples. En effet, dès lors que des critères d'évaluation sociale sont présentés comme acceptables, la question se pose inévitablement de savoir : acceptable pour qui ? Un critère d'acceptabilité est en effet toujours relatif à un groupe donné (Estlund 1998). Toujours dans l'exemple de la théorie de Rawls, l'acceptabilité dont il y est question est l'acceptabilité pour les points de vue qu'il qualifie de « raisonnables » ; par conséquent, le théoricien rawlsien se pose en expert quand il décide du groupe pour lequel il veut que sa théorie soit acceptable, et il contredit en cela le procéduralisme pur.

À en croire Estlund (1998), Rawls présuppose, dans *Libéralisme politique*, qu'il est possible d'éviter ce problème grâce à une contrainte de cohérence imposée par le fait que le critère d'acceptabilité a vocation à s'appliquer à lui-même. En effet, toute théorie de l'acceptabilité (qui énonce que l'utilisation d'un critère donné est admissible si et seulement si elle est acceptable pour un certain groupe G) peut être appliquée à elle-même, et ainsi s'exclure ou s'accepter elle-même. Si cette exigence d'auto-application permettait à elle seule d'éliminer tous les critères d'acceptabilité sauf un, ce seul critère survivant au test serait spécifié par sa seule cohérence, sans qu'il soit besoin de poser le moindre critère antécédent. Estlund (1998) montre cependant qu'il n'en est rien, car une « insondable pluralité » de critères peut passer le test de l'auto-application, si bien qu'une théorie de la justice qui voudrait se contenter de l'acceptabilité n'aurait d'autre choix que de considérer qu'une théorie, par exemple, basée sur l'acceptabilité pour tout nazi pourrait, tout aussi bien qu'elle, revendiquer le statut de théorie de la justice.

Estlund en conclut que, contrairement à ce que prétend Rawls, le libéralisme politique doit, à un moment ou à un autre, se présenter comme vrai. Cependant, il ne poursuit pas son argument jusqu'à son aboutissement, puisqu'il ne pose pas la question de savoir si cette vérité peut être accessible par tous ou si elle est au contraire réservée à un cénacle d'experts. La véritable conclusion de son argument s'impose pourtant naturellement : si présenter T comme étant acceptable suppose de s'appuyer sur une définition[8] de G, alors l'acceptabilité de T ne suffit pas pour en faire un procéduralisme pur, puisqu'il est possible que la définition de G s'appuie sur une expertise.

2.3 *Rendre d'idée d'acceptabilité suffisante par une approche pragmatique*

Nous venons de voir que, si l'idée d'acceptabilité permet certes de construire un lien entre procéduralisme compréhensif et procéduralisme pur, elle n'est pas pour autant en elle-même suffisante pour rendre ces deux idées cohérentes. Montrons cependant que, si cette idée est comprise selon une approche « pragmatique », elle constitue alors une condition réellement suffisante pour reconstituer l'unité conceptuelle de la notion de procéduralisme.

Il nous faut pour cela commencer par expliciter ce qu'est l'approche pragmatique. En théorie du langage, les approches qualifiées de « pragmatiques » se distinguent, par opposition aux approches qualifiées de « sémantiques », par l'importance qu'elles accordent à l'usage qui est fait des outils langagiers. S'appuyant sur Brandom (1994), Heath (2001, p. 106) capture ainsi l'idée centrale d'une approche pragmatique de la signification : « la signification d'un acte d'énonciation [*utterance*] est donnée par son rôle inférentiel — les autorisations [*entitlements*] dont il dérive et les engagements [*commitments*] qu'il implique »[9].

Cette formulation a le mérite de la concision et de la clarté, mais elle demande à être amendée pour être applicable au domaine qui est le nôtre ici, à savoir celui des théories normatives. En effet, elle présente un défaut majeur qui peut être mis en évidence en s'appuyant sur les travaux de Habermas (1987). Dans la sémantique

8. Que cette définition soit préexistante, comme le voudrait un réalisme moral, ou qu'elle soit construite par un processus de raison, comme le voudrait le constructivisme moral.

9. La théorie de Brandom prolongée par Heath est appelée « sémantique inférentielle » par ses auteurs, mais cette dénomination est confuse : la *sémantique* inférentielle est en fait une *pragmatique*.

inférentielle, la possibilité reste ouverte, pour un observateur qui n'est pas utilisateur du terme, de comprendre la signification, par exemple, du mot « juste », en observant les autorisations et engagements caractérisant les locuteurs qui utilisent ce mot. Or ce qu'Habermas a justement montré, c'est qu'identifier le contenu d'un énoncé portant sur des notions normatives nécessite d'adopter une posture performative normative. Appliquée au cas de la théorie de la justice, cette proposition signifie qu'identifier un régime comme étant juste, c'est également par là-même l'apprécier, le recommander. Faire l'inverse serait commettre une « contradiction performative », c'est-à-dire le même type de contradiction que celle que l'on commet, par exemple, en disant « je suis mort hier » : le seul fait de prononcer la phrase contredit son contenu. Parler de la justice d'une situation sans en apprécier ou recommander tel ou tel aspect, c'est commettre une contradiction du même type. Dans cette approche, comme la signification des termes utilisés pour délinéer le contenu d'une théorie normative a une dimension prescriptive et/ou évaluative, utiliser ces termes c'est inévitablement prescrire et/ou évaluer (éventuellement entre autres choses) ; prétendre le contraire, c'est se tromper sur l'usage des termes[10].

Dans la suite de ce texte, nous reprendrons donc la caractérisation de la sémantique inférentielle en l'amendant de façon à intégrer

10. La critique développée par Habermas (1997) et Estlund (2011) des théories de la démocratie qui ne s'appuient que sur des concepts positifs, comme celui de stabilité du régime ou d'acceptation du pouvoir, est fondée sur la même approche pragmatique. Selon cette critique, ces théories passent à côté d'une part importante du phénomène démocratique : l'existence de raisons, pour les citoyens, de louer la démocratie. Pour rendre compte de ces raisons, il faudrait intégrer une théorie des prescriptions et évaluations inhérentes au concept de démocratie, et pour cela les revendiquer. C'est encore un raisonnement similaire que Raz (1990, p. 15) applique à la notion même de théorie de la justice quand il écrit : « une théorie de la justice [...] est une théorie juste de la justice » Notons que cette approche a de lourdes implications en économie normative puisqu'elle réfute en particulier la possibilité, défendue par exemple par Fleurbaey (1996), pour l'économie normative d'être une science positive. Selon l'approche pragmatique présentée ci-dessus, si l'économie normative s'intéresse réellement à des notions normatives comme la justice et l'équité, elle ne peut pas développer une réflexion pertinente sur ces notions en restant positive. L'argument en faveur de cette idée est que les notions normatives ne peuvent être réellement comprises qu'en adoptant vis-à-vis d'elles une posture performative, c'est-à-dire en les faisant siennes. Selon cet argument, une économie normative qui voudrait se limiter à une approche positive se trouverait dans la même situation que les théories de la démocratie critiquées par Habermas (1997) ou Estlund (2011).

cette théorie de Habermas. Nous définirons ainsi plus simplement une approche pragmatique comme une approche dans laquelle la signification *est*, purement et simplement, le rôle inférentiel des actes d'énonciation.

Voyons donc les conséquences de l'adoption d'une telle approche pour l'acceptabilité de la théorie procéduraliste compréhensive T. Dans cette approche pragmatique, s'appuyer sur la notion d'acceptabilité pour étayer un procéduralisme pur, ce n'est pas présupposer la vérité de critères définissant devant qui il s'agit d'être acceptable (G). En effet, avancer T comme étant acceptable, c'est au contraire, pour l'énonciateur de T, adopter l'*attitude* qui consiste à éprouver l'acceptabilité de T, à mettre T au test de son acceptation par ses interlocuteurs. La question de l'expertise dans la définition de G, autour de laquelle s'articule l'argument d'Estlund établissant l'insuffisance de l'acceptabilité de T pour en faire un procéduralisme pur, ne se pose donc pas si l'on comprend l'acceptabilité en un sens pragmatique. À aucun moment l'énonciateur de T ne s'appuie sur une quelconque définition (préétablie ou construite) de G. Il éprouve l'acceptabilité de T en s'exposant à des interlocuteurs : s'il se refuse à éprouver l'acceptabilité de T devant certains interlocuteurs, alors il ne peut plus prétendre que sa théorie est acceptable ; s'il s'avère que des interlocuteurs ne jugent pas T acceptable, à charge pour lui de les convaincre du contraire ou d'amender T en conséquence.

Dans cette approche pragmatique de l'acceptabilité, avancer T comme étant acceptable, ce n'est s'appuyer sur aucune expertise putative, ni dans l'identification de T, ni dans l'identification de G. L'acceptabilité de T fournit donc une condition suffisante pour faire du procéduralisme compréhensif T un procéduralisme pur.

3. UNE NOUVELLE APPROCHE DU DÉPASSEMENT DU WELFARISME DANS UNE DIRECTION PROCÉDURALISTE

L'objet de cette dernière section est d'examiner quelles peuvent être les implications de cette tentative de clarification des ambiguïtés du procéduralisme pour une question centrale dans cette littérature : celle de la nécessité et des moyens d'un dépassement du welfarisme.

Dans cette section, nous poserons la condition suffisante identifiée dans la section précédente, de façon à adopter un procéduralisme cohérent. Notre objet sera d'examiner quelles sont les conséquences, pour les modalités de dépassement du welfarisme, de l'adoption de cette condition suffisante. Pour ce faire, il nous faudra dans un premier temps rappeler les définitions classiques du welfarisme et clarifier certaines de leurs ambiguïtés (4.1). Nous nous appuierons alors sur cette clarification pour avancer que, si la condition suffisante présentée dans la section précédente est adoptée, alors un dépassement procéduraliste du welfarisme passe nécessaire par un travail de formation des préférences (4.2). Conscients que cette idée de formation des préférences peut sembler avoir peu sa place dans des raisonnements économiques, nous tâcherons pour finir de montrer qu'une telle restriction du champ de l'économie n'a pas lieu d'être (4.3).

3.1 *La définition du welfarisme par Sen, et ses restrictions*

Nous avons rappelé en introduction la définition classique du welfarisme formulée par Sen. Cette définition est précisée par Fleurbaey (2003), qui spécifie que, dans ce qu'il appelle le « welfarisme réel » [*real welfarism*], l'utilité dont il est question dans la définition est la satisfaction des préférences[11].

Cette précision peut sembler friser la tautologie, mais elle opère en fait un déplacement de toute première importance, qui apparaît si l'on examine la manière dont les considérations procédurales peuvent entrer en compte dans le « welfarisme » au sens de Sen et dans le « welfarisme réel » au sens de Fleurbaey. En effet, tout le travail de Sen visant, contre le welfarisme, à intégrer les procédures dans l'évaluation sociale, suppose que le welfarisme exclut nécessairement toute prise en compte des procédures.

11. Fleurbaey oppose ce welfarisme réel au « welfarisme formel » [*formal welfarism*], caractérisé par les mêmes axiomes mais dans lequel la fonction dite d'utilité peut être définie de manière « exogène » : « [L]e welfarisme formel [...] adopte une définition exogène de [l'utilité] U. [...] U peut mesurer n'importe quelle notion objective ou subjective de bien-être [*well-being*], et elle est fournie par le philosophe ou le décideur [*social decision-maker*] ». Fleurbaey (2003), p. 375. Dans le présent article, nous laisserons de côté cette notion de « welfarisme formel » (pour une analyse des enjeux de la typologie de Fleurbaey, voir Gharbi 2012, p. 199-208).

Pourtant, si l'utilité est définie (comme elle l'est explicitement dans le « welfarisme réel » chez Fleurbaey) à partir de la satisfaction des préférences, elle peut inclure des considérations procédurales s'il existe des préférence procédurales (Hausman & McPherson 2006), c'est-à-dire si les agents eux-mêmes accordent ou reconnaissent[12] une importance aux procédures ayant conduit aux différents états de la société.

Cette notion de préférences procédurales n'a évidemment de pertinence dans le cadre qui est le nôtre ici que si elle s'appuie sur un concept de préférences suffisamment large. Si le concept de préférence était, par exemple, défini grossièrement sur la base de l'idée que l'objet de la préférence est ce dont la réalisation ou l'acquisition implique une forme de jouissance[13], les théoriciens libéraux auraient toutes les raisons de rejeter la pertinence des préférences procédurales. En effet, dans ce cas, remplacer une prise en compte des procédures par une prise en compte des préférences procédurales reviendrait en particulier à réduire l'importance des droits à la jouissance que les agents retirent de l'existence de ces droits : ce serait faire bien peu de cas de l'importance des droits.

Mais dès lors que le concept de préférence est pris dans toute sa généralité, indépendamment de la question de savoir ce que les agents préfèrent au sens hédoniste, ou même au sens ordinaire, du terme, il est possible de représenter par la satisfaction de préférences l'importance qu'ont les procédures pour les agents. Sen s'appuie d'ailleurs sur la plausibilité de l'existence de telles préférences procédurales quand il établit la distinction entre les « résultats comme états finaux » et les « résultats compréhensifs » (Sen 2005), évoquée plus haut. Sen admet donc volontiers qu'il peut exister des préférences procédurales, et il est le premier à en souligner l'importance ; et pourtant ce qu'il dénonce dans le welfarisme, c'est le rôle joué par les

12. Ces deux verbes doivent être ici compris dans leur sens ordinaire. Nous ne cherchons pas à nous appuyer sur une théorie quelconque de l'accord et de la reconnaissance. Il s'agit au contraire de souligner que l'idée de préférences procédurales ne s'appuie sur aucune théorie antécédente des raisons de l'importance des procédures.

13. L'omniprésence, au moins dans la littérature économique, de connotations qui relient la notion de préférence à des notions « eudémonistes » ou hédonistes comme celles de jouissance ou de bonheur a été notée par de nombreux auteurs, par exemple Kolm (2005, chap. 24 § 3). Voir également Hausman & McPherson (2006).

fonctions d'utilité, comme si celles-ci évacuaient *eo ipso* toute considération procédurale.

C'est donc seulement quand il est posé que les fonctions d'utilité ont pour ensembles de définition des ensembles de vecteurs dont les coordonnées sont des quantités de biens que la définition du welfarisme et sa critique par Sen prennent leur sens au regard de ses recherches procédurales. L'approche de Sen est par conséquent théoriquement problématique puisqu'il pose, dans sa critique, une restriction du concept de préférence que les approches welfaristes n'ont pas de raison conceptuelle de s'imposer. Mais elle est pragmatiquement pertinente puisque, de fait, la majeure partie de la littérature fait un tel usage restrictif des fonctions d'utilité. La définition du « welfarisme réel » par Fleurbaey ne suppose pas une telle évacuation des préférences procédurales, elle est donc théoriquement plus cohérente, mais elle fait perdre la trace du problème qui motive la critique de Sen, et qui est son intérêt majeur.

Cette discordance entre la pertinence pragmatique et la cohérence théorique des approches de Sen et Fleurbaey est révélatrice d'un problème sous-jacent majeur, dans la résolution duquel notre discussion du procéduralisme va trouver sa véritable application.

3.2 *Welfarisme et préférences procédurales*

Imaginons dans un premier temps qu'il n'existe pas de préférences procédurales, c'est-à-dire que les préordres de préférences des agents ne concernent que les quantités de biens qui définissent des « résultats comme états finaux ». Dans un tel cas, une évaluation sociale qui prendrait en compte les procédures (éventuellement simplement en rendant compte des droits dont les agents disposent) proposerait une évaluation qui irait à l'encontre des évaluations effectuées par les agents eux-mêmes, ce qui serait dénoncé par un procéduralisme pur, puisque cela reviendrait à préempter les évaluations des agents. Dans une telle situation, le procéduralisme pur ne serait guère tenable, ou du moins il entrerait frontalement en contradiction avec les intuitions libérales qui sont au fondement des tentatives de dépassement du welfarisme[14].

14. Nous serions alors dans la situation ciblée par le théorème d'impossibilité du parétien libéral de Sen (1970).

Mais supposons maintenant, avec Sen et bien d'autres auteurs (Pattanaik & Suzumura 1996 ; Suzumura & Xu 2001), que, chose bien plus naturellement plausible, il existe des préférences procédurales. Dans un tel cas, les procédures intègrent l'évaluation sociale à deux niveaux : elles sont déjà « dans » les préférences, mais elles peuvent de plus intervenir dans les modalités de leur agrégation (si l'on opte pour un critère procédural au sens du procéduralisme compréhensif). Ne risque-t-on pas alors de produire une évaluation sociale qui « compte deux fois » les procédures ?

Dans la mesure où les préférences réelles des agents ont toutes les chances de n'intégrer qu'une partie des considérations procédurales pertinentes (pour des raisons de rationalité limitée et d'information imparfaite), trois solutions proéminentes peuvent être envisagées pour éviter ce problème :

(1) Prendre les préférences comme des données exogènes, comme elles sont (c'est-à-dire prenant imparfaitement en compte les procédures), et assumer le rôle de compléter la prise en compte des procédures par les bonnes méthodes d'agrégation ;

(2) Faire en sorte que les préférences ne comportent jamais la moindre considération procédurale, et alors intégrer toutes les considérations procédurales dans la méthode d'agrégation ;

(3) Œuvrer au contraire à ce que toutes les considérations procédurales soient déjà intégrées dans les préférences, et alors n'en intégrer aucune dans la méthode d'agrégation.

La première solution a l'avantage de prendre les préférences comme des données, sans impliquer une intervention quelconque dans leur formation. Mais elle pose un problème technique de taille : elle suppose la capacité de distinguer clairement ce qui, dans les préférences des agents, relève des procédures de ce qui n'en relève pas. Il est très simple de le faire sur des modèles théoriques, mais la chose est nettement plus difficile dès lors qu'il s'agit de les appliquer à une réalité empirique, que ce soit à partir de données d'enquêtes, d'économie expérimentale ou d'observations du comportement.

Mais, plus fondamentalement, cette première solution partage avec la seconde un défaut qui la rend inapplicable pour qui adopte un procéduralisme cohérent au sens dégagé dans cet article, c'est-à-dire basé sur la condition suffisante introduite à la section précédente. En effet, nous avons défendu plus haut qu'un tel procéduralisme consistait à avancer et promouvoir des critères procéduralistes compréhensifs en les présentant comme acceptables. Cette idée est contradictoire avec la mise en œuvre de la solution (2), puisque défendre et étayer l'acceptabilité de critères procéduralistes, c'est précisément faire tout le contraire de ce que veut la solution (2) – à savoir, faire en sorte que les préférences ne comportent jamais la moindre considération procédurale. Cette idée est également incompatible avec la solution (1), puisqu'en l'adoptant, on assume vouloir promouvoir certains critères procéduraux, et on assume par conséquent l'ambition d'influer sur les préférences plutôt que de les prendre comme des données exogènes – comme le veut la solution (1).

Dans l'approche que nous avons développée et qui permet de donner au procéduralisme son unité conceptuelle, seule la solution (3) apparaît ainsi permettre de dépasser le welfarisme. Et ce dépassement consiste, non pas en un travail sur les modalités d'agrégation des préférences, mais sur leur formation concrète. En effet, dans cette solution, il s'agit d'œuvrer à ce que les préférences en viennent à intégrer toutes les considérations procédurales pertinentes. On pourra alors vouloir qualifier ces préférences, ainsi formées, de « raisonnables » au sens de Rawls ou Scanlon (1998), mais loin d'être confinées à des raisonnements philosophiques, elles seraient réellement formées et observées.

3.3 *L'économie et la formation des préférences*

Cette idée de formation des préférences peut sembler avoir peu sa place dans des raisonnements économiques. Non pas que l'économie s'enfermerait dans le mythe de préférences préétablies et immuables : l'importance des modifications des préférences est au contraire de plus en plus largement reconnue dans la littérature économique (voir par exemple Szabó 2011). Ce qui peut sembler poser problème dans cette idée de formation des préférences est que la formation en question n'est pas une modification quelconque, mais bien une modification dirigée – en l'occurrence, par l'exigence que les préférences en viennent à prendre en compte les considérations procédurales pertinentes.

Les approches économiques n'hésitent pas à avancer des prescriptions pour rationaliser les décisions et les organisations, mais elles se refusent à appliquer la même démarche aux préférences elles-mêmes : la littérature insiste au contraire sur l'exigence de prendre les préférences comme des données (voir par exemple, Boadway & Bruce 1984, chap. 1). Cependant, comme l'a montré Heath (2011) dans sa critique de la théorie du choix rationnel, cette position est intenable, car elle n'a de sens que si certaines préférences sont hors de portée de toute remise en cause rationnelle. En effet, si les préférences peuvent être rationnellement discutées, alors il n'y a pas moins de raison de rationnaliser les préférences qu'il n'y en a de rationaliser, par exemple, les modalités de prise de décision collective ou de prise de décision dans l'incertain. Or Heath (2011) montre justement qu'aucune préférence ne peut ainsi être hors de portée de toute discussion rationnelle. Tous les raisonnements pratiques peuvent certes s'appuyer sur des ensembles de préférences qui semblent hors de portée de toute discussion car ils servent de points d'arrêt à la régression des justifications qui serait en leur absence infinie : à la question « pourquoi préfères-tu x ? », on peut répondre « c'est ce que je préfère, point », sans avoir à justifier cette préférence et justifier cette justification, etc. Mais ces ensembles qui servent de points d'arrêt sont hautement variables selon le contexte, si bien que, pour tout élément de ces ensembles, il existe un contexte dans lequel il peut être rationnellement discuté.

C'est donc à la faveur d'une hypostase intenable (celle d'un putatif ensemble de préférences qui ne serait rationnellement discutable dans aucun contexte) que la tâche de participation à la formation des préférences est d'ordinaire exclue du champ de l'économie.

Au demeurant, même si cette exclusion était tenable, elle nous ferait tomber de Charybde en Scylla. En effet, à refuser d'œuvrer à la formation des préférences, dès lors que, de fait, des préférences procédurales existent, la prise en compte des procédures dans l'agrégation des préférences impliquerait de sacrifier la rigueur de l'approche économique sur l'autel des limites traditionnelles de ses attributions, en acceptant de commettre l'erreur du double comptage.

CONCLUSIONS

Dans ce texte, nous avons mis en évidence la complexité et la possible incohérence de la notion de procéduralisme, en soulignant que la littérature actuelle tend à confondre sous un même vocable deux idées bien distinctes et dont la cohérence ne va pas de soi. Nous avons alors proposé une condition suffisante pour restituer à la notion de procéduralisme sa cohérence interne, et nous avons exploré les implications de l'adoption de cette condition suffisante pour l'idée de dépassement du welfarisme dans une direction procéduraliste. Cette application aboutit à l'idée que ce dépassement ne peut pas être une question théorique de construction d'indices d'agrégation : il s'agit nécessairement d'une tâche sociale concrète qui consiste à œuvrer à ce que toutes les considérations procédurales pertinentes soient intégrées dans les préférences, et alors à n'en intégrer aucune dans la méthode d'agrégation.

La portée de ces résultats doit évidemment être modérée au regard des ambitions relativement modestes de ce texte : nous avons présenté une condition suffisante à la cohérence de la notion de procéduralisme, sans prétendre avancer de condition nécessaire à cette cohérence; plus important encore, nous n'avons nullement montré la nécessité même de conférer à la notion de procéduralisme sa cohérence. L'ensemble de nos conclusions relatives au dépassement du welfarisme ne valent que pour qui adopte, à l'instar de ce que nous faisons dans la dernière section de ce texte, une approche pragmatique des notions normative et un procéduralisme pur, et pour qui admet qu'il y a un intérêt à disposer d'une notion cohérente de procéduralisme.

Ces limites étant soulignées, nos conclusions ont quelque chose d'inhabituel dans la littérature économique, en ce sens que c'est plutôt la philosophie de la démocratie délibérative et l'éthique qui s'intéressent d'ordinaire à la formation des préférences. Il convient cependant d'insister sur le fait que l'idée d'un rôle de l'économie dans la formation des préférences est également implicitement présente, par exemple, dans les travaux récents de Sen (2010). Cette vision de l'économie est incontestablement pragmatique et cohérente avec la notion de procéduralisme que nous avons tâché de cerner, mais elle se heurte à un problème majeur pour la résolution duquel ni Sen ni les philosophes procéduralistes n'ont avancé de solution convaincante : elle suppose une appropriation des résultats économiques par les agents économiques, ce qui n'a rien de trivial, étant donné leur technicité.

REMERCIEMENTS

Ce travail est issu d'un projet financé par la Fondation pour la Recherche sur la Biodiversité. Je remercie P. Grill, J.-S. Gharbi, A. Lapied, P. Castets et A. Krajewski pour leurs commentaires et suggestions, ainsi que B. Schmid et C. Debru pour leur soutien dans le développement de ce programme de recherches. Je remercie également les trois rapporteurs anonymes qui m'ont permis, par leurs critiques et leurs commentaires, d'améliorer considérablement ce texte.

RÉFÉRENCES

ARROW, Kenneth J. 1963. *Social Choice and Individual Values.* 2nd ed, New Haven : Yale University Press.

BOADWAY, Robin W., and Neil Bruce. 1984. *Welfare Economics.* Oxford : Basil Blackwell.

BRANDOM, Robert. 1994. *Making It Explicit.* Cambridge : Harvard University Press.

BRETTSCHNEIDER, Corey. 2009. *Les droits du peuple.* Paris : Hermann.

CLÉMENT, Valérie, Christine Le Clainche, and Daniel Serra. 2008. *Économie de la justice et de l'équité.* Paris : Economica.

COHEN, Joshua. 2002. « For a Democratic Society ». In *The Cambridge Companion to Rawls*, ed. Freeman, Samuel R., p. 86-138. Cambridge : Cambridge University Press.

—. 2010. « Délibération et légitimité démocratique ». In *La démocratie délibérative*, ed. Girard, Charles, and Alice Le Goff (2010).

ESTLUND, David. 1998. « The insularity of the reasonable ». *Ethics* n°108, p. 252-275.

—. 2003. « The Democracy/Contractualism Analogy ». *Philosophy and Public Affairs* n°31, p. 387-412.

—. 2011. *L'autorité de la démocratie.* Paris : Hermann.

FLEURBAEY, Marc. 1996. *Théories économiques de la justice.* Paris : Economica.

—. 2003. « On the informational basis of social choice ». *Social Choice and Welfare* n°21, p. 347-384.

GHARBI, Jean-Sébastien. 2012. *Le modèle ELIE de redistribution des revenus : Économie normative et justice sociale.* PhD Dissertation, Aix-Marseille School of Economics.

GIRARD, Charles, and Alice LE GOFF, ed. 2010. *La démocratie délibérative.* Paris : Hermann.

HABERMAS, Jürgen. 1987. *Théorie de l'agir communicationnel.* Vol. 1. Paris : Fayard.

—. 1995. « Reconciliation through the public use of reason : remarks on John Rawls's political liberalism ». *The Journal of Philosophy* n°92(3), p. 109-131.

—. 1997. *Droit et démocratie.* Paris : Gallimard.

—. 1999. *Morale et communication.* Paris : Flammarion.

HAUSMAN, Daniel M., and Michael S. MCPHERSON. 2006. *Economics Analysis, Moral Philosophy, and Public Policy.* 2nd ed. Cambridge : Cambridge University Press.

HEATH, Joseph. 2001. *Communicative Action and Rational Choice.* Cambridge : the MIT Press.

—. 2011. *Following the rules.* Oxford : Oxford University Press.

KOLM, Serge-Christophe. 1968. « La production optimale de justice sociale ». In *Économie publique*, ed. Guitton, Henri, and Julius Margolis, p. 109-177. Paris : CNRS.

—. 2005. *Macrojustice*. Cambridge : Cambridge University Press.

KYMLICKA, Will. 1999. *Les théories de la justice : une introduction*. Paris : La Découverte.

NUSSBAUM, Martha C. 2006. *Frontiers of Justice : Disability, Nationality, Species Membership*. Cambridge : Harvard University Press.

PAPADOPOULOS, Fotis, and Panos TSAKLOGLOU. 2008. « Social exclusion in the UE : a capability-based approach ». In *The Capability Approach*, ed. Comin, Flavio, Mozaffar Qizilbash, and Sabina Alkire, S, p. 242-267. Cambridge : Cambridge University Press.

PATTANAIK, Prasanta K., and Kotaro SUZUMURA. 1996. « Individual Rights and Social Evaluation : a Conceptual Framework ». *Oxford Economic Papers*, New Series n°18, p. 194-212.

PUTNAM, Hilary. 2004. *The collapse of the fact/value dichotomy and other essays*. Cambridge : Harvard University Press.

RAWLS, John. 1958. « Justice as fairness ». *The Philosophical Review* n°67(2), p. 164-194.

—. 1980. « Kantian constructivism in moral theory ». *Journal of Philosophy* n°77(9), p. 515-572.

—. 1987. *Théorie de la justice*. Paris : Seuil.

—. 1995a. *Libéralisme politique*. Paris : Presses Universitaires de France.

—. 1995b. « Reply to Habermas ». *The Journal of Philosophy* n°92(3), p. 132-180.

RAZ, Joseph. 1990. « The case of epistemic abstinence ». *Philosophy & Public Affairs* n°19(1), p. 3-46.

RIKER, William H. 1982. *Liberalism against Populism*. San Francisco : Freeman.

SCANLON, Thomas M. 1998. *What we Owe to Each Other*. Cambridge : Harvard University Press.

SEN, Amartya. 1970. « The Impossibility of a Paretian Liberal ». *Journal of Political Economy* n°78(1), p. 152-157.

—. 1979. « Utilitarianism and welfarism ». *The Journal of Philosophy* n°LXXVI (9), p. 463-489.

—. 1987. *Commodities and Capabilities*. New Delhi : Oxford University Press.

—. 2005. *Rationalité et liberté en économie*. Paris : Odile Jacob.

—. 2010. *L'idée de justice*. Paris, Flammarion.

SUZUMURA, Kotaro, and Yongsheng XU. 2001. « Characterizations of Consequentialism and Nonconsequentialism ». *Journal of Economic Theory* n°101, p. 423-436.

SZABÓ, Zoltan. 2011. « Reducing protest responses by deliberative monetary valuation : improving the validity of biodiversity valuation ». *Ecological Economics* n°75, p. 37-44.

SUR LE STATUT ÉPISTÉMOLOGIQUE DE L'HYPOTHÈSE D'EFFICIENCE DES MARCHÉS

GUILLAUME VUILLEMEY*

Résumé
Dans cet article, nous livrons une analyse du statut épistémologique de l'hypothèse d'efficience des marchés. Sans juger de sa véracité ou de sa fausseté, nous montrons qu'elle ne peut, en aucun sens rigoureux, être entendue comme une proposition empirique testable. Aucune expérience n'existe permettant de la falsifier irrévocablement. A rebours, nous montrons qu'elle ne peut être entendue que comme une proposition analytique, comme inaugurant un nouveau système de définitions cohérent par lui-même. En cela, la formulation de l'hypothèse d'efficience des marchés a ouvert un nouveau programme de recherche, dont nous mettons en évidence les grandes lignes directrices.
Mots-clés : Hypothèse d'efficience des marchés, Evaluation des actifs, Programme de recherche.

Abstract
This article studies the epistemological status of the efficient markets hypothesis. Abstracting from any judgment on its veracity or falsity, we show that it cannot, in any rigorous and meaningful sense, be understood as an empirical and testable proposition. No experience exists which may irrevocably falsify it. On the contrary, we show that it can only be understood as an analytic proposition, i.e. as opening a new and self-consistent system of definitions. The

* Sciences-Po, Département d'économie. Adresse : 28 rue des Saints-Pères, 75005 Paris, France. Email : guillaume.vuillemey@sciences-po.org. Je tiens à remercier deux rapporteurs anonymes pour la qualité de leurs suggestions ainsi que les participants à la conférence annuelle de l'International Network for Economic Method (2013).

formulation of the efficient markets hypothesis opened a new research program, of which we outline the main directions.
Keywords : Efficient markets hypothesis, Asset pricing, Research programme.

Classification J.E.L. : B41, G10.

INTRODUCTION

Depuis sa formulation explicite dans les années 1960 par Fama, l'hypothèse d'efficience des marchés a été l'objet d'âpres débats, qui n'ont toujours pas été tranchés. Malgré le rôle considérable de cette hypothèse dans la théorie économique et financière contemporaine – notamment en ce qui concerne l'évaluation des prix des actifs – aucune proposition de base la concernant ne semble recueillir un assentiment unanime. D'une part, on a pu affirmer qu'« il n'existe aucune proposition en économie qui jouit de validations empiriques plus solides que l'hypothèse d'efficience des marchés » (Jensen 1978). De l'autre, les remises en cause n'ont jamais cessé de fuser. La popularité croissante des critiques comportementalistes (par exemple, Shiller 2003), de même que la faillite apparente de nombreux modèles d'évaluation des prix des actifs à la veille de la crise[1], ont entretenu des doutes que la multiplication des études empiriques n'a jamais permis d'éteindre. De manière plus importante à nos yeux, il semble que, pour l'écrasante majorité des économistes, de telles discussions ne peuvent avoir d'issue autre qu'empirique.

Le parti que nous prenons ici est différent. Nous entendons éclairer ce débat en proposant une analyse du *statut épistémologique* de l'hypothèse d'efficience des marchés. En d'autres termes, qu'entend-on exactement quand on affirme, suivant Eugène Fama, que « les prix reflètent toute l'information pertinente »? Bien que l'impossibilité de tester l'hypothèse d'efficience de manière isolée (*i.e.* en l'absence d'un modèle d'évaluation fondé sur des anticipations rationnelles – ce que l'on nomme « problème de l'hypothèse jointe » (LeRoy 1989)) soit connue de longue date, certains obstacles épistémologiques majeurs nous semblent avoir peu été notés, de

1. Sur ce sujet, l'une des contributions les plus originales est celle de Hudson et Mandelbrot (2004).

sorte que les discussions sur le bien-fondé de cette hypothèse omettent plusieurs difficultés conceptuelles d'importance. En particulier, il est frappant que l'hypothèse d'efficience des marchés ait d'abord été avancée pour des raisons empiriques (voir, par exemple, Fama 1965b), et que toutes les tentatives engagées depuis pour la justifier ou l'invalider se soient fondées sur l'expérience. Nous montrons dans ces lignes que c'est là une méprise méthodologique, car cette hypothèse, telle que formulée, n'est ni testable, ni vérifiable, ni falsifiable. Si le caractère infalsifiable de l'hypothèse d'efficience a déjà été souligné dans la littérature existante, nous le reformulons ici à nouveaux frais et montrons que la difficulté sous-jacente ne réside pas seulement dans le problème de l'hypothèse jointe, mais dans le fait qu'elle instaure un système de définitions nouveau, cohérent par lui-même.

Ainsi, notre propos dans cet article n'est ni de réfuter ni de conforter l'hypothèse d'efficience des marchés en l'ancrant dans un sol méthodologique plus rigoureux, mais de préciser son statut épistémologique. Tandis qu'une grande partie de la littérature économique tend à la considérer implicitement comme une proposition empirique (ou, en termes kantiens, synthétique *a posteriori*), nous montrons ici qu'elle ne peut être, de manière philosophiquement fondée et logiquement cohérente, qu'un jugement analytique ou, plus encore, un système de jugements analytiques. En d'autres termes, qu'elle instaure un système de définitions nouveau. En ce sens, une large part de la finance contemporaine qui accepte comme fondement l'hypothèse d'efficience des marchés est ici comprise comme formant avant tout un *programme de recherche* (au sens donné à ce terme par Lakatos) ancré dans un système de définitions, non la généralisation par induction d'observations empiriques répétées, et ne donnant lieu au questionnement philosophique.

Dès l'abord, il nous faut donc esquisser un prérequis épistémologique que nous serons amenés à développer et clarifier par la suite. Toute pensée conceptuelle suppose l'acceptation d'un système de définitions. Au sein de la discipline économique, cette question est d'autant plus prégnante que de très nombreux concepts ne peuvent être définis sur la base des seules caractéristiques objectivables d'un phénomène. Ainsi, si l'on songe au concept d'« information pertinente » pour l'évaluation d'un actif donné, il n'existe aucun ensemble exhaustif de critères permettant de distinguer de manière indiscutable une simple « nouvelle » non-pertinente d'une « information pertinente » (contrairement aux sciences physiques ou naturelles où, par exemple, la distinction entre un chêne et un orme peut être établie sur la base de critères objectivables pour tout observateur). Face à une « nouvelle » donnée il est toujours possible pour deux économistes de manifester leur désaccord au sujet de sa pertinence pour l'évaluation de l'actif considéré. En l'occurrence, les systèmes de définitions dont l'économie fait usage ne sont jamais non-ambigus et, pour un grand nombre de concepts, ne prennent sens qu'au sein d'un modèle ou d'une classe de modèles. Pour ce qui nous concerne, des concepts tels que « information », « prix », « efficience », « crise » n'ont pas et ne peuvent pas avoir de contenu objectivable indépendamment de tout modèle et de toute théorie. En conséquence, face à deux économistes qui tiennent des propos en apparence contradictoires, l'attitude à adopter (contrairement, par exemple, à la manière dont on raisonnerait en physique) ne consiste pas nécessairement à affirmer que l'un se trompe tandis que l'autre a raison ; il est fort possible qu'ils n'utilisent simplement pas les mêmes systèmes de définitions. Dans cet article, notre but est précisément de lever le voile sur de tels systèmes de définitions distincts qui, dans la pratique quotidienne de l'économie théorique et empirique, peuvent devenir confus.

Sur la base de tels systèmes de définitions (que, dans le cas de l'hypothèse d'efficience, nous interprétons ci-dessous comme le « noyau dur » d'un programme de recherche au sens de Lakatos), toute production de savoir tient en la justification de propositions non tautologiques exprimées en termes de ces définitions. Nous montrons dans le présent article que l'hypothèse d'efficience des marchés n'est pas un surcroit de connaissance exprimé dans les termes communs des paradigmes antérieurs, mais la formulation d'un nouveau système de définitions appelé à s'instituer en paradigme. De manière notable, ce que ce jeu de définitions nomme « prix », « information » ou « efficience » n'a de sens qu'au sein même du programme de recherche ainsi instauré, et n'est en rien commensurable au sens revêtu par ces termes dans d'autres branches de la discipline économique. En cela, la formulation de cette hypothèse n'est ni une continuation ni un progrès par rapport à la théorie économique et financière antérieure, mais davantage une rupture, en ce qu'elle inaugure un nouveau programme de recherche, lequel fut adopté implicitement ou explicitement par de larges pans de la finance contemporaine. Nous dévoilons ici ce bouleversement épistémologique et en mettons au jour quelques-unes des conséquences les plus décisives. Il ne nous appartient cependant pas de juger de son bien-fondé.

Dans un premier temps, nous rappellerons brièvement l'hypothèse d'efficience des marchés telle qu'elle a d'abord été énoncée par Fama, et passerons en revue quelques contributions importantes discutant de sa véracité ou de sa fausseté. Nous reformulerons ensuite l'argument de l'infalsifiabilité de l'hypothèse d'efficience en insistant sur son manque de contenu empirique objectivable. Après une analyse du problème dit de l'« hypothèse jointe », nous montrons que l'hypothèse d'efficience doit être comprise, essentiellement, comme instaurant un système de définitions nouveau – ici interprété comme un programme de recherche au sens de Lakatos. Parvenus à ce stade, nous anticiperons quelques commentaires importants visant à minimiser l'ampleur des distinctions épistémologiques que nous introduisons. Enfin, il s'agira d'esquisser dans ses grandes lignes le programme de recherche novateur introduit par l'hypothèse d'efficience des marchés, en insistant sur deux de ses dimensions les plus remarquables.

L'HYPOTHÈSE D'EFFICIENCE ET SES DÉTRACTEURS

L'hypothèse d'efficience affirme que les prix sur les marchés financiers reflètent toute l'information disponible. En termes formels, les prix actualisés des actifs – ou la valeur actualisée des flux de revenu futurs d'un titre (coupons, dividendes, plus-values) – forment une martingale, c'est-à-dire un processus dont la valeur espérée à une date future $t+s$ est, à toute date t, sa valeur à la date t, conditionnellement à l'information disponible à cette date (*i.e.* une filtration $F(t)$). Dès lors, conditionnellement à un ensemble d'informations (*information set*) présent, le prix d'un titre est toujours égal à sa valeur fondamentale[2], et les probabilités ajustées par le risque de

2. L'ambiguïté, voire le caractère inopérant, du concept de valeur fondamentale ont été abondamment soulignés par les diverses contributions réunies dans l'ouvrage de Walter et Brian (2008).

mouvements haussiers ou baissiers pour le processus actualisé des prix sont égales. En effet, si toute information pertinente (ainsi, éventuellement, que toutes les anticipations pouvant être formées sur la base de ces informations) est incorporée dans les prix de marché, alors ne demeure pour expliquer les variations futures que ce qui ne peut être anticipé *ex ante*, c'est-à-dire des mouvements aléatoires des prix ajustés par le risque. Pour la postérité de l'hypothèse d'efficience, ce dernier aspect a été d'une importance considérable. Il a permis l'introduction en finance des processus stochastiques, le développement sur cette base de formules de *pricing*, ainsi que l'usage des prix de marché pour « révéler » des informations qui ne seraient pas, sinon, observables (des probabilités de défaut, par exemple). En cela, plus qu'une proposition au sujet de l'information *per se*, l'hypothèse d'efficience est une proposition au sujet du processus suivi par les prix des actifs. Nous aurons à y revenir plus tard.

Il ne nous appartient pas dans ces lignes de retracer les étapes du développement de l'hypothèse d'efficience – on pourra se référer, sur ce sujet, tant aux principaux articles fondateurs (Fama 1965a et 1965b; Samuelson 1965)[3] qu'aux travaux de synthèse ayant été produits (par exemple Lo 2007 ou Dimson et Mussavian 1998). En outre, Walter (1996) a proposé une histoire du concept d'efficience des marchés en insistant sur certaines de ses hypothèses sous-jacentes et sur les multiples acceptions possibles de l'efficience informationnelle. Par contraste avec ces travaux, il nous faut insister sur le statut épistémologique que revêt l'hypothèse d'efficience pour ses partisans comme pour ses détracteurs.

En la matière, ce qui frappe est l'aspect essentiellement *empirique* des travaux visant soit à valider, soit à infirmer l'hypothèse d'efficience des marchés[4]. Fama lui-même, inspirant en cela

3. L'un des premiers travaux sur le sujet, bien que formulé en des termes différents, est le livre de Louis Bachelier (1900).

4. Si elle a essentiellement fait l'objet d'études empiriques – dont nous aurons par la suite à relativiser la portée à l'aune de considérations épistémologiques – l'hypothèse d'efficience a aussi fait l'objet d'une célèbre critique touchant à sa cohérence logique, et formulée par Grossman et Stiglitz (1980). D'un mot, si les prix incorporent toute l'information disponible, alors les individus n'ont sur le marché aucune incitation à s'informer, car ils n'ont aucun bénéfice à anticiper d'une meilleure information. *In fine*, si personne ne s'informe, alors les prix qui continuent à prévaloir ne reflètent strictement plus aucune information, de sorte que l'hypothèse d'efficience s'effondre dans une contradiction. Bien

plusieurs de ses étudiants, a poursuivi de nombreuses investigations empiriques visant à asseoir l'hypothèse sur des bases plus fermes. Plusieurs dizaines d'articles, commentés dans des travaux de synthèse (Fama 1970; Malkiel 2003; Lo 2007), l'ont considérée à l'instar d'une quelconque proposition testable, voire falsifiable. Ce qu'il s'agirait de dévoiler serait donc une propriété contingente de l'ordre de marché, dont le bien-fondé dépendrait de sa capacité à passer avec succès des séries de tests continuels. Parmi les principaux travaux, on peut citer ceux visant à montrer que les corrélations sérielles des prix ne sont pas nulles à court terme (Lo et MacKinlay 1999), à étudier leur réaction à des annonces inattendues (Fama 1998), à mettre en évidence des mouvements saisonniers des prix (Keim 1983; Haugen et Lakonishok 1988), ou à étudier la performance des investisseurs professionnels (Jensen 1968; Malkiel 1995). Au cours de l'argumentation qui suit, nous n'entendons pas discuter la valeur épistémologique de chacune de ces études particulières, mais la possibilité même de parvenir à une conclusion empirique au sujet de l'hypothèse d'efficience des marchés.

Concernant le statut épistémologique de l'hypothèse d'efficience, l'essentiel de la littérature existante s'est concentrée sur le problème fondamental, dont nous discuterons de manière plus approfondie ci-dessous, dit de l'« hypothèse jointe »[5]. Si la formulation de ce problème par LeRoy (1989) est une des plus notables, il a également fait l'objet d'écrits par Walter (1996), Campbell *et al.* (1997) ou Challe (2008). De manière simple, tout test de l'hypothèse d'efficience doit nécessairement être, en même temps, le test d'un modèle rationnel d'évaluation des actifs (*i.e.* un modèle qui spécifie la manière dont une information affecte les flux de revenus futurs d'un actif ou leur taux d'actualisation). Ainsi, l'hypothèse d'efficience ne peut jamais être testée de manière isolée.

---

que puissante, cette critique n'est pas directement pertinente pour notre analyse épistémologique présente. Elle pourra faire l'objet, dans de prochains travaux, d'une analyse plus approfondie à l'aune de notre argumentation présente.

5. Une discussion plus large de la falsifiabilité de l'hypothèse d'efficience a récemment été produite par Alajbeg *et al.* (2012).

L'HYPOTHÈSE D'EFFICIENCE DES MARCHÉS COMME PROPOSITION EMPIRIQUE

L'hypothèse d'efficience des marchés semble presque unanimement envisagée comme une proposition empirique, laquelle décrirait une propriété contingente et testable des prix. Nous entendons ici contester cette idée, montrer qu'elle ne possède aucun contenu falsifiable ou vérifiable, et ne peut avoir réellement de sens que si on la comprend dans le cadre d'un système de définitions qu'elle instaure. Bien que le caractère infalsifiable de l'hypothèse d'efficience ait déjà été souligné, une telle thèse pourra d'abord paraître surprenante, tant la littérature discutant de cette hypothèse en des termes empiriques est abondante.

Il nous faut dans un premier temps reformuler l'argument de l'infalsifiabilité et songer à la valeur épistémologique des tests, des preuves apportées et des données collectées en vue de la confirmation ou de l'invalidation de l'hypothèse d'efficience des marchés. Une expérience ou une série d'expériences peuvent-elle permettre de trancher sur le fait de savoir si « les prix de marché reflètent *toute* l'information publique disponible » ? Un point capital est que cette hypothèse n'est, strictement parlant, *ni testable, ni vérifiable, ni falsifiable* (au sens de Popper). Nous devons y insister, car les conséquences de ce hiatus entre la pratique des économistes et les exigences de l'épistémologie n'ont que peu été tirées.

Si l'on considère sérieusement l'hypothèse d'efficience, alors il est rigoureusement impossible d'envisager une expérience, ou une série de tests économétriques particuliers, pouvant permettre de se prononcer sur son bien-fondé empirique. En effet, elle n'affirme pas que les prix au temps t incorporent *une certaine quantité* d'information pertinente au sujet d'un actif, ni que les prix de marché doivent réagir instantanément au dévoilement à une date t d'une information pertinente non anticipée (deux propositions parfaitement testables, dès lors que l'on s'accorde sur ce qu'est une information pertinente), mais qu'ils doivent incorporer *toute* l'information disponible à un instant particulier. C'est là une différence considérable, au sujet de laquelle il convient de s'interroger.

Quelle peut être la signification de l'expression « toute l'information pertinente disponible » ? Est-ce là un contenu objectivement définissable ayant un sens empirique quelconque ? Il ne peut en être ainsi. Certes, Fama a distingué trois degrés d'efficience des marchés financiers en fonction de l'information supposée y être reflétée, i.e. de la filtration $F(t)$: faible ($F(t)$ inclut toutes les informations publiques passées), semi-forte ($F(t)$ incorpore, en plus, toute information nouvellement dévoilée) et forte ($F(t)$ inclut, par surcroit, des informations privées ou inaccessibles à la majeure partie des participants sur le marché). Bien qu'elles prêtent à conséquence lorsque des modèles particuliers sont étudiés, ces distinctions sont peu éclairantes en ce qui nous concerne, c'est-à-dire dès lors qu'il s'agit de délimiter, pour lui donner un contenu empirique objectif, un ensemble contenant « toute l'information pertinente disponible ».

En effet, ainsi que nous l'avons rappelé plus haut, une information ne peut être considérée comme telle que conditionnellement à un modèle. Pour l'économiste qui observe les marchés financiers, il est rigoureusement impossible de définir un ensemble de faits intitulé « information pertinente à la date t au sujet de l'actif x », sur lequel d'autres économistes sceptiques pourraient s'entendre. Cela est pourtant un prérequis indispensable à toute tentative de validation ou de falsification empirique de l'hypothèse d'efficience des marchés. A l'issue d'une expérience, quels que soient ses résultats, il sera toujours possible à celui qui n'en est pas satisfait de rétorquer que telle information inclue dans la procédure expérimentale n'était, en définitive, pas pertinente, ou quel tel autre ensemble d'informations pertinentes aurait dû être pris en compte, mais a été omis. Pour aucun économètre, il n'existe d'ensemble non-controversé (c'est-à-dire vérifiable par quiconque) de toutes les informations au sujet d'un actif donné, pour la simple raison que l'information n'est pas une propriété physique objectivable attachée à un titre financier particulier. Chaque « nouvelle » peut en revanche être subjectivement *interprétée* comme une information au sujet d'un actif précis.

On sera tenté de répondre qu'il est possible de tester empiriquement la pertinence d'une information. Cela est vrai dans une certaine mesure, si l'on définit comme information tout ce qui induit le changement du prix d'un actif. La difficulté n'est pour autant en rien résolue. Tester la pertinence d'événements particuliers pour le prix d'un actif donné est une entreprise toute différente de celle visant à déterminer *toute* l'information pertinente au sujet de cet actif, de sorte qu'il n'en manque pas une dans cet ensemble exhaustif, et qu'aucune n'y ait été inclue par erreur[6].

Engageons-nous brièvement dans une expérience de pensée. Un économiste partisan de l'hypothèse d'efficience des marchés peut-il, par une série d'observations empiriques, convaincre un autre économiste qui accueille avec scepticisme cette hypothèse ? Nous voulons ici montrer que cela est rigoureusement impossible. Il est essentiellement deux types de tests que l'on peut envisager – et ces derniers ont été abondamment conduits dans la littérature empirique susmentionnée[7] : (i) soit l'on entend montrer que les prix d'un actif réagissent systématiquement et de manière prompte à la divulgation d'informations pertinentes le concernant soit, *a contrario,* (ii) l'on entend avancer des exemples de prix insensibles à la révélation d'informations de poids. De tels tests sont pourtant sans objet véritable. Si l'annonce d'une information en apparence importante n'est pas suivie des variations de prix escomptées, cela n'invalide en rien l'hypothèse d'efficience, car il sera alors possible d'affirmer que « cette nouvelle confirme que le prix de tel actif doit être de x », ou que « telle nouvelle n'est en définitive pas pertinente au regard de ce

6. En un sens, le problème rencontré ici est le même que celui auquel un économètre se heurterait s'il voulait connaitre *toutes* les variables explicatives d'un phénomène donné. Il doit, bien évidemment, restreindre son attention aux variables dont le pouvoir explicatif est le plus important. *Ceteris paribus*, notre problème est plus compliqué encore, en raison des caractéristiques propres de l'information : bien entendu, la publication des comptes annuels d'une entreprise est objectif (encore que l'on puisse débattre éternellement de la pertinence des informations particulières qui s'y trouvent), mais il faudrait, pour être exhaustif, tenir compte des rumeurs, des rumeurs selon lesquelles une rumeur serait en train de naître, et ainsi de suite.

7. Notre attention se concentre ici sur deux exemples particuliers de tests empiriques. Des exemples fameux d'étude d'événements se trouvent, entre autres, dans les articles de Ball et Brown (1968) et MacKinlay (1997), qui étudient la conséquences sur les prix boursiers d'annonces sur les résultats d'entreprises. Fama *et al.* (1969) étudient de manière similaire les fractionnements d'actions (*stock splits*) et Johnson *et al.* (1985) la mort brutale de CEOs. Il existe bien évidemment de nombreux autres tests pouvant être conduits, dont certains ont été mentionnés dans notre revue de littérature. Tous ne méritent pas un examen pointilleux des raisons pour lesquelles ils ne peuvent apporter de preuve définitive en faveur ou contre l'hypothèse d'efficience. On se contentera de noter que, pour qui admet l'hypothèse d'efficience des marchés, toute série temporelle de prix, générée par une marche aléatoire, est virtuellement possible. Une marche aléatoire particulière, observée durant un certain laps de temps, peut par exemple présenter une autocorrélation positive à court terme. L'hypothèse d'efficience des marchés est donc potentiellement compatible avec des résultats visant à la nier.

que l'on savait déjà », ou enfin que « quelques acteurs avaient anticipé cette nouvelle, de sorte que les prix s'étaient déjà ajustés ». A cela, on ne peut rien répondre qui soit vérifiable.

Nous touchons là un second problème ayant trait à la possibilité même d'effectuer des vérifications empiriques au sujet de l'efficience des marchés. Supposons – ce qui est théoriquement impossible – que l'on s'accorde sur un ensemble exhaustif d'informations pertinentes au sujet d'un actif donné à un temps *t*. En termes formels, 100% de la variance des prix pourrait être expliquée par les informations listées dans cet ensemble. Ce serait pourtant loin d'être suffisant pour trancher empiriquement au sujet de l'hypothèse d'efficience. Une fois qu'une information est admise comme pertinente pour le prix d'un actif, comment savoir si elle a été effectivement incorporée dans le prix de cet actif ? Il ne serait pas suffisant de déceler une simple variation de prix, positive ou négative, à l'instant où une information particulière est publiquement dévoilée. La seule proposition légitime qu'une telle méthode permettrait d'appuyer serait que « cette information a été *en partie* incorporée dans le prix de l'actif *x* », non qu'elle a été *entièrement* incorporée dans son prix. Il est possible que le prix ait sur-réagi ou sous-réagi à la divulgation de l'information nouvelle. Nous nous heurtons là à un second problème insoluble. Derechef, la notion d'une information entièrement incorporée dans un prix n'a aucun sens objectivable en termes empiriques.

Faut-il dès lors recourir à un modèle, permettant de trancher ? C'est ce qui, jusqu'alors, a été fait. Seul un modèle théorique est apte à prédire des variations de prix auxquelles les prix réels pourront être comparés afin de déterminer s'ils ont incorporé intégralement ou non une information particulière. Mais quel modèle utiliser pour cela ? Si deux modèles A et B prédisent des variations de prix différentes en réaction à une même information, lequel privilégier ? Et n'existe-t-il pas potentiellement une infinité de ces modèles ? C'est là le problème crucial, déjà mentionné, de l'hypothèse jointe, auquel est confronté tout économiste qui entend tester empiriquement l'hypothèse d'efficience. Il nous faudra l'examiner plus profondément dans la prochaine section.

Telle que formulée, l'hypothèse d'efficience des marchés est donc rigoureusement infalsifiable. Par la formulation même de ce que l'on cherche à vérifier, les tests empiriques ne peuvent que convaincre les convaincus, soit de sa véracité, soit de sa fausseté. C'est l'une des raisons pour lesquelles, depuis quarante ans, le débat n'a pu être tranché en dépit de l'abondance des données et de l'accumulation des publications – car les exercices empiriques que l'on multiplie n'ont pas réellement pour l'objet l'hypothèse d'efficience des marchés *per se*, mais d'autres propositions moins générales (par exemple « *un grand nombre* d'information sont *en partie* incorporées »), dont il nous faudra montrer par la suite qu'elles ne sont pas des approximations nécessairement simplificatrices mais utiles de ce qu'est l'hypothèse d'efficience, mais des propositions de *nature* autre.

L'HYPOTHÈSE D'EFFICIENCE COMME SYSTÈME DE DÉFINITIONS

Du strict point de vue de l'épistémologie, le problème de l'hypothèse jointe n'est pas propre à l'étude de l'hypothèse d'efficience. Il peut fondamentalement être compris comme une instance particulière du problème connu en philosophie de la connaissance sous le nom de « thèse de Duhem-Quine ». Cette thèse, dont la portée essentielle est de réfuter un falsificationnisme trop naïf, affirme la sous-détermination de toutes les théoriques scientifiques (voir par exemple Quine 1951), *i.e.* le fait qu'un test ne peut jamais être le test d'une seule hypothèse considérée de manière isolée. En effet, pour pouvoir être interprétés, les résultats d'un test requièrent l'acceptation d'un certain nombre d'hypothèses auxiliaires. Si ces hypothèses devaient être testées, elles nécessiteraient l'acceptation d'autres hypothèses ; et ainsi de suite.

De manière claire, le problème de l'hypothèse jointe peut être lu à la lumière de la thèse de Duhem-Quine (et c'est essentiellement ainsi qu'il a été compris dans la littérature existante, même si la référence à la philosophie des sciences a peu été mentionnée). Si tel était seulement le cas, cependant, le problème qui nous intéresse dans cet article n'aurait alors rien de particulier, dans la mesure où le problème de la sous-détermination des théories (*i.e.* de la conjonction inéluctable d'hypothèses auxiliaires avec les hypothèses testées) existe *toujours*, en économie autant qu'en physique. Dès lors, il n'y aurait rien de propre à la question de l'hypothèse d'efficience des marchés qui nous occupe dans ces lignes.

Dans la suite de ce texte, nous entendons montrer qu'il ne peut en être ainsi et que, dans la formulation de l'hypothèse d'efficience, c'est avant tout un nouveau système de définitions qui est posé. Revenons à la question abordée à la fin de la section précédente. Comment choisir un modèle d'évaluation des actifs parmi l'abondance de modèles potentiellement utilisables ? L'obstacle est fondamentalement insurmontable, non pour des raisons empiriques liées seulement au problème (toujours présent) de Duhem-Quine, mais du fait d'une difficulté épistémologique majeure, à savoir qu'il n'existe rien de tel dans le monde sensible de l'expérimentateur (de l'économiste ou de l'économètre) que « toute l'information pertinente » pour un actif donné, ni rien de semblable à des informations « entièrement incorporées » dans des prix : les seuls faits accessibles pour la vérification ou la falsification sont des informations particulières, subjectivement jugées pertinentes ou non, qui ont des impacts plus ou moins remarquables sur des prix particuliers. Ce à quoi l'on se réfère lorsque l'on évoque « toute l'information pertinente » ou des informations « entièrement incorporées » dépend de manière ultime des définitions que l'on pose pour un ensemble de concepts centraux. C'est pour cela que, dans notre reformulation de l'infalsifiabilité de l'hypothèse d'efficience, nous avons lourdement insisté sur le rôle des définitions.

Bien entendu, un modèle d'évaluation fondé sur des anticipations rationnelles est implicite dans toute formulation de l'hypothèse d'efficience – sinon, comment l'information pourrait-elle être adéquatement reflétée dans le prix ? Mais il y a plus. Premièrement, de nombreux usages de l'hypothèse d'efficience ne requièrent pas directement la spécification d'un modèle d'évaluation. C'est le cas, explicité plus bas, lorsque l'on utilise des prix de marché pour en « extraire » certaines informations supposées parfaitement incorporées dans ces prix. En ce sens, il est légitime, très souvent, de parler de l'« efficience des marchés » sans autre complément et non de l'« efficience des marchés conditionnellement à un modèle ». Deuxièmement, et plus fondamentalement, un modèle d'évaluation à anticipations rationnelles n'est, de manière équivalente, pas falsifiable sans présupposer en premier lieu l'efficience informationnelle des marchés. Le choix d'un modèle à anticipations rationnelles ou, plus encore, le choix de savoir si les agents sont parfaitement rationnels ou non et ce qui constitue la rationalité de manière substantielle ne relève pas du domaine empirique mais est de l'ordre des définitions. Face à un comportement individuel concret, il sera toujours possible pour un économiste de soutenir qu'il est rationnel tandis que son collègue affirmera qu'il est irrationnel. La solution à ce dilemme ne consiste pas à dire que l'un a raison tandis que l'autre a tort, mais qu'ils font usage de définitions différentes *en substance* de ce qu'est la rationalité. La rationalité pour qui accepte l'hypothèse d'efficience est également définie de manière irréductible par ses liens avec le système des prix.

Comment dès lors interpréter le contenu de l'hypothèse d'efficience sur la pertinence d'un ensemble d'informations ? En affirmant que les prix des actifs intègrent *toute* l'information disponible, l'hypothèse d'efficience des marchés franchit une étape qui la place rigoureusement au-delà du domaine de l'expérimentation et de la validation empirique. Elle ne peut être, par son essence même, une proposition synthétique. C'est en ce sens que nous devrons dire que la formulation de cette hypothèse introduit une nouvelle *définition* des prix, qui sont caractérisés dans leur essence en ce qu'ils incorporent toute l'information pertinente et en ce qu'ils sont efficients. Ce ne sont pas là, pour qui accepte sérieusement l'hypothèse, des propriétés des prix découvertes *a posteriori* par l'expérience accumulée, mais des caractéristiques tautologiques, un système de définitions par nature infalsifiables : l'efficience n'est pas une propriété observée et testable des prix, mais est définie de manière intangible ; de même une information n'est caractérisée comme pertinente que parce qu'elle est entièrement incorporée dans un prix. Il est rigoureusement impossible de penser à une information pertinente qui ne serait pas reflétée dans les prix, car alors elle ne serait pas une information, mais un simple bruit, une « nouvelle » sans pertinence pour le problème étudié. Par-là même, les prix sont donc nécessairement efficients pour qui accepte l'hypothèse.

Il faut, à ce stade, se garder de tout malentendu. En définissant ainsi les prix, on introduit *de facto* de nouvelles définitions de ce que sont l'efficience, l'information pertinente et l'incorporation d'une information à un prix. Ces trois derniers concepts ne doivent donc pas être interprétés via le sens usuel de ces mots, ou via leur sens au sein d'un autre paradigme, mais comme *un nouveau système de définitions*, cohérent par lui-même. Une telle mise en œuvre d'un nouveau système de définitions n'a rien de problématique *a priori* (il demeure en revanche possible de discuter *a posteriori* des progrès permis par la formulation de tel ou tel paradigme), car la connaissance progresse par l'entremise de semblables redéfinitions. Ce qui importe en revanche est d'en avoir une conscience claire.

Du nouveau cadre d'interprétation ouvert par la formulation de l'hypothèse d'efficience, des branches entières de la finance contemporaine découlent, qui peuvent être utilement décrites comme un nouveau *programme de recherche*, au sens de Lakatos (1970). Pour Lakatos, un programme de recherche se fonde sur un noyau dur (*hard core*) de propositions rendues infalsifiables « par décision méthodologique de ses protagonistes ». De telles propositions sont assimilables à des définitions car, si une propriété est posée pour infalsifiable au sujet d'un objet donné, elle devient *ipso facto* un élément de définition de cet objet. Dans le cas qui nous occupe, le système de définitions posé par l'hypothèse d'efficience forme un noyau dur, infalsifiable par définition pour celui l'accepte, et sur la base duquel de nouvelles directions de recherche – ce que Lakatos nomme « heuristique positive » – peuvent être explorées.

Une précision s'impose néanmoins. Nous sommes parfaitement conscients des débats sur la possibilité et l'opportunité de transposer en économie la méthodologie des programmes de recherche scientifiques, initialement formulée au sujet des sciences physiques. A cet égard, Hands (1993) et Caldwell (1991) ont mentionné d'importantes limites à cette entreprise, et des discussions approfondies sur ce sujet peuvent être trouvées chez Latsis (2008). Il y a cependant, de notre point de vue, deux éléments dans la théorie lakatosienne de la connaissance. Premièrement, l'insistance sur la notion de programme de recherche, entendu comme un ensemble conceptuel cohérent par lui-même, fondé sur un noyau dur de propositions non falsifiables, et dont les concepts centraux peuvent être définis au sein même du programme. Deuxièmement, un volet lié à l'évaluation comparative de plusieurs programmes de recherche concurrents (ceux-ci étant qualifiés par Lakatos de progressifs ou de dégénératifs), i.e. à la croissance de la connaissance (*growth of knowledge*). Tandis que l'applicabilité de ce second volet méthodologique à la science économique est douteuse, le premier pan nous semble éclairant à de multiples égards. Pour ce qui est de notre dessein dans cet article, il permet de penser les présupposés infalsifiables et les fondements définitionnels d'ensembles théoriques mutuellement incompatibles.

LA RUPTURE ÉPISTÉMOLOGIQUE

Avant de procéder plus avant, il nous faut insister sur la rupture que nous avons ici esquissée. En particulier, il nous faut anticiper les réactions éventuelles visant à minimiser l'ampleur des distinctions épistémologiques introduites ci-dessus, c'est-à-dire à montrer, en somme, que l'hypothèse d'efficience des marchés résulterait de la généralisation d'observations empiriques répétées, que son contenu serait *de facto* essentiellement empirique, *a posteriori*, et n'introduirait donc rien de tel qu'un nouveau système de définitions. Face à cela, il nous faut expliciter plus avant le fait que l'hypothèse d'efficience – quelles que soient les circonstances historiques et les tâtonnements empiriques qui lui ont donné naissance – n'a de sens que si on la comprend comme une proposition analytique, comme une définition (dont il ne nous appartient pas, répétons-le, de juger du bien-fondé), non comme un jugement empirique testable et, éventuellement, falsifiable. Dans la dernière partie, nous montrerons comment, munis de ces nouveaux outils d'analyse, un pan important de la théorie économique et financière contemporaine peut être éclairé sous un jour neuf ou, à tout le moins, plus cohérent.

Pour atténuer la rupture épistémologique que nous soulignons, il sera possible d'affirmer à ce stade que la formulation en des termes généraux (« toute l'information », « entièrement incorporée ») de l'hypothèse d'efficience des marchés est avant tout une induction hâtive, une généralisation certes peu précautionneuse des régularités empiriques observées par Bachelier, Fama et d'autres, mais que son objectif n'est nullement d'instituer un nouveau système de définitions. Nous pensons qu'il n'en est rien, mais il nous faut nous arrêter brièvement sur cette objection sérieuse.

La critique de l'induction, d'abord initiée par David Hume, tient en ce que ce procédé porte en lui une généralisation hâtive que la rigueur logique ne permet de justifier (car toute proposition sur le monde physique ne peut se fonder que sur un nombre fini d'observations concrètes qui, malgré les régularités qui s'y manifestent, ne peut être érigée en loi universelle). La chute des corps, par exemple, ne peut, en un sens rigoureux, être proclamée vraie de tout temps, car rien ne légitime le processus inductif qui, d'une collection de cas particuliers, tire une proposition à visée intemporelle. La science, pour autant, n'a pas été bloquée dans son avancée par la critique humienne. Serions-nous ici dans une situation similaire où, en pointant un degré de généralité trop élevé dans la formulation de l'hypothèse d'efficience des marchés, notre commentaire serait intéressant pour l'épistémologie, mais ne prêterait pas réellement à conséquence dans la pratique de l'économie *per se ?* Nous voulons montrer qu'il n'en est rien.

La difficulté ici à l'œuvre est d'un autre ordre. Les généralisations auxquelles la physique procède, par exemple, tiennent en ce que l'on présuppose une *identité* (dans le temps et l'espace) entre une série finie de phénomènes observés et une infinité de phénomènes inobservés. C'est ainsi que, malgré l'observation de la chute d'un nombre fini de corps seulement, un physicien peut affirmer comme loi « Tout corps … ». Une similarité de structure apparaît dans le problème que nous discutons ici. Ayant observé un nombre fini de cas dans lesquels certains prix intègrent certaines informations, l'économiste n'est-il pas fondé à affirmer que « Tout prix incorpore toute information disponible » ? Si tel était le cas, il serait alors légitime de regarder l'hypothèse d'efficience comme une proposition empirique obtenue par induction, ne posant en rien un nouveau système de définitions – de même que la formulation des lois de chute des corps ne définissent en rien un corps. En dépit de leur ressemblance de façade, les deux procédés sont de nature essentiellement différente. L'induction qui est à l'œuvre dans le discours du physicien ne place pas une proposition au-delà du domaine de ce qui est falsifiable. La réfutation des propositions d'un degré de généralité élevé demeure possible. Il n'en est rien dans le cas qui nous occupe dans ces lignes. La généralisation transforme ici une proposition empirique – « les prix incorporent une certaine quantité d'information » – en un jugement intouchable par l'expérience, infalsifiable d'aucune manière concevable. C'est une différence considérable, qui nous montre que l'hypothèse d'efficience ne peut être seulement une généralisation peu rigoureuse, dont la formulation n'aurait que peu de conséquences sur son statut épistémologique.

Un second doute pourra être formulé quant à l'inéluctabilité de la distinction que nous avons formulée précédemment. On sera tenté d'affirmer que les aspects sur lesquels nous avons lourdement insisté jusqu'alors, qui nous ont servi de base pour montrer que l'hypothèse d'efficience est vide de contenu empirique – à savoir que les prix incorporent (i) *entièrement* (ii) *toute* l'information disponible (et non en partie certaines informations) – sont *in fine* de peu d'importance au regard de ce que dirait fondamentalement l'hypothèse, à savoir que les prix intègrent très largement une grande partie de l'information publique. Qu'ils incorporent ou non, de manière rigoureuse, entièrement toute l'information disponible serait donc une ratiocination de peu de valeur au regard de ce qu'enseigne, plus fondamentalement, l'hypothèse d'efficience des marchés. Nous réfutons cet argument qui nous semble, précisément, faire abstraction de la rupture considérable pour l'épistémologie entre ce qui est falsifiable et ce qui ne l'est pas, mais aussi de la signification et du rôle joué par l'hypothèse d'efficience dans de larges pans de l'économie contemporaine. Ce dernier point sera élaboré dans la section qui suit, mais il nous faut dès maintenant souligner que l'hypothèse d'efficience des marchés n'a pu acquérir un statut si central, dans la théorie financière contemporaine notamment, que parce qu'elle porte sur *toute* l'information publique disponible, celle-ci devant être *entièrement* incorporée. En effet, c'est uniquement grâce à cette totalité de l'information incorporée que les prix ont pu être interprétés comme des marches aléatoires ou des martingales et que l'immense champ de recherche qu'est la détermination des prix des actifs (*asset pricing*) a pu se développer. Si l'hypothèse d'efficience affirmait que les prix intègrent une grande quantité d'information seulement, des branches entières de la théorie économique et financière florissant depuis quarante ans n'auraient pas pu, purement et simplement, se développer. En cela, nous sommes fondés à dire de l'hypothèse d'efficience des marchés qu'elle fonde, par le système de définitions qu'elle instaure, un nouveau programme de recherche.

UN NOUVEAU PARADIGME ANCRÉ DANS UN NOUVEAU SYSTÈME DE DÉFINITIONS

Si on la prend au mot, l'hypothèse d'efficience ne peut donc avoir de sens que si elle s'inscrit dans un nouveau système de définitions qu'elle fonde. Plus qu'une définition des prix *per se*, il s'agit d'une *interprétation conceptuelle* des prix, c'est-à-dire d'un système de définitions cohérentes entre elles, permettant des affirmations que les paradigmes précédents n'autorisaient point. Il nous incombe désormais de préciser le sens de ce bouleversement théorique, qui est au fondement de larges pans de la finance contemporaine.

L'on saisit d'autant mieux la rupture épistémologique inaugurée par la formulation de l'hypothèse d'efficience si l'on observe non les tâtonnements empiriques qui lui ont donné naissance, mais l'usage qui en a été, et en est toujours fait. C'est à ce stade que l'on saisit en quoi un nouveau paradigme, pour l'étude du marché, est fondé par son entremise. Si l'efficience des marchés, au sens du Fama, n'avait été qu'une proposition empirique, c'est-à-dire la formulation d'une propriété contingente, elle n'aurait certainement pas eu la postérité qu'elle a connue. Ce qui a fait de l'hypothèse d'efficience un outil si novateur et si abondamment utilisé n'est pas ce qu'elle dit sur les prix contingents observés sur un marché, mais l'interprétation des prix qu'elle permet.

Où réside la nouveauté radicale dans l'interprétation des prix proposée par Fama ? Son affirmation selon laquelle les prix contiennent toute l'information disponible implique deux conséquences qui ont acquis une importance abyssale pour la finance contemporaine, à savoir que (i) les prix futurs ne peuvent pas être anticipés, si bien qu'une hausse ou une baisse des prix corrigés par les risques sont également probables à tout instant – si tel n'était le cas, cette « information » sur les prix futurs serait immédiatement intégrée, de sorte que l'avenir redevienne un espace statistique imprévisible – et que (ii) seul le prix présent d'un actif est pertinent, non l'étude d'une série temporelle passée. En termes mathématiques, les prix actualisés peuvent donc être interprétés comme des martingales. Plutôt qu'une proposition sur l'information *per se*, l'hypothèse d'efficience est avant tout – et a été utilisée comme – une proposition sur le processus aléatoire suivi par les prix.

A ce stade, il nous faut une nouvelle fois préciser la dimension essentielle de l'interprétation. Pour se déployer, toute pensée abstraite requiert l'acceptation inconditionnelle d'un système de définitions, qui sont autant d'outils d'interprétation des contingences du réel. En ce sens, l'hypothèse d'efficience ne dit pas que les prix actualisés *sont* des martingales (dans le contexte de l'épistémologie, une telle proposition est essentiellement dénuée de sens), mais permet de les *interpréter* comme tels. C'est donc un cadre formel nouveau qui a pu être mobilisé, qui n'a essentiellement aucun lien avec les interprétations antérieures des prix. Le contenu conceptuel de ce que deux économistes d'écoles différentes nomment « prix » est donc d'essence différente.

Si l'on accepte de voir l'hypothèse d'efficience des marchés comme instaurant un programme de recherche nouveau (avec les limitations du cadre d'analyse lakatosien, précédemment mentionnées), en quoi son heuristique positive – c'est-à-dire les directions de recherche qu'il suggère – consiste-t-elle ? Il nous faut distinguer deux directions théoriques, cohérentes l'une et l'autre, ayant été rendues possibles par l'acceptation comme paradigme de l'hypothèse d'efficience des marchés. Tout d'abord, l'introduction en finance d'une vision probabiliste de l'avenir, traitée mathématiquement par le recours au calcul stochastique. Deuxièmement, l'usage de prix réels pour « extraire » de l'information au sujet d'un phénomène sous-jacent non observable. Nous nous contentons dans cet article d'esquisser à grands traits les contours de ce bouleversement paradigmatique. Leur description plus fine pourra faire l'objet de travaux futurs.

Sur le premier point – la prévalence d'une vision purement statistique du futur économique – deux exemples nous paraissent significatifs. En premier lieu, la vision des crises non plus comme la conséquence structurelle de fragilités accumulées, mais comme événements aléatoires extrêmes, ou *tail events*. Tandis que la première vision a longtemps dominé (aussi bien Keynes que Hayek, par exemple, ont proposé des paradigmes de ce type), elle a été remplacée par une compréhension essentiellement statistique des crises. Il ne s'agit donc plus tant, au sein de ce nouveau programme de recherche, de saisir les mécanismes causaux qui peuvent conduire au gonflement puis à l'éclatement d'une bulle, que d'approximer la distribution de probabilités qui permettra le mieux de rendre compte des événements interprétés comme extrêmes. Il a pu être montré en quoi la vision structurelle et la vision statistique des crises relèvent de deux programmes de recherche différents, se fondant sur des systèmes de définitions incompatibles (Vuillemey 2014). Il ne nous appartient pas ici de développer longuement cette idée, seulement d'en esquisser les grands linéaments. Si les prix intègrent toute l'information disponible, alors la notion de déséquilibre structurel ne peut avoir de sens véritable. S'il existait quelque déséquilibre structurel décelable que ce soit, alors les prix s'ajusteraient immédiatement pour en tenir compte, de sorte qu'il n'en serait plus réellement un. Les prix, si l'on accepte l'hypothèse d'efficience, doivent donc toujours être égaux aux fondamentaux. En conséquence, plutôt que d'étudier les fondamentaux d'une entreprise – ce que la finance d'entreprise traditionnelle se donne pour objet –, on se concentrera sur le prix de son action. Des centaines de travaux empiriques ont été conduits sur cette base.

Au niveau microéconomique, l'évaluation des actifs par arbitrage (*arbitrage asset pricing*) résulte également de l'acceptation implicite de l'hypothèse d'efficience, et n'aurait pu se développer sans cela. Si toute l'information disponible est intégrée aux prix de marché, de sorte que l'évolution des prix futurs suive une distribution aléatoire, alors tous les actifs doivent, à chaque instant, avoir la même espérance de rendement corrigée par les risques, afin que les possibilités d'arbitrage soient exclues. Sans l'hypothèse d'efficience des marchés – si l'on admet par exemple que des investisseurs professionnels sont mieux à même de gérer un fonds qu'un épargnant particulier, car il sait mieux analyser les fondamentaux d'une entreprise – il serait possible de bénéficier d'un meilleur usage privé de l'information publique, certaines stratégies auraient un rendement plus élevé que d'autres *ex ante*, et l'idée d'évaluation des actifs par arbitrage n'aurait essentiellement aucun sens. L'immense champ de recherche ouvert par des économistes tels que Robert Merton, Fisher Black ou Myron Scholes n'aurait pu vivre le développement qu'il a connu (des milliers de publications, de parcours universitaires) sans la formulation de l'hypothèse d'efficience des marchés financiers. Une étape décisive pour y parvenir fut les travaux de Harrison et Kreps (1979) puis de Harrison et Pliska (1981), qui lient l'existence d'une mesure-martingale équivalente aux conditions de non-arbitrage sur les marchés. Si ce résultat fut central pour l'évaluation des actifs, il ne peut néanmoins être considéré comme partie du « noyau dur » du programme de recherche, mais comme intégrant sa « ceinture protectrice » (*protective belt*) au sens de Lakatos : l'emploi des concepts de « prix », d'« information » ou d'« efficience » dans le sens que nous avons indiqué est possible même en l'absence de ces résultats.

Au sujet de l'évaluation des actifs, une remarque sémantique mérite d'être insérée. L'emploi du terme de « *pricing* » n'est pas anodin, car il ne désigne en rien le processus de détermination d'un prix réel (lequel ne peut apparaître que dans un échange concret), seulement l'évaluation spéculative d'un titre hors de toute transaction de marché. Jusque dans le vocabulaire, aucune différence de nature n'est faite au sein de ce paradigme entre les prix concrets et l'évaluation théorique des titres : tous deux s'insèrent dans le même cadre d'analyse ; les deux se contractent en une même entité, car il devient impossible de penser un prix qui ne refléterait pas les « fondamentaux » d'un titre, ni une évaluation spéculative qui ne se fonderait en premier lieu sur les prix de marché.

Concernant la seconde dimension du programme de recherche ici discuté, elle vise à « extraire » de prix réels des informations que l'on ne peut directement observer, que l'on juge cependant suffisamment pertinentes pour être incorporées dans les prix. Espinoza et Segoviano (2011), par exemple, ont extrait des probabilités de défaut à partir de prix de CDS, tandis que Flannery et James (1984) ont calculé des indicateurs de transformation de maturité des institutions financières sur la base des prix de leurs actions. De même, de nombreuses mesures de risque, telles que la *value-at-risk*, ont été construites sur la base des prix de marché (Vuillemey 2014, les analyse en détail). Un exemple permettra ici de réaliser combien ce qu'on l'on nomme « défaut » ou « risque de crédit » recouvre des réalités différentes selon que l'on admet un paradigme ou l'autre. Dans un modèle structurel, on fera référence pour anticiper l'occurrence d'un défaut à la manière dont un défaut réel se produit (problèmes concrets de liquidités, d'insolvabilité, etc.). Si l'on accepte l'hypothèse d'efficience des marchés, au contraire, il devient possible de calculer des probabilités de défaut sans ne faire aucune référence à la manière dont un défaut se produit concrètement. Ou plutôt, tout ce qui est pertinent pour cela est supposé être parfaitement incorporé aux prix de marché – cela fait évidemment partie de « toute l'information », dont nous avons montré qu'elle n'était pas un concept pouvant être compris ou testé empiriquement. Ainsi, des probabilités de défaut pourront être calculées sur la base de prix seuls, sans considération pour les raisons structurelles qui précèdent un défaut réel. La littérature financière procède couramment à ce type d'estimation.

CONCLUSION

Dans ces lignes, nous avons livré une analyse du statut épistémologique de l'hypothèse d'efficience des marchés financiers. En particulier, nous avons montré que celle-ci ne peut, en aucun sens rigoureux, être entendue comme une proposition empirique – ou proposition synthétique *a posteriori*. On ne peut en effet concevoir aucune expérience permettant de la falsifier irrévocablement. En contrepoint, l'hypothèse d'efficience doit être entendue comme inaugurant un nouveau schéma interprétatif, un système de définitions cohérent par lui-même, qui pose en même temps et de manière inséparable les concepts de prix, d'information et d'efficience. Nous l'avons décrit comme un programme de recherche au sens de Lakatos, en soulignant néanmoins les limites du cadre d'analyse lakatosien pour ce qui nous intéresse ici.

Tel résultat peut sembler surprenant, tant est abondante la littérature empirique consacrée à discuter de l'hypothèse d'efficience. Nous avons ici montré, essentiellement, que les innombrables études empiriques ne peuvent que convaincre les convaincus, quel que soit leur camp. On comprend mieux ainsi l'étonnement de certains commentateurs qui, dans les articles de synthèse susmentionnés, soulignent que les publications nombreuses depuis quarante ans n'ont permis de faire émerger aucun résultat non ambigu. Du fait de la nature épistémologique de la proposition étudiée, nous affirmons que de tels résultats ne pourront jamais être atteints, car les concepts en jeu – « toute l'information pertinente », « entièrement incorporée » – sont trop englobants pour être interprétables en termes empiriques. En outre, si l'on entend la formulation de l'hypothèse d'efficience comme un jugement essentiellement analytique, de riches interprétations de la théorie et de la méthodologie financière des dernières décennies deviennent possibles. Non seulement la compréhension de l'hypothèse d'efficience comme proposition analytique est la seule qui soit tenable au plan de l'épistémologie, mais c'est grâce à ce statut qu'elle a pu conquérir la place considérable qu'elle occupe aujourd'hui au sein de la théorie financière. De larges pans de la finance contemporaine apparaissent alors non comme un progrès réalisé au sein des paradigmes antérieurs, mais comme une rupture paradigmatique, essentiellement comme un nouveau programme de recherche ancré dans un système de définitions neuf.

A l'image de l'analyse épistémologique que nous avons produite ici, il nous semble que nombre des hypothèses sur lesquelles se fonde la théorie financière contemporaine méritent d'être décortiquées et, dès lors, clarifiées. Les distinctions sur lesquelles nous avons insisté, notamment entre propositions empiriques et contingentes d'un côté, et propositions analytiques et nécessaires de l'autre, nous semblent particulièrement confuses au sein de la littérature économique actuelle. Il y a là matière à de plus amples travaux.

RÉFÉRENCES

ALAJBEG Denis, BUBAS Zoran et SONJE, Velimir. 2012. « The Efficient Market Hypothesis : Problems with Interpretations of Empirical Tests ». *Financial Theory and Practice,* n°1, p. 53-72.

BACHELIER Louis. 1900. *Théorie de la spéculation*, p. 21-86. Paris : Annales scientifiques de l'Ecole normale supérieure.

BALL Ray et Philip BROWN. 1968. « An Empirical Evaluation of Accounting Income Numbers ». *Journal of Accounting Research*, vol. 6, n°2, p. 159-178.

CALDWELL Bruce. 1991. « The Methodology of Scientific Research Programmes in Economics : Criticisms and Conjectures ». *In* G.K. SHAW (ed.), *Economic, Culture and Education : Essays in Honour of Mark Blaug*, p. 95-107. Aldershot : Elgar.

CAMPBELL John, LO Andrew et Craig MACKINLAY. 1997. *The Econometrics of Financial Markets.* Princeton : Princeton University Press.

CHALLE Edouard. 2008. « Valeur fondamentale et efficacité informationnelle ». *In* Christian WALTER et Eric BRIAN (dir.), 2008, *Critique de la valeur fondamentale.* Paris : Springer.

DIMSON Elroy et Massoud MUSSAVIAN. 1998. « A Brief History of Market Efficiency ». *European Financial Management*, vol. 4 n°1, p. 91-193.

ESPINOZA Raphael et Miguel SEGOVIANO. 2011. « Probabilities of Default and the Market Price of Risk in a Distressed Economy ». *IMF Working Paper*, n°11/75.

FAMA Eugene. 1965a. « Random Walks in Stock Market Prices ». *Graduate School of Business*, Selected Papers n°16, University of Chicago.

—. 1965b. « The Behaviour of Stock Market Prices ». *Journal of Business*, vol. 38, n°1, p. 34-105.

—. 1970. « Efficient Capital Markets : A Review of Theory and Empirical Work ». *Journal of Finance*, vol. 25 n°2, p. 383-417.

—. 1998. « Market Efficiency, Long-Term Returns and Behavioral Finance ». *Journal of Financial Economics*, vol. 49, n°3, p. 283-306.

FAMA Eugene, Lawrence FISHER, Michael JENSEN et Richard ROLL. 1969. « The Adjustment of stock prices to new information ». *International Economic Review*, vol. 10.

FLANNERY Mark et Christopher JAMES. 1984. « Market Evidence on the Effective Maturity of Bank Assets and Liabilities ». *Journal of Money, Credit and Banking*, vol. 16, n°4, p. 435-445.

GROSSMAN Sanford et Joseph E. STIGLITZ. 1980. « On the Impossibility of Informationally Efficient Markets ». *American Economic Review*, vol. 70, n°3.

HANDS Wade. 1993. « Popper and Lakatos in Economic Methodology ». *In* Mäki USKALI, Gustafsson BO et Christian KNUDSEN. 1993, *Rationality, Institutions and Economic Methodology.* Routledge.

HARRISON Michael et David KREPS. 1979. « Martingales and Arbitrage in Multiperiod Securities Markets ». *Journal of Economic Theory*, vol. 20, p. 381-408.

HARRISON Michael et Stanley PLISKA. 1981. « Martingales and Stochastic Integrals in the Theory of Continuous Trading ». *Stochastic Processes and Applications*, vol. 11, p. 215-260.

HAUGEN Robert et Josef LAKONISHOK. 1988. *The Incredible January Effect.* Homewood : Dow Jones-Irvin.

HUDSON Richard et Benoît MANDELBROT. 2004. *The (Mis)behavior of Markets : A Fractal View of Risk, Ruin and Reward.* New York : Basic Books.

JENSEN Michael. 1968. « The Performance of Mutual Funds in the Period 1945-64 ». *Journal of Finance*, vol. 23, p. 389-416.

—. 1978. « Some Anomalous Evidence Regarding Market Efficiency ». *Journal of Financial Economics*, vol. 6, n°2, p. 95-101.

JOHNSON Bruce, Robert MAGEE, Nandu NAGARAJAN et Harry NEWMAN. 1985. « An Analysis of Stock Price Reaction to Sudden Executive Death ». *Journal of Accounting and Economics*, vol. 7, p. 151-174.

KEIM Donald B. 1983. « Size-Related Anomalies and Stock Return Seasonality : Further Empirical Evidence ». *Journal of Financial Economics*, vol. 12, p. 13-32.

LAKATOS Imre. 1970. *Criticism and the Growth of Knowledge.* Cambridge : Cambridge University Press.

LATSIS Spiro. (ed.). 2008. *Method and appraisal in economics.* Cambridge : Cambridge University Press, (1re edition 1976).

LEROY Stephen. 1989. « Efficient Capital Markets and Martingales ». *Journal of Economic Literature*, vol. 27, n°4, p. 1583-1621.

LO Andrew W. 2007. « Efficient Markets Hypothesis ». *In* L. BLUME et S. DURLAUF, *The New Palgrave : A Dictionary of Economics.* New York : Palgrave MacMillan.

LO Andrew W. et Craig A. MACKINLAY. 1999. *A Non-Random Walk Down Wall Street.* Princeton : Princeton University Press.

MACKINLAY Craig. 1997. « Event Studied in Economics and Finance ». *Journal of Economic Literature*, vol. 35, p. 13-39.

MALKIEL Burton G. 1995. « Returns from Investing in Equity Mutual Funds 1971 to 1991 ». *Journal of Finance*, vol. 50, n°2, p. 549-72.

—. 2003. « The Efficient Market Hypothesis and Its Critics ». *Journal of Economic Perspectives,* vol. 17, n°1, p. 59-82.

QUINE Willard Van Orman. 1951. « Two Dogmas of Empiricism ». *The Philosophical Review*, vol. 60, p. 20-43.

SAMUELSON Paul A. 1965. « Proof that Properly Anticipated Prices Fluctuate Randomly ». *Industrial Management Review*, vol. 6, n°2, p. 41.

SHILLER Robert J. 2003. « From Efficient Markets Theory to Behavioral Finance ». *The Journal of Economic Perspectives*, vol. 17, n°1, p. 83-104.

WALTER Christian. 1996. « Une histoire du concept d'efficience sur les marches financiers ». *Annales. Histoire, Sciences sociales*, vol. 51, n°4, p. 873-905.

WALTER Christian et Eric BRIAN (dir.). 2008. *Critique de la valeur fondamentale*. Paris : Springer.

VUILLEMEY Guillaume. 2014. « Epistemological foundations for the assessment of risks in banking and finance ». *Journal of Economic Methodology*, (à paraître).

L'optimum gouvernemental des physiocrates : despotisme légal ou despotisme légitime?

Bernard Herencia*

Résumé

Cet article défend l'idée de l'existence d'une analyse originale de Lemercier de la Rivière quant au concept de despotisme légal non révélée par les commentateurs. Quesnay, chef de file des physiocrates est habituellement reconnu pour son initiative en la matière mais la littérature mobilise systématiquement les écrits de Lemercier de la Rivière pour en faire l'exposé complet. La même ambiguïté apparaît quant à l'écriture du principal texte de Lemercier de la Rivière : *L'Ordre naturel et essentiel des sociétés politiques.* Cet article apporte un éclairage nouveau sur les projets physiocratiques pour fonder un état de droit.

Mots-clés : physiocratie, despotisme légal, état de droit, Lemercier de la Rivière, Quesnay.

Abstract

This article argues for the existence of an original analysis of Lemercier de la Rivière about the concept of legal despotism undisclosed by commentators. Quesnay, leader of the physiocrats, is usually acknowledged as the main source but the literature systematically mobilized Lemercier de la Rivière's writings. Other ambiguities arise about the main text of Lemercier de la Rivière : *L'Ordre naturel et essentiel des sociétés politiques.* This article sheds new light on the projects of the Physiocrats to provide a foundation for the rule of law.

* Maître de conférences, Université Paris-Est site de Meaux, 17 rue Jablinot BP 24, 77101 Meaux cedex, Largotec (EA 4688) / Institut Hannah Arendt (EA 4118) et Université Montpellier III, C.R.I.S.E.S. (EA 4424). bernard.herencia@univ-mlv.fr

Keywords : Physiocracy, legal despotism, Rule of Law, Lemercier de la Rivière, Quesnay.

Classification JEL : B1, A12, H11, K0.

Il est admis qu'une des dimensions du mouvement intellectuel des Lumières est liée à la question politique au travers de réflexions sur l'art de gouverner et de propositions de transformations politiques propres à répondre à la modernité que revendiquent ses auteurs. Parmi eux, Charles Louis de Secondat de la Brède de Montesquieu, taraudé par une interrogation générale sur la détermination d'un gouvernement meilleur que les autres, rompt avec les approches classiques et propose un cadre analytique qui va servir de référence à toute la pensée politique de la seconde moitié du siècle. Dans ce contexte le cercle intellectuel qui se constitue autour de François Quesnay – les physiocrates – forge et diffuse une réflexion politique originale qui, naturellement, se construit à l'aune de l'apport de Montesquieu : le *despotisme légal*. Quesnay et Paul Pierre Lemercier de la Rivière en proposent les développements les plus achevés. Leurs principaux travaux sur cette question paraissent en 1767[1] et selon l'interprétation courante la version de Lemercier de la Rivière est préparée sous la direction de Quesnay et est destinée à vulgariser la pensée politique de ce dernier auprès d'un large public. Toutefois, leurs apports présentent des divergences de forme et de fond. Cet article propose de montrer, qu'au-delà des écarts d'analyse, Lemercier de la Rivière est un théoricien dont les études sont bien plus que des opérations de vulgarisation des conceptions du maître – Quesnay – en dépit d'une littérature qui, jusqu'à aujourd'hui, continue de le marginaliser. Friedrich Melchior von Grimm, observateur féroce de son époque et de ses intellectuels, avoue qu'à travers son œuvre, Lemercier de la Rivière a souhaité s'égaler « au président Montesquieu » (*Lettre du 15 février 1768* (Grimm 1882, VII, p. 40)). A l'issue d'un bref panorama sur le concept de despotisme et sur l'histoire de son apparition dans les œuvres des deux physiocrates,

1. C'est à partir de cette époque et à la suite, notamment, des édits sur la liberté du commerce des grains (1763-1764), que l'Ecole des physiocrates intensifie ses activités pour diffuser ses analyses le plus largement possible auprès de l'opinion publique : salons, presse, édition, etc.

notre étude indiquera, pour les confronter, les contenus que Quesnay et Lemercier de la Rivière lui donnent. Le *despotisme légal* se révèlera alors comme un marqueur fondamental des spécificités des apports de ces deux physiocrates.

LE DESPOTISME COMME FORME GOUVERNEMENTALE

Despotisme émerge au XVIIIe siècle comme un concept de base dans les discours philosophiques et politiques. Son usage est fréquent et peut tout à la fois être synonyme de *monarchie* ou simplement caractériser toute pratique injuste, inconstitutionnelle ou discriminatoire et à la fois véhiculer l'idée positive d'un système rationnel d'institutions nécessaires à l'intérêt général. Melvin Richter renvoie cette incertitude à une posture « d'abus de mots » (Richter 2002, p. 373-374, p. 377). Dans la première série sémantique, le *despotisme* détermine une situation ou un système indéfendable (le despotisme arbitraire par exemple, et Montesquieu en fait une organisation politique à part entière) ; dans la seconde, un système quelconque exerce son empire (le despotisme euclidien) et cette situation peut être désirée et souhaitable (c'est ce despotisme qu'invoquent les physiocrates).

Montesquieu n'est pas le premier à s'intéresser à *l'esprit* des lois, c'est-à-dire à l'intention du législateur. Outre les concepteurs du droit romain, il intervient après Hugo Grotius, Samuel Pufendorf ou encore Jean Domat. Cet *esprit* connaît des causes physiques (climats, territoires, etc.) et morales (religions, mœurs, formes gouvernementales, etc.) et diffère pour chaque nation : il « consiste dans les divers rapports que les lois peuvent avoir avec diverses choses » (Montesquieu 1758, I-III). Après lui Lemercier de la Rivière raisonnera sur le droit positif pour distinguer la *raison* et la *lettre* de la loi de manière à dissocier son *esprit* et sa *portée*. Ce faisant, Montesquieu propose une théorie des gouvernements en rupture avec la typologie aristotélicienne habituelle (monarchie, aristocratie, démocratie et leurs archétypes ou manifestations dégénérées : tyrannie, oligarchie, ochlocratie) en identifiant trois types de gouvernement : la république, la monarchie et le despotisme. La république caractérise les petits territoires dans lesquels le souverain est le peuple en corps (république démocratique) ou une minorité (république aristocratique). La monarchie s'impose dans les territoires moyens et le souverain est l'affaire d'un seul mais il existe des lois établies. Le despotisme se rencontre dans les très grands territoires, le souverain est également un individu mais celui-ci gouverne sans lois fondamentales ; le despotisme est cependant un ordre politique, il est donc à ce titre réglé par des lois essentiellement pénales qu'il tend à uniformiser. Chacune de ces formes de gouvernement répond à un principe spécifique : la vertu pour la république (c'est une vertu politique, un civisme), l'honneur (« c'est-à-dire le préjugé de chaque personne et de chaque condition » (Montesquieu 1758, III-VI)) pour la monarchie (l'honneur est associé à l'ambition) et la crainte pour le despotisme. Cette dernière forme se caractérise par l'égalité de tous en termes d'impuissance face à l'arbitraire du prince ; elle est aussi l'horizon pour tous les cas de dégénérescence des autres régimes. Montesquieu montre ainsi que le despotisme n'est pas seulement l'aboutissement d'un système politique malade : il est un système spécifique. *In fine*, il donne sa préférence à une monarchie modérée fondée sur une distribution des pouvoirs et l'organisation de leurs relations.

Une autre figure intellectuelle de premier plan, Voltaire, reconnaît le despotisme comme abus de la royauté (*Pensées sur le gouvernement* (Voltaire 1888-1895, XXIV, p. 340)) mais déplore sa confusion avec la tyrannie (*Supplément au siècle de Louis XIV* (Voltaire 1888-1895, XII, p. 508)). Le philosophe préfère développer son propre modèle politique à partir du despotisme d'un prince philosophe fondé sur la rationalisation de l'appareil d'État, en vue de promouvoir le bonheur du peuple par les progrès économiques et la diffusion des connaissances. Cette forme gouvernementale s'appuie elle-même sur un despote acceptant de se soumettre à la raison. C'est la question même de la soumission qui va fonder le principal écart d'approche entre Lemercier de la Rivière et Quesnay. Voltaire revient ainsi à l'origine du *despotès* qui, chez les grecs, est le maître de la maison (et de ses esclaves) qu'il dirige en père de famille (*Commentaire sur l'Esprit des lois* (Voltaire 1888-1895, XXXI, p. 279)). Cependant, Voltaire et d'autres philosophes (Denis Diderot par exemple, avec son modèle du prince éclairé) s'éloignent progressivement et parfois définitivement du modèle du despote éclairé par la raison lorsqu'ils sont confrontés aux réelles pratiques d'un Frédéric II ou d'une Catherine

II. Platon est le premier à avoir formulé le concept de monarque éclairé : « à moins que les philosophes ne gouvernent les états ou que ceux qu'on appelle aujourd'hui Rois ou souverains ne soient véritablement philosophes de sorte que l'autorité politique et la philosophie se rencontrent ensemble dans le même sujet » (Platon 1840, p. 237-238). Les *Lumières* en France, l'*Enlightenment* Outre-Manche, l'*Aufklärung* Outre-Rhin ou l'*Illuminismo* en Italie, recherchent des solutions pour changer la société humaine et son système politique en Europe. La monarchie est retenue la plupart du temps, parfois le despotisme, mais toujours une monarchie ou un despotisme *éclairé*. Le philosophe doit devenir l'auxiliaire, au moins le conseiller, du monarque : la monarchie de droit divin est rejetée. C'est au siècle suivant que la figure du despote éclairé est forgée pour synthétiser ces approches. Le despotisme éclairé renvoie donc plutôt à un idéal-type historique invitant le despote à exercer son arbitraire au bénéfice d'objectifs associés à l'intérêt général. Ce despotisme éclairé traduit une volonté de rationaliser l'État dans le sens du progrès, c'est-à-dire par rupture avec l'asservissement aux privilèges de la féodalité et de l'Église, par simplification, uniformisation et codification de l'État[2].

La tentative des physiocrates d'établir une forme gouvernementale spécifique – le despotisme légal – tient de l'une et de l'autre de ces approches et l'idéaltype qu'ils proposent s'oppose avant tout au despotisme arbitraire. Pour l'Académie, l'arbitraire est un pouvoir absolu qui n'a pour règle que la volonté du souverain. Le Trévoux ajoute « qui n'est point fixé par le droit, ni par la loi ». La question du despotisme constitue la matière d'un débat de fond récurrent de cette époque et les physiocrates s'en emparent pour tenter d'imposer un modèle alternatif original dans lequel les évolutions souhaitées ne sont pas conditionnées à la volonté du prince de se soumettre mais, au contraire, garanties par un cadre légal contraignant tous, monarque compris.

---

2. S. Goyard-Fabre conçoit un « pacte d'alliance » entre les philosophes et ces monarques qui ont cru qu'en sortirait « le bonheur de leur peuple » (Goyard-Fabre 1972, p. 288).

L'ÉMERGENCE DU DESPOTISME LÉGAL DANS LES ŒUVRES DE QUESNAY ET DE LEMERCIER DE LA RIVIÈRE.

Lorsque Victor Riqueti de Mirabeau tente d'instruire Jean-Jacques Rousseau sur l'Ecole physiocratique, il lui fait parvenir *L'Ordre naturel et essentiel des sociétés politiques* publié par Lemercier de la Rivière (Mirabeau, *Lettre à Rousseau du 20 décembre 1767* (Rousseau 1865, II, p. 385)). De manière générale, lorsqu'il s'agit de commenter le volet politique de la physiocratie, Lemercier de la Rivière est sollicité plus que le docteur Quesnay. C'est ce que font, Voltaire, Ferdinando Galiani et Gabriel Bonnot de Mably. Georges Weulersse, Mario Einaudi, Elisabeth Fox-Genovese, Reinhard Bach ou encore Yves Citton ont la même démarche. Le constat est similaire pour les analyses du XIXe siècle. Cela appelle deux commentaires : 1) Lemercier de la Rivière est le plus *politique*[3] des physiocrates parce qu'il en a donné les développements les plus complets ; 2) retenir le texte de Lemercier de la Rivière pour l'étude du volet politique de la physiocratie a permis aux commentateurs de fractionner la physiocratie entre sa politique et son économique et, ce faisant, d'isoler Lemercier de la Rivière de Quesnay. La question du *despotisme légal* est symptomatique de cette dichotomie.

L'Ordre naturel et essentiel des sociétés politiques accomplit la volonté de l'Ecole de donner au public un exposé complet de la physiocratie politique et l'œuvre rencontre un véritable succès éditorial qui s'explique pour partie par la caution de Diderot (sollicité par le lieutenant général de police Antoine de Sartine pour avis sur l'ouvrage : *Lettre du 15 juillet 1767* (Grimm, 1882 VII, p. 445-446)). Trois mille exemplaires sont vendus en quelques mois avec deux éditions simultanées[4]. Le livre devient, avec l'exposé du despotisme légal, le plus controversé de l'histoire de la physiocratie : « la discorde en arriva à ce point que, dans certains cercles philosophiques, on dut convenir de ne plus discuter sur ce sujet » (Schelle 1888, p. 46-47 et Du Pont de Nemours 1767, p. 10).

3. Pour Du Pont de Nemours, de ce point de vue, Lemercier de la Rivière (avec Baudeau) constitue une « branche particulière » de la physiocratie (Du Pont de Nemours, *Notice sur les Economistes* (Turgot 1844, I, p. 260)).

4. En un ou deux volumes, *in* 4° ou *in* 12°.

L'ouvrage de Lemercier de la Rivière suscite d'emblée une importante littérature. Mably[5] réagit en faisant parvenir à la direction de l'organe de presse des physiocrates (*Les Ephémérides du citoyen*) ses *Doutes proposés aux Economistes sur l'Ordre naturel et essentiel des sociétés politiques :* en dix lettres il attaque les idées des physiocrates sur la propriété et la politique tout en partageant nombre de leurs vues strictement économiques. Mably néglige ainsi l'indispensable articulation entre politique et économique dans l'exposé de Lemercier de la Rivière (Mably 1768, p. 244). Les *Doutes* vont susciter de nouvelles réactions : *Doutes éclaircis* (1768, Paul François de Quélen de Stuer de Caussade de la Vauguyon est chargé de la riposte au « dangereux opposant » (Einaudi 1938, p. 17)[6] et s'en acquitte dans les *Ephémérides* avec une série de cinq articles), la *Lettre de M. K. au chevalier de *** au sujet des Doutes* (1768) (Le Roy, 1768), ou encore *Examen historique et politique du gouvernement de Sparte, en réponse aux Doutes…* (1769, Jean François de Vauvilliers). Pour Grimm (*Lettre du 15 février 1768* (Grimm 1882, VIII, p. 40) et *Lettre du 15 juillet 1767* (Grimm 1882, VII, p. 446-447)) Lemercier de la Rivière est un « terrible déraisonneur » mais sa correspondance, par la plume sans doute de Diderot, salue tout de même la liberté de ton des physiocrates : « ce qui me plaît le plus dans cette nouvelle école de quesnelistes, c'est que, très-protégée, elle dit tout ce qui lui plaît, qu'elle parle avec une liberté que nous ne connaissions pas, et qu'à la longue la police, la cour, les magistrats, s'accoutumeront à tout entendre, et les auteurs à tout dire. La nation se familiarisera peu à peu avec les questions de finance, de commerce, d'agriculture, de législation et de politique » (*Lettre du 15 novembre 1769* (Grimm 1882, VIII, p. 373)) : c'est précisément le débat, la confrontation des opinions que Lemercier de la Rivière réclame (Lemercier de la Rivière 1767a, p. 56). Voltaire[7] critique aussi *L'Ordre naturel et essentiel des sociétés politiques :* « le titre m'en déplaît fort », dit-il en août 1767, et en

5. Mably, *Lettres à Fellenberg du 21 juillet 1767, du printemps et de l'été 1768* (Malvache 1993, p. 67-68, 70-72).

6. Lemercier de la Rivière séjourne alors en Russie.

7. *Lettre à Damilaville du 8 août 1767* (Voltaire 1888-1895, XLI, p. 375) ; *Lettre à Damilaville du 16 octobre 1767* (Voltaire 1888-1895, XLI, p. 411) ; *Lettre à Chardon du 25 décembre 1767* (Voltaire 1888-1895, XLII, p. 22) et *Diatribe à l'Auteur des Ephémérides* (Voltaire 1888-1895, XXX, p. 91-99).

décembre : « j'ai lu le livre de M. de la Rivière : je ne sais si c'est parce que je cultive quelques arpents de terre, que je n'aime point que les terres soient seules chargées d'impôts. J'ai peur qu'il ne se trompe avec beaucoup d'esprit » et Voltaire amuse le public aux dépens de l'Ecole[8] et de Lemercier de la Rivière[9] avec *L'Homme aux quarante écus*. Le philosophe a-t-il vraiment lu l'ouvrage pour n'en retenir que l'aspect fiscal, et ne rien dire du *despotisme légal?* Le désaccord de Voltaire n'est cependant que partiel car, dit-il, « je n'ai rien écrit sur l'agriculture, parce que je n'aurais jamais rien pu faire qui eût mieux valu que les *Ephémérides*. Je me suis borné à exécuter ce que les estimables auteurs de cet ouvrage ont recommandé, (...) *Ephémérides* à qui je dois tant d'instructions » (*Défense de Louis XIV* (Voltaire 1888-1895, XXIX, p. 153-154)). La critique qui va le plus porter est celle que Galiani rédige en 1769 (*Dialogues sur le commerce des blés*[10]) mais qui ne paraîtra qu'en 1770. Celle-ci porte surtout sur la prétention à l'universalité, les effets de système et la méconnaissance des phénomènes de marché (Markovits 2002, p. 69). Le texte suscitera une réponse de Lemercier de la Rivière dans *L'Intérêt général de l'État*[11], pour laquelle Galiani prépare ensuite *La Bagarre* dont le texte restera inédit jusqu'en 1979 (*La Bagarre, Galiani's "lost" parody* (Kaplan 1979)). Enfin, la polémique autour de l'ouvrage de Lemercier de la Rivière occulte la parution quasi simultanée de *Despotisme de la Chine* de Quesnay.

L'écriture même de *L'Ordre naturel et essentiel des sociétés politiques* pose problème : quelle est la part de Lemercier de la Rivière et celle de Quesnay? La littérature mentionne une écriture à deux mains ou

8. « Quelques personnes qui, se trouvant de loisir gouvernent l'état au coin de leur feu » (*L'Homme aux quarante écus* (Voltaire 1888-1895, XX, p. 218)).

9. La référence à « *l'ordre essentiel des sociétés* » et les multiples mentions de la « puissance législative et exécutrice » constituent clairement des coups portés à Lemercier de la Rivière (*Ibid.*).

10. Les *Dialogues* de Galiani polémiquent avec l'Ecole en général. L'auteur invoque « l'économie politique », « l'économie philosophique ou « la philosophie économique » ou encore « la nouvelle science économique » pour fustiger leurs « auteurs », « écrivains » (qu'il qualifie de « modernes » ou encore d'« instigateurs » de l'édit de 1764) et leurs « brochures », « écrits » et « théories ». Seuls quatre ouvrages particuliers sont mentionnés : ceux de Baudeau (*Résultats de la liberté et de l'immunité* et *Avis aux honnêtes gens*) et de Mirabeau (*L'Ami des hommes* et *Théorie de l'impôt*). Lemercier de la Rivière n'est ni cité ni évoqué par Galiani.

11. Les chapitres XXXVII à XLI et le chapitre additif sont explicitement adressés à Galiani.

encore une direction de Quesnay ou une écriture sous sa dictée (May 1935, p. 98-99 ; Bluche 1986, p. 279 ; Weulersse 1931, p. 20 ; Fessard 2012, p. 9 ou encore Faccarello et Steiner 2010, p. 29). On pourrait certainement supposer avec Mirabeau ou Pierre Samuel Du Pont de Nemours (Théré et Charles 2008, p. 24), que le texte de Lemercier de la Rivière est suivi voire remanié par Quesnay. Mais en l'absence du manuscrit de l'ouvrage et des éventuelles annotations du maître cela ne peut être affirmé. Pour le reste, les deux physiocrates ont écrit dans « l'entresol » du Docteur à Versailles et Lemercier de la Rivière a rédigé « sous les yeux de l'inventeur de la science » (Weulersse 1910a, I, p. 127), sans doute pour les dernières lectures car, même s'il a travaillé chez Quesnay pendant six semaines (Mirabeau, *Lettre à Longo du 27 mai 1788* (Weulersse 1910a, I, p. 127))[12], comment supposer que Lemercier de la Rivière ait pu écrire plus de cinq cents pages dans un délai si court. Par ailleurs, Quesnay travaille au même moment à l'écriture de *Despotisme de la Chine.* Enfin, Lemercier de la Rivière affirme que depuis les démêlés avec le secrétaire d'État Etienne François de Choiseul à la fin de sa seconde intendance en 1764[13], il s'est « tenu éloigné » du pouvoir pour répondre « au besoin que j'avois d'une pleine liberté pour [...] achever l'ouvrage que mes amis m'avoient déterminé à donner au public » (Lemercier de la Rivière 1767c, p. 4). Il est vrai qu'il publie un article en novembre 1765 (*Observations sur le mémoire intitulé Réflexions d'un citoyen* (Lemercier de la Rivière 1765)) mais lorsqu'il est à Pétersbourg[14], Lemercier de la Rivière affirme :

> on me dit que les gens qui lisent rapidement, ne le [*L'Ordre naturel et essentiel des sociétés politiques*] trouve pas à la portée de tout le monde. à cela je reponds que j'ai medité longtems en l'écrivant, et que je n'ai

12. Une autre mention tardive de Mirabeau abonde dans ce sens : « quoiqu'il [Lemercier de la Rivière] ait fait sous sa [Quesnay] direction et dans son entresol un grand ouvrage [*L'Ordre naturel et essentiel des sociétés politiques*] sur la totalité de la science appliquée à la politique » (Mirabeau, *Lettre à Butré du 12 décembre 1777* (Quesnay 2005, p. XVIII)).

13. Lemercier de la Rivière est intendant aux Iles-du-Vent entre 1759 et 1762 et à la Martinique entre 1763 et 1764 après la création d'intendances distinctes pour la Guadeloupe et la Martinique. L'interruption de ses fonctions (1762-1763) résulte de l'occupation anglaise de la Martinique durant la Guerre de Sept ans. Sur cette part de l'activité de l'économiste voir Herencia 2011 (Partie I, *passim*).

14. Il part pour répondre à l'invitation de Catherine II en juillet 1767 et rentre à Paris en juin 1768. Sur le détail et les enjeux de son séjour voir Herencia (2012).

> pas pris la peine de l'ecrire pour ceux qui ne voudront pas prendre la peine de le lire. (Lemercier de la Rivière 1767b, p. 2)

C'est ainsi sans doute une large part de l'année 1766 qu'il a consacré à l'écriture de *L'Ordre naturel et essentiel des sociétés politiques.*

Sur la question de l'antériorité du *Despotisme de la Chine* sur *L'Ordre naturel et essentiel des sociétés politiques*, la question des dates demande à être éclairée. L'imprimé donne raison au primat du texte de Quesnay sur l'ouvrage de Lemercier de la Rivière. Ce dernier paraît officiellement en juillet 1767[15], mais cette parution a été retardée par la censure avec un refus d'abord puis une autorisation à partir de la consultation de Diderot[16]. Lorsque l'ambassadeur Dimitri Alexeïevitch Galitzine recrute Lemercier de la Rivière pour conseiller Catherine II, il affirme, dans une lettre du 21 mai 1767, avoir « terminé la lecture de l'œuvre [...] intitulée L'ordre naturel et essentiel des sociétés politiques » qu'il préfère à celle du « Président Montesquieu » et se propose d'en expédier plusieurs exemplaires au ministre Nikita Ivanovitch Panine dès le 21 juin[17]. L'ouvrage est donc imprimé à cette époque. Pour le texte de Quesnay les sources convergent et s'appuient sur les dates des numéros des *Ephémérides* confirmées par les autorisations à imprimer[18] (la revue ne connaît pas encore les retards importants des années suivantes), en l'occurrence, pour les numéros concernant *Despotisme de la Chine*, de mars à juin 1767. Si l'on suppose que la publication n'est engagée

15. Le *Mercure de France* et les *Ephémérides* chroniquent l'ouvrage dans leurs numéros de juillet, et le *Journal des Sçavans* annonce en octobre l'édition de Londres et présente en décembre celle de Paris. Le compte rendu le plus conséquent est publié par le Trévoux dès septembre 1767. Les *Ephémérides* (en page 159 du numéro de juillet) rappellent que l'ouvrage avait été clairement annoncé dès avril (en pages 191 et 192) : « nous aurons bientôt [...] un autre grand Ouvrage, dont l'excellence qui nous [la rédaction du journal] est déjà connue, ne sera vraisemblablement problématique pour personne ».

16. L'autorisation d'imprimer est définitivement acquise le 4 juillet 1767, Archives nationales, Manuscrits français 22164, f° 101.

17. Le 21 juin, Galitzine signale que l'ouvrage est « sorti sous presse » mais qu'il ne sera rendu public que sous « 10 ou 12 jours »; il dispose cependant d'un exemplaire qu'il a déjà lu « trois fois avec toute l'attention imaginable » et « l'ouvrage du président de Montesquieu ne l'approche pas à beaucoup près ». Enfin le 5 juillet, Galitzine annonce à Panine que l'ouvrage « vient de paraître » (Galitzine 1767b, 1767a et 1767c).

18. Les approbations mentionnées sur les numéros originaux de mars, avril, mai, juin et juillet 1767 des *Ephémérides* sont respectivement les 20 mars, 20 avril, 20 mars (sic), 20 juin et 20 juillet 1767.

qu'en ayant en main l'ensemble du texte de Quesnay, celui-ci est donc prêt au plus tard en mars 1767. Reste que l'exposé de Quesnay en matière de principes politiques des physiocrates n'apparaît que dans le numéro de juin des *Ephémérides*, il s'agit du « Chapitre VIII. Comparaison des loix chinoises avec les principes actuels, constitutifs des gouvernements prospères ». Ce texte est en fait, à partir des recherches de Loïc Charles, Christine Théré et Jean-Claude Perrot, celui d'un « Préliminaire » et retrouve sa place en tête du *Despotisme de la Chine* dans leur édition de 2005. La permutation opérée dans les *Ephémérides* ne paraît pas du fait de l'éditeur car dans cette édition Quesnay fait précéder le texte d'une courte introduction pour annoncer « ce dernier chapitre » (Quesnay 2005, p. 1010). Ce fait ouvre deux hypothèses :

1) l'ensemble du manuscrit est prêt dès mars et Quesnay a changé d'avis entre la rédaction et la publication à propos de la place à donner au « Préliminaire / Chapitre VIII » (les remarques de Charles, Théré et Perrot sur la pagination du manuscrit et le caractère « générique » du texte ne permettent guère de retenir cette première explication; Charles, Théré et Perrot, « Despotisme de la Chine, Présentation » (Quesnay 2005, p. 1008));

2) lorsque la publication de *Despotisme de la Chine* commence (en mars) le « Préliminaire » n'est pas écrit ou est inachevé et Quesnay, pour ne pas rompre la suite éditoriale, décide artificiellement de le transformer en « Chapitre VIII ».

Cet examen conduit à remettre en cause les assurances courantes sur l'antériorité du texte de Quesnay sur celui de Lemercier de la Rivière[19]. Il reste, et la littérature contemporaine en témoigne, qu'il existe une articulation intellectuelle des deux ouvrages : pour Du Pont de Nemours *Despotisme de Chine* est l'analyse « faite d'avance » de *L'Ordre naturel et essentiel des sociétés politiques;* pour Mably le texte de Quesnay en « prépare » au contraire la lecture; pour Grimm, qui ignore *Despotisme de la Chine*, le livre de Lemercier de la Rivière est « le premier ouvrage politique des Physiocrates » annoncé par l'*Exposition de la loi naturelle* de Nicolas Baudeau (*Lettre du 15 octobre*

19. Ces faits ne permettent cependant pas d'étayer l'intuition de May qui suppose que le texte de Quesnay était d'emblée destiné à paraître après celui de Lemercier de la Rivière (May 1975, p. 74).

1767 (Grimm VII, p. 450) ; (Schelle 1907, p. 348-349)). Ces divers commentaires sont fréquemment repris par la suite (Oncken, « Note » (Quesnay 1888, p. 563) ; (Schelle 1888, p. 88)), faisant dans tous les cas de *Despotisme de la Chine* un texte satellite de *L'Ordre naturel et essentiel des sociétés politiques.*

En 1767, la volonté des Physiocrates de publier un traité politique est déjà ancienne. A la fin des années cinquante, Mirabeau et Quesnay préparent un *Traité de la Monarchie* qu'ils renonceront à publier. L'époque est difficile : en 1757, Robert François Damiens tente d'assassiner le Roi ; en 1759, le Conseil du roi puis le pape Clément XIII condamnent *L'Encyclopédie.* Une décennie plus tard le contexte est bien différent : la Guerre de Sept ans a fragilisé financièrement et politiquement l'État, Choiseul soutient les encyclopédistes et chasse les jésuites. Charles et Steiner ont montré que le « despotisme légal » de Quesnay constitue le cœur de la pensée politique des physiocrates et de leur volonté réformatrice (Charles et Steiner 1999, p. 100). Cependant, le concept de despotisme légal est au centre du système politique des physiocrates tel que le présentent les travaux de Lemercier de la Rivière dans *L'Ordre naturel et essentiel des sociétés politiques.* La littérature en attribue la paternité au maître Quesnay dans *Despotisme de la Chine* publié la même année[20]. Cependant Quesnay n'utilise jamais l'expression et ne mentionne qu'une seule fois les « despotes légitimes ».

Les deux auteurs ont travaillé en proximité, chacun à leur ouvrage en échangeant sans doute fréquemment sur leurs avancées, leurs difficultés, leurs découvertes. Les deux ont cependant proposé un traitement différent du concept de *despotisme légal :* Quesnay a recherché un ancrage historique, une expérience *in situ* (en Chine), tout en en formulant les bases conceptuelles, tandis que Lemercier de la Rivière en a construit l'argumentaire logique théorique qu'il espérait indiscutable. Le concept pose problème aux opposants des physiocrates, mais également à certains de leurs membres. Dans le résumé que Du Pont de Nemours propose de *L'Ordre naturel et essentiel des sociétés politiques*, le despotisme légal n'est pas mentionné

20. Einaudi avance par exemple la thèse du primat de Quesnay sur le despotisme légal (Einaudi 1938, p. 30).

même si le concept apparaît une fois[21]. Cet aspect est également d'emblée marginalisé avec l'édition de *Despotisme de la Chine* qui propose le discours sur la pensée politique de Quesnay en position de Chapitre dernier. Enfin, en faisant appel, indirectement, à un despotisme *légitime* et non *légal* Quesnay alimente les réticences des contemporains à l'égard du *despotisme légal* de Lemercier de la Rivière. Les deux physiocrates mobilisent en première analyse un même concept à partir de terminologies différentes, cependant cet écart méthodologique laisse apparaître une divergence sémantique entre Quesnay et Lemercier de la Rivière impliquant une intégration différente du politique dans la physiocratie.

QUESNAY. UN POUVOIR ABSOLU, INCONTESTABLE PEUT-IL ÊTRE LÉGITIME ?

Dans les années cinquante, Quesnay dissocie les formes de gouvernement en fonction des types d'États, ce qui l'amènera à rechercher la structure gouvernementale la plus conformes aux principes qu'il formule, celle qui permet de dégager le meilleur fonctionnement d'un « royaume agricole » (Mirabeau et Quesnay 1757-1759, p. 178), ce que nous nommons l'« optimum gouvernemental » des physiocrates. Dès cette époque, il affirme le principe de ce qui va devenir le despotisme *légitime :* « il ne suffit pas de proposer des règles aux monarques, il faut rendre ces règles obligatoires par une sanction », bref recourir aux moyens, propose Quesnay, de la « tyrannie » et du « despotisme » (Mirabeau et Quesnay, 1757-1759, p. 24). L'évidence (l'article éponyme de Quesnay est pourtant de 1756) n'est pas clairement ici posée comme alternative à l'obligation de sanction ; cela atteste du nécessaire distinguo à opérer entre le moral (l'évidence) et le juridico-politique (la sanction). Mirabeau et Quesnay font alors subsister « l'autorité constitutive du gouvernement » dans « l'autorité même des lois » (*ibid.*, p. 40) (ce qui les rapproche, nous le verrons, du despotisme *légal*, sans utiliser la

21. Le souverain « n'en serait pas moins *despote*, autant qu'il soit donné à l'homme de l'être, le Souverain co-propriétaire du *produit net* d'un empire éclairé par la lumière, et gouverné selon les lois de l'ordre naturel » affirme-t-il dans sa conclusion (Du Pont de Nemours 1768, p. 36).

terminologie de Lemercier de la Rivière) et plus loin Quesnay indique que « l'autorité souveraine peut, à la vérité, dégrader et appauvrir l'état, mais elle travaille contre elle-même » (Mirabeau et Quesnay 1757-1759, p. 162), c'est évoquer *l'intérêt commun* sur lequel Lemercier de la Rivière reviendra tant. Plus tard, en 1765, Quesnay formule les maximes « première » (« que l'autorité souveraine soit unique, et supérieure à tous les individus [...]. Le système des contreforces est une opinion funeste, qui ne laisse apercevoir que la discorde ») et « seconde » (« *que la nation soit instruite des lois générales de l'ordre naturel qui constituent le gouvernement évidemment le plus parfait* [...]. Afin que l'autorité souveraine, toujours éclairée par l'évidence, institue les meilleures lois et les fasse observer exactement pour la sûreté de tous, et pour parvenir à la plus grande prospérité possible de la société » (Quesnay, 2005, p. 566-567)). A ce stade de la réflexion, Quesnay est sur le niveau de l'exercice du pouvoir : comment s'assurer d'un pouvoir sans partage, absolu, de nature à respecter et à faire respecter les lois naturelles ?

Globalement, l'œuvre de Quesnay ne laisse apparaître que peu de mentions directes au despotisme. Outre une seule référence générale au despotisme oriental dans les diverses versions du *Tableau économique* (Quesnay 2005, p. 587), les emplois de *despotisme(s)*, *despote(s)* et *despotique(s)* sont concentrés dans trois de ses textes et le tableau ci-dessous indique leurs occurrences respectives :

	Despotisme(s)	Despote(s)	Despotique(s)	Totaux (despot-)	%
Hommes	7 + 1[22]	1	0	9	10
Traité de la monarchie	40	4	2	46	53
Despotisme de la Chine	15 + 5[23]	11	1	32	37
	87	100			

Relevons d'emblée que deux ouvrages concentrent 90 % des occurrences de la racine *despot-* dont le principal (avec 53 %) n'a pas été publié à l'époque. Dans l'article « Hommes » (Quesnay 2005, p. 285-287, 303), Quesnay associe le despotisme et ses despotes à « l'empire romain, l'empire ottoman et les États Barbaresques » pour

22. Une apparition appartient à une citation de l'*Histoire du Bas-Empire* (Le Beau et Ameilhon 1757-1817).

23. Cinq occurrences figurent dans des citations de *L'Esprit des lois*.

décrire un « despotisme militaire » dans lequel quelques corps de l'État sont devenus plus puissants que le souverain. Il s'agit du despotisme oriental. Par contre, il nie la possibilité même que puisse exister un « despotisme monarchique » : « un homme seul ne peut gouverner arbitrairement des millions d'hommes » et la « puissance souveraine monarchique » n'existe que par l'autorité des lois et l'équilibre des corps de l'État[24]. Cette approche est donc, sur ce point, en opposition forte avec le modèle du despotisme proposé par Montesquieu, dans lequel le souverain est un individu gouvernant seul et sans règles[25] et dans lequel encore ce sont les pouvoirs qui doivent s'équilibrer et non les corps politiques.

En fait, Quesnay isole deux despotismes, l'un bon et l'autre mauvais (le texte du *Despotisme de la Chine* s'ouvre sur cette distinction). Le premier est *légitime* et peut être assimilé à la monarchie : le pouvoir est concentré dans les mains d'un unique souverain éclairé sur l'ordre naturel par un conseil de savants. C'est dans ce cadre que Quesnay mentionne les « despotes légitimes » et qu'il insiste ainsi sur la figure du titulaire du pouvoir absolu attribué par la loi. Le second type de despotisme est *illégitime*, c'est le despotisme arbitraire et liberticide (Mirabeau et Quesnay 1757-1759, p. 314-315). Quesnay associe ce despotisme à l'usurpation et à toute « ligue » entre un souverain et une ou plusieurs fractions du corps politique. Il envisage ainsi un despotisme ecclésiastique, militaire, monarchique ou encore féodal et affirme que l'autorité souveraine ne doit pas être abandonnée à un souverain arbitraire qui ne serait qu'un despote déprédateur (Quesnay, *Despotisme de la Chine* (Quesnay 2005, p. 1011). Le despotisme est alors « une suite du gouvernement monarchique tyrannique » : Quesnay se rapproche cette fois de Montesquieu en concevant cette forme politique comme une dégénérescence d'un système gouvernemental, même s'il précise que ce scénario est rare (*ibidem*, p. 1077).

En 1767, l'évidence fonde clairement l'argumentation de Quesnay : l'évidence des lois physiques « subjugue impérieusement

24. Cet exposé est repris dans le *Traité de la monarchie* (Mirabeau et Quesnay 1757-1759, p. 111).

25. Sur d'autres aspects, comme la liaison entre taille du territoire et forme de gouvernement, Quesnay reste à cette époque, au contraire, fort proche de Montesquieu (*ibid.*, p. 313).

toute intelligence et toute raison humaine, avec une précision qui se démontre géométriquement et arithmétiquement » et ces lois sont « le bouclier de la nation » (*ibid.*, p. 1019). Le concept de *despotisme légal* n'est pas nommé mais il est défini et son porteur est missionné : gardien des lois et de la sûreté pour la plus grande prospérité générale. Par « despotisme », dit Quesnay (*ibid.*, p. 1083, 1104), il faut entendre « le pouvoir absolu de faire observer exactement les lois et les maximes fondamentales du gouvernement ». Il aborde la terminologie d'emblée par le concept qu'il souhaite imposer : « despotisme » renvoie à « souverain », « autorité suprême » et « lois », ce n'est *qu'ensuite* qu'il élimine les spectres des « souverains qui ont usurpé un pouvoir arbitraire » et affirme qu'« avec les loix le despotisme est terrible, avec le despotisme, les loix sont nulles »[26]. Dans le *Traité de la monarchie* Quesnay indiquait déjà les lignes directrices du concept en en appelant à un Gouvernement *légitime :* « la conduite du monarque est dirigée par la loi naturelle et par les lois positives » (Mirabeau et Quesnay, 1757-1759, p. 40, 174, 182). Le *despotisme* de Quesnay est reconnu par la loi, fondé sur la raison et cela circonscrit la marge de manœuvre gouvernementale. Les lois naturelles, divines, doivent être au-dessus de l'autorité humaine dévolue au chef de la nation (*ibidem*, p. 1014). La légitimité du pouvoir du despote physiocratique ne tient pas à sa propre personne mais à sa mission de gardien d'un ordre naturel qui s'impose à lui. C'est cette idée qu'avance Mirabeau en 1760 : « le Prince est le chef de l'État ; mais il n'est point l'État », il participe aux propriétés « mais n'est pas l'unique propriétaire » (Mirabeau 1760, p. 130). Le despote de Quesnay est donc sous contrôle de la loi naturelle et de la raison. Ainsi la problématique de Quesnay est celle de la mise en place d'un pouvoir politique incontestable, un despotisme, lié à l'origine du *despotès*, au service de l'ordre naturel : « *Despotisme*, parce que le souverain [...] réunit en lui seul toute l'autorité suprême. *Despote* signifie Maître ou Seigneur. Ce titre peut donc s'étendre aux souverains qui exercent un pouvoir absolu, réglé par les lois, et aux souverains qui ont usurpé un pouvoir arbitraire »[27]. La démonstration de *Despotisme de la Chine*

26. Dans ce dernier fragment Quesnay raille tout particulièrement les « idées contradictoires de Montesquieu ». (Quesnay 2005, p. 1104).

27. Il est important de noter que ce sont les premières lignes du texte (*ibidem*, p. 1009).

conduit ainsi à faire admettre les vertus d'un despotisme éclairé par une science de l'agriculture, dont la Chine présente un modèle admirable. Quesnay reconnaît qu'à certaines époques la Chine a connu un despotisme arbitraire militaire mais affirme que le despotisme de la Chine contemporaine s'entend comme « le pouvoir absolu de faire observer exactement les lois et les maximes fondamentales du gouvernement » ou encore comme pouvoir absolu du souverain (*Despotisme de la Chine* (Quesnay 2005 p. 1042, 1091, 1099)). Dans le cas de la Chine Quesnay assimile « despotisme » et « pouvoir absolu du souverain »; ce despotisme n'est donc pas lié à la « cruauté » du pouvoir, il n'est ni arbitraire ni déprédateur (ibidem, p. 1099, 1101). Quesnay en conclut que « le despote sévère armé des loix, les fera observer rigoureusement, et le bon ordre régnera dans ses États » (ibidem, p. 1104). Ce despote est préalablement « armé » de la connaissance et, pour s'en assurer Quesnay suggère d'assister le roi d'un cénacle de conseillers : la « solidité d'une monarchie doit consister dans l'équilibre des pouvoirs réels des corps de la nation » et il faut des « Assemblées ou un conseil aulique permanent et nombreux des prudes de toutes classes », à défaut « la monarchie ne peut être qu'une folle le glaive à la main » (Weulersse 1910b, p. 27). Quesnay, s'appuie sur l'exemple chinois avec un empereur assisté de « deux conseils établis par les lois ; l'un composé des Princes du sang et l'autre des ministres d'État (*Despotisme de la Chine* (Quesnay 2005, p. 1092)). Lorsqu'il annote le *Traité de la monarchie*, Quesnay, placé en théoricien, intègre à ses principes une pratique de l'époque et la justifie, plus tard, par un exemple historique. Ainsi, les physiocrates sont conscients que l'homme, y compris le monarque, reste sujet à l'erreur et que des organes périphériques sont nécessaires pour remédier aux possibles erreurs humaines. La recommandation est cependant moins novatrice qu'il y paraît car, pour une part importante, la confiance accordée à l'exercice de la royauté française depuis le XIIIe siècle est assise sur la possibilité donnée au roi de prendre conseil. Ce dernier rôle est dévolu, bien sûr, aux États généraux mais surtout aux Conseils du roi[28]. Ce n'est donc pas

28. « La machine gouvernementale était montée de telle sorte qu'il était impossible au Roi d'être paresseux, quels que fussent ses désirs d'évasion. A jours fixes, il devait tenir ses Conseils » (Conseil d'En-haut, Conseil des Dépêches, Conseil royal des Finances en

l'existence de conseils qui fait débat mais leurs légitimités, rôles et prérogatives. Quesnay évoque ainsi la possibilité d'instituer des Conseils qui sont globalement fidèles au fonctionnement courant de la monarchie française : la souveraineté du roi ne peut s'exercer sans qu'il prenne conseil. Quesnay ne dit cependant rien sur le fonctionnement interne du « conseil aulique » et peu sur les remèdes à ses éventuelles erreurs car « les lois humaines sont quelquefois surprises par des motifs dont la raison éclairée ne reconnaît pas toujours la justice ; ce qui oblige ensuite la sagesse des législateurs d'abroger des lois qu'ils ont faites eux-mêmes » (*Le Droit naturel* (Quesnay 2005, p. 111)). Lemercier de la Rivière ne développera la question des conseils que tardivement dans *L'Heureuse nation* (1792), mais en 1767, il ne retient que l'idée de conseillers du monarque ne peuvant disposer que d'une voix consultative. En effet, dans le cas d'une voix délibérative, l'autorité du monarque ne serait plus unique (Lemercier de la Rivière 1767a, p. 86). Il examine donc la question des conseillers mais maintient sa préférence pour un décideur unique. Il rappelle que de longue date (au moins depuis Charles VIII en 1497) le roi s'est adjoint des conseils particuliers (Conseil étroit et Conseil privé) pour pallier le manque de mobilité du Parlement et l'accompagner dans ses déplacements (*Les Vœux d'un françois* (Lemercier de la Rivière 2011, p. 122)). La solution qu'il préconise pour s'assurer de la bonne *connaissance* du monarque et de son respect est ailleurs nous le verrons et, si Quesnay invoque un despotisme *légitime* et non *légal*, c'est que son argumentation est quelque peu différente. Reste que son traitement de la question est éclaté sur plusieurs textes et que son discours principal est noyé, en quelques sortes, dans une description politico-historique de la Chine qu'il reprend largement de la littérature du temps sur le sujet[29]. Cela crée la divergence la plus apparente avec l'analyse de Lemercier de la Rivière qui, au contraire,

séances ordinaires ou extraordinaires) et travailler avec de multiples conseillers (Chanceliers, Ministres d'État, Secrétaires d'État, Conseillers d'État, Maîtres des requêtes, Contrôleurs généraux des finances, Intendants des finances, du commerce ou des provinces) (Antoine 1989, p. 444, 452).

29. Jacques Philibert Rousselot de Surgy, Jean Baptiste Du Halde, François Joachim Du Port du Tertre, Jean François Fouquet, Joseph de Guignes, Charles Le Beau ou encore Antoine François Prevost.

est concentrée dans un seul ouvrage pour l'essentiel dédié à cette question.

LEMERCIER DE LA RIVIÈRE. LE DESPOTISME LÉGAL : L'EMPIRE DE LA LOI.

Nous avons rappelé que Lemercier de la Rivière est perçu comme « le plus politique » des physiocrates. Deux aspects principaux, pour cette époque, en témoignent : la structure même de son *Ordre naturel et essentiel des sociétés politiques* et ses développements pour imposer le despotisme légal.

L'Ordre naturel et essentiel des sociétés politiques, œuvre écrite après les missions antillaises, est un effort d'élaboration conceptuelle dont la force s'appuie sur l'expérience de l'intendance. A partir du maniement des instruments gouvernementaux aux Isles-du-Vent et des options politiques de Quesnay, Lemercier de la Rivière produit l'architecture politique nécessaire à une gouvernementalité physiocratique. *L'Ordre naturel et essentiel des sociétés politiques :* l'adjectif « essentiel » est porteur d'un double sens, d'une part, la « nature intime » de l'ordre[30], indiquant la portée philosophique de la physiocratie et, d'autre part, son caractère indispensable, sa nécessité qui renvoie à l'ambition normative de l'Ecole qui implique que la physiocratie traitant de ce qui doit être, ne peut être réfutable. Toute la première partie de l'ouvrage est consacrée à la « Théorie de l'Ordre » (chapitres I à IX), la deuxième (regroupant en fait les seconde « La Théorie de l'Ordre mise en pratique » et troisième « Suite du Développement de la seconde partie ») est dédiée à « l'exposition de l'ordre mis en pratique » (chapitre X à XLIII). L'ultime chapitre (XLIV) est présenté comme « récapitulation et conclusion » de l'ouvrage. Ce dernier chapitre donne la clé de la véritable structuration de l'ouvrage : il synthétise effectivement la *théorie de l'ordre* telle qu'elle est exposée, des chapitres I à XXVI (et non IX) ; les autres chapitres (XXVII à XLIII) en sont exclus. Ces derniers chapitres concernent : *le revenu public et l'impôt* (XXVII à XXXIV), *des rapports des nations entre elles et du commerce* (XXXV à XLII) et *de l'improductivité de*

30. Une « ontologie sociale » (Perrot 1992, p. 369).

l'industrie (XLIII). *L'Ordre naturel et essentiel des sociétés politiques* est donc bien en deux parties mais qui ne sont pas celles annoncées : partie I « Théorie politique de l'ordre » (26 chapitres et 203 pages sur 434) et partie II « Théorie économique de l'ordre » (17 chapitres et 231 pages sur 434). Avec respectivement 47 % et 53 % des pages les deux parties ainsi identifiées sont équilibrées. La première partie, *politique*, permet au juriste confirmé qu'est Lemercier de la Rivière de mettre en œuvre son expertise : il y expose l'ordre naturel avec ses conséquences pour le droit positif et ses implications constitutionnelles[31]. La deuxième partie, *économique*, n'est de fait que seconde : l'ordre économique physiocratique doit d'abord être structuré par les institutions politiques constitutives d'un régime politique spécifique (le despotisme légal)[32].

Le despote *légal* que tente d'imposer Lemercier de la Rivière est le parfait opposé du despote arbitraire. L'ancien parlementaire et administrateur colonial a le sens (comme Quesnay) du terme précis et celui-ci s'impose pour marquer la nécessaire soumission à l'ordre naturel. Le choix terminologique n'est pas une maladresse : il découle d'une nécessité (une évidence) conceptuelle et sert les intérêts des physiocrates qui cherchent à éveiller l'opinion publique. Lemercier de la Rivière s'appuie sur l'exemple de la géométrie euclidienne : « Euclide est un véritable despote ; et les vérités géométriques qu'il nous a transmises, sont des loix véritablement despotiques : leur despotisme légal et le despotisme personnel de ce législateur n'en sont qu'un, celui de la force irrésistible de l'évidence : par ce moyen, depuis des siècles le despote Euclide regne sans contradiction sur tous les peuples éclairés ; et il ne cessera d'exercer sur eux le même despotisme, tant qu'il n'aura point de contradictions à éprouver de la part de l'ignorance » (Lemercier de la Rivière 1767a, p. 185 et 186)[33]. Avec la parabole euclidienne Lemercier de la Rivière exprime une idée déjà formulée par Grotius : « Dieu ne

---

31. Sur le jusnaturalisme des physiocrates et les développements particuliers qu'en a produit Lemercier de la Rivière voir Herencia (2011, partie III, chapitre I).

32. Pour Einaudi, le despotisme légal constitue le « pivot » autour duquel l'ensemble de la doctrine politique physiocratique gravite (Einaudi 1938, p. 4).

33. Sans présager évidemment des travaux Johann Carl Friedrich Gauss (1777-1855) sur la possibilité de géométries non euclidiennes.

pourrait pas faire que deux et deux ne soient point quatre » (Grotius 1625, p. 81)[34].

Le *despotisme légal* tient formellement de l'oxymore et l'expression va heurter les contemporains, même si certains ne perçoivent que le substantif (La Harpe 1825, p. 253)[35]. Les observateurs les plus avisés dénoncent le caractère systématique et l'irréalisme de l'assujettissement du monarque (*Lettre à Mirabeau du 19 juin 1767* (Rousseau 1826, p. 165), *Lettre à Mirabeau du 26 juillet 1767* (*ibidem*, p. 171-175) ; *Lettre du 15 octobre 1767* (Grimm 1882, VII, p. 435) ; (Tocqueville 1856, p. 259)). Le sympathisant Turgot en refuse l'idée (Weulersse 1959, p. 217). Aujourd'hui encore le despotisme légal suscite les plus vives critiques[36] : le despote légal, dit Alfred Steinhauer, c'est le « Léviathan » physiocratique, « l'État autoritaire du droit naturel », une « dictature de la raison individualiste (égalitaire en droit) » (Steinhauer 1997, p. 374 et 389). Lester Gilbert Crocker parle encore du « proto-totalitarisme » physiocratique (Crocker 1963, p. 448). A l'inverse, François Bluche reconnaît aux physiocrates le mérite de s'être penchés sur le terme même de *despotisme* (Bluche 1968, p. 340, p. 343, p. 345) et surtout Joseph Alois Schumpeter, bien isolé, comprend que le « despotisme légal », n'a « en fait, rien à voir avec le despotisme » (Schumpeter 1954, p. 317). Ce qui frappe d'emblée est la richesse des termes et expressions que Lemercier de la Rivière forge à partir de la racine « despot- », relativement aux occurrences relevées précédemment pour l'œuvre de Quesnay :

---

34. Comme l'observe Arendt, au-delà de la portée théologique du propos, Grotius exprime que si le pouvoir de Dieu est limité, celui du Prince l'est à plus forte raison (Arendt 1963, p. 284-285).

35. Un siècle plus tard, Lavergne ne s'arrête encore qu'au premier terme (Lavergne 1870, p. 185).

36. Larrère fait des physiocrates des « partisans du "despotisme" qui, fût-il légal est d'abord despotique » (Larrère 1999, p. 7).

Ordre naturel et essentiel des sociétés politiques[37]			
Despotisme	Despotisme	37	210[38]
	Despotisme légal + naturel	25 + 3	
	Despotisme personnel	12	
	Despotisme arbitraire + factice	26 + 2	
Despote(s)	Despote(s)	48	
	Despote(s) arbitraire(s)	15	
	Despote légal	3	
Despotique(s)		29	
Despotiquement		12	

L'évidence, comme pour Quesnay, est le point de départ de l'argumentation de Lemercier de la Rivière. Elle s'impose, elle est donc *despotique :*

> c'est pour cette raison que cet ordre essentiel n'admet qu'une seule autorité, et par conséquent un seul chef : l'évidence ne pouvant jamais être en contradiction avec elle-même, son autorité est *nécessairement* despotique, parce qu'elle est nécessairement *une*; et le chef qui commande au nom de cette évidence, est *nécessairement* despote, parce qu'il se rend personnelle cette autorité despotique. (Lemercier de la Rivière 1767a, p. 167)

Dans ce sens le *despotisme personnel* n'est concevable que si la loi attache le despotisme à une personne particulière : l'autorité tutélaire. Ce qui conduit Lemercier de la Rivière à récuser l'idée d'un partage du pouvoir. Le despotisme légal n'est pas une conception plaquée sur une certaine vision du politique, il est la résultante de l'évidence qui révèle l'ordre naturel : il est, *a priori*, la seule structure politique compatible avec la construction physiocratique. Cependant, en 1772, Lemercier de la Rivière est capable d'adapter son système à la monarchie élective polonaise (Lemercier de la Rivière 1772, p. 56-57), car ce n'est pas le monarque en lui-même qui importe : le despote légal « peut tout, excepté ce qu'il lui est impossible de vouloir » (Lemercier de la Rivière 1767a, p. 148), ce que la nature lui interdit et porte à sa connaissance par l'évidence. Pour contester le despotisme légal, c'est par l'hypothèse de *l'évidence*

37. Occurrences pour « despot- » dans l'ouvrage (hors table des matières et sommaires des chapitres).

38. Deux occurrences doubles recensées pour « despotisme légal et personnel ».

qu'il faut ainsi commencer : c'est ce que fera Rousseau[39]. La loi doit être despotique. Qu'affirment d'autre, bien plus tard, les constituants : « il n'y a point en France d'autorité supérieure à celle de la loi. Le Roi ne règne que par elle, et ce n'est qu'au nom de la loi qu'il peut exiger l'obéissance »[40] ? Le recours de Lemercier de la Rivière à la terminologie *despotisme légal* est mûrement réfléchi car il consacre de nombreuses pages (les chapitres XXI à XXIII de *L'Ordre naturel et essentiel des sociétés politiques*) à rejeter le *despotisme arbitraire* avant d'imposer son *despotisme légal* dont il sait que l'expression même va poser problème. Le juriste qu'il est a besoin d'argumenter avant d'amener sa thèse. Le principe qu'Ulpien énonce dans le *Digeste de Justinien* ne peut lui échapper, « quod principi placuit legis habet vigorem »[41], car il est symptomatique de l'absolutisme monarchique et de l'arbitraire qui fait horreur à l'époque : le roi est sans lien avec les lois des hommes. Pour l'essentiel Lemercier de la Rivière reprend l'argumentation de Montesquieu[42] à l'encontre du despotisme et de sa confusion des pouvoirs dans *L'Esprit des lois* ou bien dans les *Lettres persanes* (« Malheureux le roi qui n'a qu'une tête » (Montesquieu 1721, CIII)). Globalement, Montesquieu dénonce l'accaparement du pouvoir aux fins personnelles du despote gouvernant par la peur et la corruption. L'autorité tutélaire du monarque légal est absolue mais bornée par les droits des sujets, c'est en cela qu'elle n'est pas arbitraire. Elle est instituée par les lois (*Les Vœux d'un françois* (Lemercier de la Rivière 2011, p. 93)) et cela éloigne définitivement le despote légal du despote de Montesquieu[43]. Avec le despotisme légal, c'est la loi qui s'impose et doit s'imposer et par ce concept il faut entendre simplement l'empire des lois (naturelles) sur la société humaine : c'est la véritable étymologie de la physio-cratie, la puissance de la

39. *Lettre à Mirabeau du 26 juillet 1767* (Rousseau 1826, p. 171-172, p. 175). Rousseau affirme notamment : « rien ne m'a paru moins évident que le chapitre qui traite de toutes ces évidences » (*ibidem*, p. 171).

40. Constitution de 1791, Chapitre II, Section I, Article 3.

41. « Ce qui plait au prince a force de loi », *Digesta Iustiniani Augusti, Corpus juris civilis,* 1.4. 1.

42. Lorsque Quesnay (dans ses notes sur le *Traité de la monarchie*) rejette le despotisme c'est également sur ce terrain qu'il se place (Charles et Steiner 1999, p. 104-105).

43. Ce n'est pas, pour reprendre une heureuse formule, « la parole du despote légal qui fait la loi, mais c'est la loi qui despotiquement forme la parole du Prince » (Steiner 1984, p. 307).

nature. Tout, y compris le monarque est assujetti à la loi et ainsi le *despotisme légal* n'est que l'expression de la volonté de fonder un état de droit. Ainsi le despotisme légal ne peut désigner « l'autorité d'un prince souverain qui respecte les lois de l'ordre naturel » (Mergey 2007, p. 74) mais plutôt l'autorité des lois y compris sur le monarque. Cela est encore attesté par les propositions de Lemercier de la Rivière à la fin des années quatre-vingts pour la mise en place d'un contrôle constitutionnel. Ce contrôle constitue la principale spécificité de l'apport de Lemercier de la Rivière : le monarque reste un *expert* de la connaissance de l'ordre naturel éventuellement conseillé (par des conseils ou des assemblées) mais surtout surveillé et contenu dans ses prérogatives par un contrôle constitutionnel[44].

Dans l'expression *despotisme légal*, c'est donc plutôt l'épithète qui doit retenir l'attention : c'est la loi (naturelle) qui s'impose (et doit s'imposer) par l'action de l'autorité souveraine ; il est

> impossible que le despotisme des loix ne soit pas personnel à la puissance qui commande et agit d'après l'évidence dont les loix ne sont que l'expression; impossible même d'imaginer un autre despotisme légal que celui qui, par un effet de la force irrésistible de l'évidence, est acquis aux volontés du Souverain avant d'être acquis aux loix positives, c'est-à-dire, avant que ces mêmes volontés soient revêtues de la forme qui leur donne le caractere et le nom de loix.

Ainsi le *despotisme légal* implique un *despotisme personnel* et nous l'avons vu ce « seul mot [...] inspiroit une certaine horreur », ici injustifiée puisque ce *despotisme personnel* est *légal;* par conséquent « dans le despotisme légal l'évidence, qui commande avant que le Souverain ordonne, fait que les volontés du Monarque deviennent les volontés constantes et uniformes de toute la nation » (Lemercier de la Rivière 1767a, p. 182, p. 184-185). Cet état de droit repose sur la convergence des intérêts particuliers. D'emblée, parce qu'il est justifié par l'évidence, le despotisme légal se présente comme un despotisme métaphysique (Jaÿ 1905, p. 39-40), mais son fondement est le droit et de ce point de vue domine sa dimension politico-institutionnelle. Enfin, par réaction aux critiques, souvent superficielles nous l'avons noté, les membres de l'Ecole vont

44. Pour le développement de ce point voir Herencia 2011 (Partie III, *passim*).

rapidement mobiliser d'autres véhicules pour exprimer le concept : « autorité tutélaire unique » ou encore « monarchie économique »[45].

UN DESPOTISME PHYSIOCRATIQUE COMME ALTERNATIVE AU DESPOTISME ÉCLAIRÉ.

Dans *Despotisme de la Chine*, Quesnay présente et développe le concept mais n'utilise jamais l'expression et s'appuie sur *despotes légitimes* une seule fois au commencement de son texte. Si l'on s'en tient à la stricte définition, le despotisme de Quesnay est admis par la loi, il est conforme à l'équité, à la justice, à la raison, tandis que le despotisme de Lemercier de la Rivière est établi par la loi. Dans le premier cas, il est fait appel aux critères permettant d'admettre le despotisme, dans le second, celui-ci est simplement reconnu par la loi sans préjuger des critères autorisant cette reconnaissance et *in fine* il est la loi même. Finalement, le despotisme *légal* de Lemercier de la Rivière est lié à la question du fondement juridique, tandis que le despotisme *légitime* de Quesnay renvoie à la conformité à la justice comme norme de la loi, il est donc médiatement *légal*.

Nous avons indiqué, dans la première section que Lemercier de la Rivière, en matière de droit positif, distingue la *raison* et la *lettre* de la loi. Il différencie ainsi *l'esprit* de la loi de sa *portée*. Lorsqu'il s'attache à démontrer qu'avec le *despotisme légal*, le despotisme est la loi même, il cherche à en établir *la raison*, *l'esprit* et travaille sur le même plan que Montesquieu : il est en capacité de se mesurer au Président. Dans le modèle que Lemercier de la Rivière propose, la loi même est la conseillère du prince ; bien plus, ce dernier est l'obligé universel de la loi naturelle. C'est là *l'esprit* des lois que l'Economiste propose comme alternative à la conception de Montesquieu et, pour ce qui concerne la *lettre* de la loi, il va développer, dans ses écrits ultérieurs, la mise en place d'un contrôle constitutionnel. Le *despotisme légal* est alors un concept théorique riche dont l'idée générale est d'extraire tout arbitraire du politique en assujettissant ce dernier à la loi. Par contre, lorsque Quesnay cherche à établir la conformité du

45. Certains sont déjà utilisés : « autorité tutélaire » apparait dès 1764 dans le Chapitre IX de la *Philosophie rurale* que publie Mirabeau.

despotisme (*légitime*) qu'il appelle de ses vœux pour établir le gouvernement le plus adapté et le plus avantageux au « royaume agricole » de France, il débat de la *lettre* de la loi. Quesnay est-il simplement prudent, au regard de ses fonctions officielles, lorsqu'il renonce à utiliser la terminologie de Lemercier de la Rivière pour un concept dont il a lui même forgé les prémisses ou bien tient-il à marquer sa différence intellectuelle ? Si ces analyses témoignent de la complémentarité des travaux, il est difficile, à défaut d'informations plus précises permettant de reconstituer l'histoire de ces travaux et de leur conduite de conclure en termes de véritable divergence ou de stratégie concertée. Mais cette dernière posture aurait sans doute incité les deux Economistes à recourir à une terminologie commune.

Pour reprendre les termes de Charles et Steiner, depuis les travaux de Louis Dumont et de Pierre Rosanvallon, la théorie du *despotisme légal* est lue comme « théorie du refoulement du politique » par absorption complète de ce domaine dans l'économique de Quesnay (Charles et Steiner 1999, p. 83). C'est la portée que l'on peut effectivement attribuer au despotisme *légitime* de Quesnay : le despotisme est admissible lorsqu'il est conforme aux intérêts économiques du gouvernement d'un royaume agricole. Par contre, le *despotisme légal* de Lemercier de la Rivière, en formulant la nécessité de fonder un état de droit construit une théorie du primat du politique : sans une structuration physiocratique du politique (le despotisme légal) les objectifs économiques (l'abondance matérielle) resteront hors de portée. Par ailleurs, les études de Keith Baker (Baker 1990) montrent l'influence importante de la physiocratie sur la pensée politique révolutionnaire. Sur ce dernier point, il est possible de retenir la thèse de Thierry Demals : la physiocratie n'a pas directement influencé la Révolution française (Du Pont de Nemours avoue lui même n'avoir été que rarement écouté par l'Assemblée) mais une rencontre a eu lieu entre les propositions physiocratiques et révolutionnaires parce qu'elles étaient libérales (Demals 2004, p. 307). L'article de Charles et Steiner propose de clarifier ce paradoxe en montrant que les travaux de Quesnay sur le despotisme légal sont un positionnement à l'égard de Montesquieu et de Rousseau, que ces textes de Quesnay préparent ceux des disciples d'après 1767 et que les travaux de l'Ecole dans leur ensemble ont influencé la pensée politique pré-révolutionnaire et révolutionnaire (Charles et Steiner 1999, p. 84).

En dépit des écarts analytiques que nous avons présentés, despotisme légitime et despotisme légal restent proches et porteurs, à des niveaux différents, des principes d'une Ecole physiocratique œuvrant à imposer un cadre intellectuel au projet économique qu'elle développe. Ce despotisme se révèle être une solide alternative à la figure, plus informelle et imparfaitement définie à cette époque, du despotisme éclairé appelée par Diderot ou Voltaire. Les travaux de ces derniers restent fragmentaires et ne permettent pas d'isoler cet idéaltype. Ce qui dissocie d'abord le despote légal du despote éclairé est le caractère systématique, coordonné, scientifique de son action, tandis que le second est empiriste, recourant à des moyens d'orientation libérale. Un autre élément de distinction est la fin économique recherchée par le despote physiocratique, ce qui n'est pas nécessairement le cas du despote éclairé. Ainsi, la différence entre despote éclairé et despote légal (ou légitime ici pour retenir la variante proposée par Quesnay) est, peut-être fondamentalement, entre fin et moyen : le premier recherche dans son action éclairée (pilotée) par les Lumières, la réalisation possible des droits naturels de l'homme, tandis que le second voit, dans cette réalisation, l'accomplissement possible d'un ordre économique favorable au bonheur matériel de l'homme.

Pour achever, notons que le XVIIIe siècle connaît en tout cas un nombre important de candidats au titre de despote éclairé : Catherine II de Russie (la Sémiramis du Nord), Joseph II d'Autriche, Gustav III de Suède, Charles III d'Espagne, Christian VII du Danemark, Stanislas-Auguste de Pologne ou encore Charles-Emmanuel III de Savoie. Le premier d'entre eux, est peut être Pierre-le-Grand qui invoquait lui-même Gottfried Wilhelm Leibniz. « Le défaut était là; la philosophie croyait se servir des Rois, et c'étaient les Rois qui se servaient d'elle » (Hazard 1963, p. 329). Une seconde interrogation est formulée par Michel Vovelle pour qui une question de fond reste sans réponse : pourquoi la France n'a-t-elle pas connu le despotisme éclairé ? Il esquisse une double réponse qui ne fait que déplacer le questionnement initial : une telle conception ne pouvait-elle se déployer que dans un cadre autocratique sans contre-forces puissantes et sans véritable bourgeoisie ? Même un despotisme légal à la française n'a pu s'imposer (Vovelle 1972, p. 35) et ce, en dépit des efforts constitutionnels que Lemercier de la Rivière va déployer jusqu'à la fin de sa vie.

RÉFÉRENCES

ANTOINE Michel. 1989, *Louis XV*. Paris : Fayard.

ARENDT Hannah. 1963. *Essai sur la révolution*. Paris : Gallimard, (trad. fr. 1985).

BAKER Keith, BURGUIÈRE André, GAUCHET Marcel, LUCAS Colin et MANIN Bernard. 1990. « Révolution et spécificité nationale, modèle anglo-saxon et différence française ». *Droit et société*, 14 : p. 55-75.

BAUDEAU Nicolas. 1768a, *Avis aux honnêtes gens qui veulent bien faire*. Paris : Desaint.

—. 1768b. *Résultats de la liberté et de l'immunité du commerce des grains, de la farine et du pain*. Paris : Desaint.

BLUCHE François. 1968. *Le Despotisme éclairé*. Paris : Hachette, (rééd. 2000).

—. 1986. *Les Magistrats du Parlement de Paris au XVIIIe siècle*. Paris : Economica.

CHARLES Loïc et STEINER Philippe. 1999. « Entre Montesquieu et Rousseau. La physiocratie parmi les origines intellectuelles de la Révolution française ». *Les Etudes Jean-Jacques Rousseau*, 11 : p. 83-159.

Constitution française du 3 septembre 1791.

CROCKER Lester Gilbert. 1963. *Nature and Culture, Ethical Thought in the French Enlightenment*. Baltimore : John Hopkins Press.

DEMALS Thierry. 2004. « Une Economie politique de la nation agricole sous la Constituante ? ». *Revue française d'histoire des idées politiques*, 20 : p. 307-334.

DU PONT DE NEMOURS Pierre Samuel. 1767. *Lettre à Lemercier de la Rivière, novembre 1767*, Wilmington : Hagley Museum and Library, Wmss, Group 2, Series A, W2-11, 16 p.

—. Pierre Samuel. 1768. *De l'Origine et des progrès d'une science nouvelle*. Paris : Librairie Paul Geuthner, (rééd. 1910).

EINAUDI Mario. 1938. *The Physiocratic Doctrine of Judicial Control*. Cambridge : Harvard University Press.

FACCARELLO Gilbert et STEINER Philippe. 2010. « La Philosophie économique et la monnaie en France, 1750-1776 : les enjeux d'une mutation ». Numéro spécial de *Studies on Voltaire and the Eighteenth Century*. Oxford : The Voltaire Foundation.

FESSARD Pascal. 2012. « A Propos du travail stérile, les idées physiocratiques en débat », dans Christophe Lavialle, *Le travail en question. XVIIIe-XXe siècle*. Paris : Presses universitaires de France.

GALIANI Ferdinando. 1770. *Dialogues sur le commerce des bleds*, dans Gustave de Molinari, *Mélanges d'économie politique*, tome II. Osnabrück, (rééd. 1966).

GALITZINE Dimitri Alexeïevitch. 1767a. *Lettre à Panine du 21 mai 1767*. Archives de Moscou, RGADA, fonds 395/1, n° 121, f° 3 et 4, 4 p.

—. 1767b. *Lettre à Panine du 21 juin 1767*. Archives de Moscou, RGADA, fonds 395/1, n° 121, f° 8, 2 p.

—. 1767c. *Lettre à Panine du 5 juillet 1767*. Archives de Moscou, RGADA, fonds 395/1, n° 121, f° 10-11, 2 p.

GOYARD-FABRE Simone. 1972. *La Philosophie des Lumières en France*. Paris : Klincksieck.

GRIMM Friedrich Melchior von. 1882. *Correspondance littéraire, philosophique et critique*, volumes VII et VIII. Nendeln : Kraus, (rééd. 1968).

GROTIUS Hugo. 1625. *Le Droit de la guerre et de la paix, tome premier.* Paris : Guillaumin, (rééd. 1867). Edition latine : Hugonis Grotii, *De ivre belli ac pacis. Libri tres. In quibus ius naturæ et gentium : item iuris publici præcipua explicantur*, Parisiis, Nicolaum Buon, 1625.

HAZARD Paul. 1963. *La Pensée européenne au XVIIIe siècle.* Paris : Fayard, (rééd. 2006).

HERENCIA Bernard. 2011. *Physiocratie et gouvernementalité : l'œuvre de Lemercier de la Rivière.* Thèse pour le doctorat en sciences économiques, Université de Paris Ouest Nanterre La Défense.

—. 2012. « Le Séjour du Physiocrate Lemercier de la Rivière en Russie (1767-1768) ». *Dix-huitième siècle*, 44 : p. 621-658.

JAŸ François. 1905. Le Système physiocratique et sa critique par Adam Smith. Lyon : Schneider.

KAPLAN Steven Laurence. 1979. *La Bagarre, Galiani's "lost" parody.* La Hague : Martinus Nijhoff.

LA HARPE Jean-François. 1825. *Philosophie du dix-huitième siècle*, tome premier. Paris : Depelafol.

LARRÈRE Catherine. 1999. « Qu'est-ce qu'un bon gouvernement ». *Economie et société, « Œconomia »*, 29 : p. 7-27.

LAVERGNE Léonce de. 1870. *Les Economistes français du dix-huitième siècle.* Genève : Slatkine, (rééd. 1970).

LE BEAU Charles et AMEILHON Hubert-Pascal. 1757-1817. *Histoire du Bas-Empire, commençant à Constantin-le-Grand*, 29 volumes. Paris : Desaint et Saillant.

LEMERCIER DE LA RIVIÈRE Paul Pierre. 1765. « Observations sur le mémoire intitulé Rélexions d'un citoyen, relativement à l'admission des Etrangers à la concurrence dans le fret pour l'exportation de nos grains ». *Journal de l'agriculture du commerce et des finances*, tome III : p. 100-146.

—. 1767a. *L'Ordre naturel et essentiel des sociétés politiques.* Paris : Paul Geuthner, (rééd. 1910).

—. 1767b. *Lettre à Nigon du 19 octobre 1767.* Archives de Moscou, RGADA, fonds 11/1, n° 1035, f° 9 et 10, 4 p.

—. 1767c. *Lettre à Panine du 15 novembre 1767.* Archives de Moscou, RGADA, fonds 11/1, n° 686, f° 2 à 6, 7 p.

—. 1770. *L'Intérêt général de l'État.* Amsterdam et Paris : Dessaint.

—. 1772. *L'Intérêt commun des Polonois.* Archives nationales, Liasse K1317 n° 15, 108 p.

—. 1787-1789. *Canevas d'un code constitutionnel, Œuvres politiques (1787-1789).* Genève : Slatkine, (recueil 2011).

—. 1792. *L'Heureuse nation.* Paris : Buisson.

LE ROY Charles Georges. 1768. « Lettre de M. K. au chevalier de *** au sujet des Doutes de M. l'Abbé de Mably ». *Ephémérides du citoyen*, tome VI, 1768 : p. 126-165.

MABLY Gabriel Bonnot de. 1768. *Doutes proposés aux philosophes économistes, sur l'ordre naturel et essentiel des sociétés politiques*, dans *Œuvres complètes*, volume XI. Lyon : Delamollière, (rééd. 1792).

MALVACHE Jean-Luc. 1993. « Correspondance inédite de Mably à Fellenberg 1763-1778 ». Francia, *Forschungen zur westeuropäischen geschichte*, 19/2 : p. 47-94.

MARKOVITS Francine. 2002. « Lemercier de la Rivière (1719-1801) ». *Corpus :* p. 63-73.

MAY Louis-Philippe. 1935. *L'Ancien Régime devant le mur d'argent.* Paris : Alcan.

—. 1975. *Le Mercier de la Rivière (1719-1801), Aux origines de la science économique.* Paris : CNRS.

MERGEY Anthony. 2007. *L'État des physiocrates : Autorité et décentralisation.* Aix-en-Provence : Presses universitaires d'Aix-Marseille.

MIRABEAU Victor Riqueti de. 1756. *L'Ami des hommes.* Avignon : s. n.

—. 1760 et 1776. *Théorie de l'impôt, avec Supplément.* Aalen : Scientia verlag, (rééd. 1972).

—. 1764. *Philosophie rurale.* Amsterdam : Les Libraires associés.

—. et François QUESNAY. 1757-1759. *Traité de la monarchie (1757-1759).* Paris : L'Harmattan, (1re éd. 1999).

MONTESQUIEU Charles-Louis de. 1721. *Lettres persanes.* Paris : Larousse, (rééd. 2006).

—. 1758. *De l'Esprit des lois.* Paris : Garnier-Flammarion, (rééd. 1979).

PERROT Jean-Claude. 1992. *Une Histoire intellectuelle de l'économie politique. XVIIe-XVIIIe siècle.* Paris : EHESS.

PLATON. *L'État, ou La République*, traduction de Jean-Nicolas Grou. Paris : Lefèvre, (éd. 1840).

QUESNAY François. 1888. *Œuvres économiques et philosophiques*, publiées sous la direction d'Auguste Oncken. Paris : Peelman.

—. 2005. *Œuvres économiques complètes et autres textes.* Paris : INED, (recueil 2005).

RICHTER Melvin. 2002. « Histoire des concepts et abus des mots ». *Dix-huitième siècle*, 34 : p. 370-388.

ROUSSEAU Jean-Jacques. 1826. *Correspondance*, dans *Œuvres complètes*, tome XXIV. Paris : Dalibon.

—. 1865. *Correspondance, J.-J. ses amis et ses ennemis*, tome second. Paris : Michel Lévy Frères.

SCHELLE Gustave. 1888. *Du Pont de Nemours et l'Ecole physiocratique.* Paris : Guillaumin.

—. 1907. *Le Docteur Quesnay.* Paris : Alcan.

SCHUMPETER Joseph Aloys. 1954. *Histoire de l'analyse économique*, tome III. Paris; Gallimard, (trad. 2004).

STEINER Philippe. 1984. « Régulation despotique ou despotisme légal ?, commentaire sur une interprétation récente du Tableau économique ». *Revue d'économie politique*, 2 : p. 301-308.

STEINHAUER Alfred. 1997. *Le « Parti » physiocratique et la formation de l'opinion publique dans la France prérévolutionnaire.* Thèse de doctorat en sciences politiques, Université Paris I.

THÉRÉ Christine et Charles LOÏC. 2008. « The Writing Workshop of François Quesnay and the Making of Physiocracy ». *History of political economy*, 40 : p. 1-42.

TOCQUEVILLE Alexis de. 1856. *L'Ancien Régime et la révolution.* Paris : Flammarion, (rééd. 1985).

TURGOT Anne-Robert-Jacques. 1844. *Œuvres.* Osnabrück : Zeller, (rééd. 1966).

VAUGUYON Paul François de la. 1768. « Les Doutes éclaircis, ou réponses à M. l'abbé de Mably ». *Ephémérides du citoyen*, tomes III, IV, V, VI, VII, et VIII : p. 193-312, 225-262, 208-258, 218-259, 166-218 et 105-144.

VAUVILLIERS Jean-François. 1769. *Examen historique et politique du gouvernement de Sparte.* Paris : Desaint.

VOLTAIRE. 1888-1895. *Œuvres complètes*, volumes XII, XX, XXIV, XXIX, XXX, XXXI, XLI et XLII. Paris : Hachette.

VOVELLE Michel. 1972. *La Chute de la monarchie.* Paris : Seuil, (rééd. 1999).

WEULERSSE Georges. 1910a. *Le Mouvement physiocratique en France de 1756 à 1770.* Genève : Slatkine, (rééd. 2003).

Weulersse Georges. 1910b. *Les Manuscrits économiques de François Quesnay et du marquis de Mirabeau aux Archives nationales*. Paris : Geuthner.

Weulersse Georges. 1931. *Les Physiocrates*. Paris : Droin.

Weulersse Georges. 1959. *La Physiocratie à la fin du règne de Louis XV (1770-1774)*. Paris : PUF.

IDÉOLOGIE, SUJET ET SUBJECTIVITÉ EN THÉORIE MARXISTE : MARX ET ALTHUSSER

RICHARD SOBEL*

Résumé

Cet article examine comment l'approche structuraliste d'Althusser transforme le concept d'idéologie chez Marx. Ce dernier distingue deux fonctions : l'idéologie-description/distorsion et l'idéologie-légitimation/reproduction, mais l'articulation qu'il propose ne semble pas aboutie car elle maintient en arrière-plan une anthropologie phénoménologique des « individus vivants ». En faisant du « sujet » la production de l'idéologie par le mécanisme d'interpellation des individus, Althusser propose de déconstruire cet impensé marxien du « sujet constituant » pour lui substituer une théorie générale du « sujet constitué », théorie plus en phase avec la Science de l'Histoire que Marx a inauguré. Reste à savoir si le « sujet » épuise toutes les dimensions de la « subjectivité », c'est-à-dire si la lecture « structuraliste » peut se passer de la lecture « phénoménologique » de Marx.

Mots clef : Idéologie, sujet, interpellation, Marx, Althusser

Abstract

This article examines how Althusser's structuralist approach transforms the marxian concept of ideology. Marx distinguishes two functions : The ideology description/distortion and the ideology legitimization/reproduction. But the articulation which he proposes does not seem succeeded because it maintains in background a phenomenological anthropology. By making of the

* CLERSE (UMR 8019 CNRS), Faculté des Sciences Economiques et Sociales de l'Université Lille 1 richard.sobel@univ-lille1.fr. Une première version de cet article a bénéficié des remarques et critiques de deux rapporteurs anonymes que je remercie. Je reste cependant le seul responsable des lacunes et limites de cette nouvelle version.

"subject" the production of the ideology by the mechanism of "interpellation", Althusser suggests to deconstruct the Marxian approach of the "constituent subject" to substitute for it a general theory of the "constituted subject", a theory more in accordance with the science of history which Marx inaugurated. It remains to be seen whether the "subject" exhausts all the dimensions of the "subjectivity", that is to say, whether the "structuralist" approach can do without the "phenomenological" approach of Marx or not.

Key words : Ideology, subject, interpellation, Marx, Althusser

Classification JEL : B 14 ; B 24 ; B 51

« L'homme, qu'il soit syndicaliste ou analyste, est par nature un animal idéologique. » (Althusser 1993, p. 278)

INTRODUCTION

Dans l'histoire intellectuelle du marxisme, Louis Althusser[1] marque une rupture profonde que l'on repère communément en qualifiant son intervention d'interprétation structuraliste de Marx. Celle-ci opère pour l'essentiel à deux niveaux, épistémologique et théorique. À l'intérieur de l'œuvre de Marx, Louis Althusser (1965a) a identifié une rupture épistémologique entre, d'une part, les œuvres de jeunesse, notamment *Les manuscrits de 1844* et *L'idéologie allemande* (1845), dans lesquelles la théorie économique émergente se mélange encore à des considérations d'anthropologie générale, et, d'autre part, les œuvres de maturité, notamment *Le Capital* (1867), dans lesquelles la théorie économique se purifie de tout discours « préscientifique » pour devenir enfin une véritable science historique des modes de production. Mais Louis Althusser ne s'est pas simplement contenté d'intervenir sur le plan épistémologique (Dews 1994) en inaugurant une lecture « structuraliste » de Marx et en traçant une ligne de démarcation entre cette lecture et la lecture préscientifique qu'il qualifie d'« humaniste » et que Raymond Aron

1. S'agissant des aspects biographiques, on pourra se reporter à l'autobiographie d'Althusser (1992) et à sa biographie par Yann Moulier Boutang (1992). Pour une mise en perspective de l'œuvre d'Althusser dans l'histoire du marxisme, voir Constenzo Preve (2011), et dans l'histoire intellectuelle contemporaine, voir Gregory Eliott (1987, 1994).

(1970) qualifie de lecture « phénoménologique » de Marx. Il est aussi l'auteur d'une contribution « positive » à la théorie sociale marxiste, une théorie de l'idéologie, c'est-à-dire, comme nous le développerons, une théorie des formes de conscience du monde et des formes d'individuation réflexive des humains en société. C'est à cette théorie althussérienne de l'idéologie qu'est consacré cet article, et en particulier au lien problématique qu'elle entretient avec ce sur quoi elle fait fond, l'interprétation structuraliste de Marx.

La forme la plus aboutie de cette théorie est exposée dans un célèbre article d'abord publié en 1970 dans la revue *La Pensée*, « Idéologie et appareil idéologique d'État » puis repris dans un recueil d'articles (Althusser 1976, p. 79-137). Cet article est composé de fragments de textes dont l'ensemble compte près de 300 pages et a été publié de façon posthume et l'initiative de Jacques Bidet, sous le titre *Sur la reproduction* (Althusser 1995). On peut s'interroger sur le statut exact de cette contribution althussérienne, au regard même des critères althussériens de lecture de l'œuvre de Marx. La notion d'idéologie est introduite par Marx dans *L'idéologie allemande* (écrit avec Engels) et, comme le remarque Etienne Balibar,

> bien qu'il n'ait cessé de décrire et de critiquer des idéologies particulières, Marx, après 1846 et en tout cas après 1852, n'a plus jamais employé ce terme [...]. Ce n'est pas à dire que les problèmes découverts sous le nom d'idéologie aient purement et simplement disparu : ils seront repris sous le nom de fétichisme [...] Il ne s'agit pas d'une pure variante de terminologie, mais bien d'une alternative théorique [...]. (Balibar 1993, p. 42)

Il y a pour le moins un paradoxe à vouloir contribuer à la « science marxiste » en développant un concept issu de l'anthropologie marxiste, domaine « préscientifique » que l'on a précisément écarté pour purifier le développement théorique. Nous voudrions ici risquer à notre tour une « lecture symptômale » d'Althusser en montrant que sa théorie de l'idéologie témoigne de l'ambiguïté de sa lecture structuraliste vis-à-vis de la question du sujet, mieux même : vis-à-vis de la question de la subjectivité. Pour l'interprétation structuraliste, le recours explicatif aux catégories d'anthropologie générale est inutile, voire nuisible, car il conduit à adopter le point de vue illusoire de l'individu, ou plus précisément du sujet constituant, alors même qu'il conviendrait de construire une théorie sociale des modes de subjectivation propres à la superstructure, c'est-à-dire du sujet constitué comme effet-support de l'infrastructure, notamment des rapports sociaux de production[2]. Ce n'est pas que la perspective structuraliste néglige ou invalide la dimension pratique de l'existence humaine ; mais sa rupture épistémologique avec la perspective phénoménologique la conduit paradoxalement à formuler une théorie générale de la pratique en dehors de toute anthropologie centrée sur les individus vivants (ce qu'Althusser appellera le « procès sans sujet »). On peut alors se demander si cette perspective est complètement tenable ou, au contraire, si elle n'indique pas une limite au projet structuraliste de relecture intégrale de Marx. Même si, dans le cadre d'un article d'histoire de la pensée marxiste, nous allons nous attacher essentiellement à la genèse, la construction et l'explicitation interne de la position d'Althusser, nous nous permettrons en conclusion de formuler quelques remarques concernant les apports et limites, en théorie sociale, de son approche de la subjectivation.

Dans une première partie, nous exposerons la position de Marx concernant la question de l'idéologie, afin de comprendre de quoi Althusser « hérite » précisément et à partir de quoi il travaille. La position de Marx n'est certes pas complètement homogène, ni même complètement aboutie ; mais il est selon nous possible, à partir de quelques grands textes, d'en dégager les traits saillants, ceux dont Althusser se ressaisira un siècle plus tard en court-circuitant la sédimentation des diverses interprétations des marxistes qui sont pour lui autant d'obstacles qu'il faut franchir pour opérer un « retour à Marx ». Ces traits saillants sont, d'une part, l'identification d'une fonction anthropologique transhistorique de l'idéologie (idéologie-description/distorsion), et d'autre part, l'identification d'une fonction sociopolitique de l'idéologie (l'idéologie-légitimation/reproduction). A ce niveau, notre analyse reprend, explore et approfondit ce qu'on appelle le « paradoxe de Mannheim ». Dans *Idéologie et utopie* (1922), ce sociologue allemand remarque que le sujet humain entretient un rapport problématique avec le réel, via le rôle

2. En cela, et plus largement, ce marxisme entendait s'inscrire pleinement dans le projet structuraliste tel qu'il domine la pensée française des années 1960-1970 (Dosse 1992).

de distorsion aliénante que joue toujours déjà l'imagination comme faculté de son esprit. Il nous faut nous confronter à ce paradoxe que Ricœur (1997) dans son commentaire de Mannheim reformule dans toute la radicalité du vertige auquel il conduit : « Si tout ce que nous disons est biaisé, si tout ce que nous disons représente des intérêts que nous ne connaissons pas, comment avoir une théorie de l'idéologie qui ne soit pas elle-même idéologique » (p. 26). Chez Ricœur, le dépassement de ce paradoxe s'opère suivant deux perspectives : d'une part, celle, épistémologique, dans la veine de Bachelard (1938) ou Canguilhem (1986), de l'opposition entre idéologie et science ; d'autre part celle, pragmatique, de l'opposition entre idéologie et praxis, ou pour employer la terminologie de Ricœur, activité symbolique et théorie de l'action. C'est une autre perspective que nous nous proposons d'explorer ici, celle, transversale, de la constitution du sujet dont la problématicité est selon nous au cœur de l'intervention d'Althusser. Dans une deuxième partie, nous examinerons la question de savoir si cette intervention est une simple reformulation, un approfondissement conséquent ou bien un déplacement radical de la conception de Marx. Pour ce faire, nous serons amenés à déconstruire son intervention et nous montrerons notamment que l'apport essentiel d'Althusser consiste dans l'articulation entre, d'une part, son interprétation de la psychanalyse de Lacan et, d'autre part, son interprétation structurale du matérialisme historique de Marx. A l'interface de ces deux interprétations jaillit l'originalité de ce qui peut se présenter comme une sorte de « bricolage » théorique. Nous expliciterons cette originalité en commentant sa célèbre thèse : « L'idéologie interpelle l'individu en tant que sujet », thèse dans laquelle l'idéologie-description et l'idéologie-légitimation sont articulées intimement alors que chez Marx elles semblent juxtaposées. Si cette articulation dynamise l'approche de Marx, elle n'épuise pas complètement la question du sujet, et peut-être même perd quelque chose d'essentiel qui sous-tendait la position de Marx. Nous verrons que l'une des limites de la théorie althussérienne est sa reprise partielle de la conception lacanienne du sujet : là où Lacan, mobilisant la phénoménologie hégélienne qu'il reçoit de Kojève, élabore la perspective d'un sujet toujours problématique dont la compréhension ne s'épuise jamais dans le seul moment structural, Althusser semble quant à lui se focaliser sur cette seule dimension d'extériorité du processus de subjectivation. En nous appuyant sur des travaux post-althussériens récents (ceux de Judith Butler, notamment), nous défendrons en conclusion l'idée qu'une part du sujet, dans la construction d'Althusser, échappe malgré tout au mécanisme d'interpellation et que d'une certaine manière, Althusser est, dans ce point aveugle de sa pensée, moins « structuraliste » et plus « phénoménologue » qu'on ne le pense.

1. LA POSITION DE LA QUESTION DE L'IDÉOLOGIE CHEZ MARX : IDÉOLOGIE-DESCRIPTION ET IDÉOLOGIE-LÉGITIMATION

Dans la perspective ouverte par les travaux de Condillac, c'est Destutt de Tracy (1801) qui introduit les termes « idéologie » et « idéologiste » en vue de construire une « science des idées », elle-même intégrée comme « partie et dépendance de la physiologie ». Marx et Engels reprennent ce terme d'idéologie, avec le souci généalogique d'assigner aux idées leur origine et leur reprise de ce terme est une étape structurante dans l'histoire de la notion d'idéologie (Labica 1985). Marx a lu Destutt de Tracy, comme on peut le constater dans *Les manuscrits de 1844* (3e manuscrit). Dans *Les Manuscrits*, l'idéologie n'est pas le thème central (mais le processus d'aliénation) et reste pensée pour l'essentiel dans la perspective de Feuerbach (la critique de la religion), comme la bien montrer Paul Ricœur (1997, p. 41-102). Pour nous, suivant en cela Georges Labica (1985) et Paul Ricœur (1997, p. 103-147), c'est dans *L'Idéologie allemande* (avec Engels) que la notion d'idéologie est vraiment développée pour elle-même et que se noue l'essentiel de la problématique marxienne de l'idéologie. C'est cette problématique que nous allons détailler dans cette première section puisque c'est sur ce fond que se construit, se développe et se spécifie la propre problématique d'Althusser. Afin de lever toute ambiguïté, précisons qu'il ne s'agit pas ici de faire l'histoire générale de la notion d'idéologie, tant sur le plan épistémologique (idéologies/sciences) que pratique (idéologies politique et utopie) ; il ne s'agit pas non plus d'en faire l'histoire dans la tradition marxiste depuis Marx et Engels[3]. Du reste, puisque *L'Idéologie allemande* n'a été éditée que de façon posthume, cette histoire est compliquée à reconstruire. Notre ambition est plus limitée sous l'angle de l'histoire des idées et plus resserrée sur le plan philosophique : reconstruire le « dialogue » qu'Althusser entreprend « directement » avec Marx, suivant son injonction du « retour » à Marx, en court-circuitant le « marxisme ». Cette reconstruction passe par l'identification des deux dimensions de l'idéologie chez Marx, ce que nous proposons d'appeler l'idéologie-description/distorsion et l'idéologie-légitimation/reproduction.

La nature de l'idéologie d'un point de vue d'anthropologie générale : l'idéologie-description/distorsion

La notion d'idéologie se présente d'abord comme une notion critique pour une théorie de la connaissance des humains vivant en société. L'ennemi visé est le point de vue spéculatif ou idéaliste qui croit que les « idées mènent le monde »; il faut renverser ce point de vue pour retrouver un mode plus pertinent d'explication des phénomènes sociaux, c'est-à-dire un mode réaliste ou matérialiste. Citons un passage célèbre :

> La production des idées, des représentations et de la conscience est d'abord directement et intimement mêlée à l'activité matérielle et au commerce matériel des hommes, elle est le langage de la vie réelle. [...] Ce sont les hommes qui sont les producteurs de leurs représentations, de leurs idées, etc., mais les hommes réels, agissants, tels qu'ils sont conditionnés par un développement déterminé de leurs forces productives et du mode de relation qui y correspond, y compris les formes les plus larges que celles-ci peuvent prendre. (Marx et Engels 1982, p. 77-78)

La première caractéristique de l'idéologie est donc que son domaine, celui de l'idéalité, de l'imaginaire, de la représentation qui accompagne la vie humaine en société n'est pas autonome, mais est

3. Pour commencer à s'orienter dans ces questions sur ce point, nous nous permettons de renvoyer par exemple à (Capdevila 2004) qui contient une bibliographie importante sur le sujet. S'agissant des liens entre idéologie et doctrines économiques, nous nous permettons de renvoyer à Leroux, Quiquerez et Tosi (2002), et sur l'utilisation de la perspective althussienne en théorie économique radicale, à Foley (1975).

toujours déjà dépendant de la vie réelle. Cette première caractérisation reste générale, aussi est-elle complétée, dans *L'Idéologie allemande*, par quatre autres caractéristiques qui la précisent. La deuxième caractéristique est que l'idéologie est constituée de « reflets » ou d'« échos » du processus de vie réelle.

> On ne part pas de ce que les hommes disent, s'imaginent, se représentent, ni non plus de ce qu'ils sont dans les paroles, la pensée, l'imagination et la représentation d'autrui, pour aboutir ensuite aux hommes en chair et en os; non, on part des hommes dans leur activités réelle; c'est à partir de leur processus de vie réel que l'on se présente aussi le développement des reflets et des échos idéologiques de ce procès vital. Et même les fantasmagories dans le cerveau humain sont des sublimations résultant nécessairement du processus de leur vie matérielle que l'on peut constater empiriquement et qui est lié à des présuppositions matérielles. (Marx et Engels 1982, p. 78)

Plus précisément encore – c'est la troisième caractéristique – l'idéologie est le reflet inversé dans l'imaginaire des rapports réels que les individus entretiennent entre eux dans la réalité, ce que Marx-Engels formulent à partir de la métaphore, devenue depuis célèbre, de la *camera obscura* (Kofman 1973) :

> La conscience ne peut jamais être autre chose que l'Être conscient et l'Être des hommes est leur processus de vie réel. Et si, dans toute idéologie, les hommes et leurs rapport nous apparaissent placés la tête en bas comme dans une camera obscura [chambre noire], ce phénomène découle de leur processus de vie historique, absolument comme le renversement des objets sur la rétine découle de son processus de vie directement physique. (Marx et Engels 1982, p. 78)

En cela, l'idéologie ne jouit d'aucune autonomie, sauf dans le domaine de l'apparence qui s'estompe dès lors que l'on porte son attention sur le processus réel qui a présidé à son élaboration et qui commande son fonctionnement. Ce que l'on peut formuler autrement en indiquant la cinquième caractéristique de l'idéologie, à savoir que l'idéologie n'a aucune histoire, au sens d'histoire qui lui serait propre, indépendante de celle des rapports réels dont elle est le reflet.

> [...] La morale, la religion, la métaphysique et tout le reste de l'idéologie, ainsi que les formes de conscience qui leur correspondent, perdent aussitôt toute apparence d'autonomie. Elles n'ont pas d'histoire, elles n'ont pas de développement; ce sont au contraire les hommes qui, en développant leur production matérielle et leurs rapports matériels, transforment, avec cette réalité qui leur est propre, et leur pensée et les produits de leur pensée. Ce n'est pas la conscience qui détermine la vie, mais la vie qui détermine la conscience. (Marx et Engels 1982, p. 78)

Le concept d'idéologie, à ce niveau de généralité et sous ces cinq caractéristiques, se présente comme un concept à visée transhistorique. Jusqu'à nous y compris – c'est-à-dire nous humains appartenant à des sociétés sous oppression capitaliste –, tous les individus vivant dans les formations sociales-historiques sont concernés par l'idéologie ou, pour le dire autrement, la vie humaine en société fonctionne nécessairement à l'idéologie, comme on dit d'un moteur qu'il fonctionne à l'essence. Ceci se présente, chez Marx-Engels, comme un constat d'anthropologie générale dont l'explication n'est pas donnée. Cette anthropologie générale mobilise la notion d'idéologie en tant que savoir ordinaire qui serait nécessaire aux individus en société, ce qu'Emmanuel Renault (2008) précise en parlant de « description ordinaire » du monde des « individus vivants », et qu'il faut bien comprendre comme étant une idéologie-description qui est toujours déjà distorsion de ce qu'elle entend décrire. Dans le sillage de l'analyse de Paul Ricœur (1997, p. 17-38), nous proposons de parler d'idéologie-description/distorsion. Nous verrons en section 2 ce qu'Althusser apporte de nouveau à ce niveau précis de l'analyse. Pour l'heure, si l'on en reste aux textes de Marx-Engels, il importe d'insister sur le fait qu'il ne faut pas confondre ce niveau anthropologique général avec l'analyse de l'idéologie dans les sociétés particulières, notamment celles qui sont traversées par une oppression de classe (esclavagisme, féodalisme, capitalisme). Dans ces sociétés, l'idéologie possède une fonction spécifique et, concernant celle-ci, Marx-Engels, ont produit un éclairage nouveau et très décapant.

La fonction de l'idéologie d'un point de vue sociopolitique : l'idéologie-légitimation/reproduction

Les thèses de Marx sur le sujet sont connues. Il faut reconnaître qu'elles sont souvent galvaudées, que ce soit sur le plan pratique ou sur le plan théorique. Sous forme parfois caricaturale, elles ont été et continuent d'être mobilisées pour servir de point d'appui à la critique sociale dans le champ militant ou dans celui de l'action politique. Dans le champ académique, elles ont donné lieu à toute une série de déclinaisons, de précisions et de reformulations dans la tradition marxiste *stricto sensu*, mais aussi plus largement au sein des sciences sociales critiques (sociologie, sciences politique, histoire) qui s'en inspirent, voire s'en réclament (par exemple, la sociologie de la domination issue de Pierre Bourdieu (2001) et qui préfère la notion de pouvoir symbolique). Nous nous contentons ici de les rappeler à partir des textes mêmes dont elles sont issues et, partant, d'en délimiter l'exacte portée dans ce seul cadre. Là encore, nous allons procéder par citations, d'une part parce que la popularité de ces thèses a fini par faire en sorte que les textes ne soient plus lus et que l'on manque la vie qui animait le processus de conceptualisation, mais aussi parce que, insistons encore, l'intervention d'Althusser sur le problème de l'idéologie prend directement appui sur elles.

L'idée centrale peut être énoncée de la façon suivante : les pensées dominantes ne sont que l'expression, la transposition ou le reflet, dans l'ordre (déterminé) de l'imaginaire humain, d'une domination dans l'ordre (déterminant) de la réalité sociale.

> Les pensées de la classe dominante sont aussi, à toutes les époques les pensées dominantes, autrement dit la classe qui est la classe dominante de la société est aussi la puissance dominante spirituelle. La classe qui dispose des moyens de la production matérielle dispose, du même coup, des moyens de la production intellectuelle, si bien que, l'un dans l'autre, les pensées de ceux à qui sont refusés les moyens de production intellectuelle sont soumises du même coup à cette classe dominante. (Marx et Engels 1982, p. 121)

Les idées que se fait la classe dominante ont pour fonction de la légitimer dans son être, non seulement aux yeux des classes dominées, mais à ses propres yeux. Une classe domine à un moment donné, dans une situation donnée, c'est-à-dire contingente et historique. C'est un fait. Mais la représentation de cette domination ne va pas de soi. L'intérêt de la classe dominante, pour que celle-ci puisse perdurer en tant que telle, se reproduire dans son être, doit donc être présenté et, partant, se faire reconnaître comme étant finalement, d'une façon ou d'une autre, l'intérêt collectif.

> [...] Chaque nouvelle classe qui prend la place de celle qui dominait avant elle est obligée, ne fût-ce que pour parvenir à ses fins, de représenter son intérêt comme l'intérêt commun de tous les membres de la société, ou, pour exprimer les choses sur le plan des idées : cette classe est obligée de donner à ses pensées la forme de l'universalité, de les représenter comme étant les seules raisonnables, les seules universellement valables. (Marx et Engels 1982, p. 113)[4]

A ce niveau socio-historique, la notion d'idéologie désigne principalement des légitimations dont la fonction est de justifier les intérêts de la classe dominante en les relayant sous une forme symbolique et donc de reproduire, autrement que par l'effet d'une force matérielle explicite (de type militaire ou policière), la domination de classe. Cette légitimation fonctionne en mobilisant des normes transcendantes, comme la religion, la morale, les droits de l'homme, etc. Elle relève d'un effet de structures, au sens où c'est en la rapportant aux structures fondamentale de la domination, dans le processus réel, que l'on peut en rendre compte. Elle est différente de la notion d'idéologie en tant que savoir ordinaire qui serait nécessaire aux individus en société (point 1.1) ou de ce qu'Emmanuel Renault (2008) appelle la « description ordinaire » du monde des individus vivants. Nous proposons de parler d'idéologie-légitimation, et même plus précisément, d'idéologie-légitimation/reproduction. Bien sûr, souligne Emmanuel Renault, il y a une relation entre l'idéologie-description et l'idéologie-légitimation, même si à ce propos les quelques remarques de Marx-Engels, dans *L'Idéologie allemande* nous laissent sur notre faim[5]. Mais cette articulation reste ex post et

4. Par exemple, « au temps où l'aristocratie régnait, c'était le règne des concepts d'honneur, de fidélité, etc., au temps où régnait la bourgeoisie, c'était le règne des concepts de liberté, d'égalité » (Marx et Engels 1982, p. 113).

5. « Si les groupes sociaux sont [...] en lutte pour imposer leur vision du monde et améliorer leur position dans la société, comme l'ont suggéré Marx et Weber avant que Bourdieu n'en fasse un théorie systématique, on peut comprendre que la vision du monde devenue dominante tende à produire des effets de sélection en privilégiant chez ceux qui

quelque peu mécanique. Tout se passe comme si la classe dominante reconfigurait l'idéologie-description/distorsion propre à toute formation sociale en générale en l'investissant de ses propres ressources symboliques en vue de légitimer et reproduire une domination qui, fondamentalement, reste contingente, toujours contestable et donc précaire. L'idéologie-description/distorsion est une forme anthropologique transhistorique (repérée mais, comme telle, non expliquée par Marx-Engels) dont telle ou telle idéologie-légitimation/reproduction (repérée et expliquée par Marx-Engels) est le contenu social-historique qui l'habite. Nous verrons, dans la seconde section, en quoi la théorie althussérienne de l'idéologie propose une articulation plus forte entre l'idéologie-description/distorsion et l'idéologie-légitimation, et ce d'abord et avant tout parce qu'elle propose un fondement théorique à l'idéologie-description/ distorsion.

Ce que nous appelons ici idéologie-légitimation/reproduction se retrouve dans le Livre 1 du *Capital* (1867). Certes – à la différence de *L'idéologie allemande* –, le terme « idéologie » n'est pas explicitement mobilisé, et, de fait, ce terme disparaît. Mais, on peut considérer que l'analyse du fétichisme de la marchandise est l'analyse d'une forme de mystification dont l'effet est la naturalisation des rapports sociaux de production, et donc la légitimation et la reproduction d'un certain ordre social, celui régi par la « loi de la valeur » et arrimé à la logique d'accumulation infini du capital. L'analyse du fétichisme est liée à l'analyse du mode de production capitaliste, et du coup peut être considérée comme une espèce (économique) du genre (socio-historique) « idéologie ». Dans la construction de sa propre théorie générale de l'idéologie[6] qui n'est

---

l'ont intériorisés les types de descriptions qui permettent de la conforter et en marginalisant celles qui tendent à la déstabiliser » (Renault 2008, p. 93).

6. Rappelons qu'il ne faut pas confondre chez Althusser deux types de développements concernant la question de l'idéologie. D'une part, des développements de nature « épistémologiques » qui visent à délimiter la nouveauté de Marx (par rapport aux Classiques) et dans lesquels Althusser aborde la théorie du fétichisme pour souligner qu'elle permet le dépassement des approches en termes de « Robinsonnades » (Althusser 1965b). D'autre part, des développements de théorie sociale à proprement parler, dont l'explicitation est au cœur de cet article, et qui se veulent une contribution propre et positive à une théorie générale de l'idéologie. Mais dans les deux cas, c'est bel et bien la question du sujet qui est transversale.

pas, à proprement parler, une contribution précise à l'analyse économique du capitalisme et de sa reproduction, Althusser ne travaille pas directement avec les développements marxiens sur le fétichisme.

Idéologie, réalité et conscience

L'Idéologie allemande ne propose qu'un concept opératoire de l'idéologie entendu sous ses deux aspects : description/distorsion et légitimation/reproduction, concept dont on peut faire usage dans les sciences qui concernent le monde social-historique. Mais pour comprendre le fondement ontologique de cette question, c'est-à-dire pour comprendre la façon dont Marx problématise le lien entre réalité et représentation, entre être et conscience, il faut mobiliser un texte antérieur de Marx, les *Manuscrits de 1844* et reprendre la théorie de la conscience générique que Marx y développe. Nous allons examiner dans quelle mesure cette théorie peut servir de fondement au concept d'idéologie.

> Dans sa conscience générique, l'homme affirme sa vie sociale concrète et ne fait que répéter dans la pensée son existence réelle; inversement, l'être générique s'affirme dans la conscience générique et il est, dans son universalité, en tant qu'être pensant, l'être pour soi. Par conséquent, tout individu particulier qu'il est – sa particularité en fait précisément un individu et un être individuel de la communauté – l'homme n'en est pas moins la totalité, la totalité idéale, l'existence subjective de la société pensée et sentie pour soi; de même, il contemple à la fois l'existence sociale concrète, et il en jouit réellement en tant que totalité d'énergies humaines. Penser et être sont certes distincts, mais en même temps ils sont unis l'un à l'autre. (Marx 1968, p. 82)

Pour Marx, c'est donc une seule et même chose qui se passe dans la réalité sociale et dans la conscience humaine. Mais cette chose se passe sous deux dimensions différentes, d'une part celle de l'être réel de la société et des rapports concrets que les hommes y entretiennent entre eux et, d'autre part, celle de l'idéalité, de l'être idéel de la conscience, c'est-à-dire les représentations mentales que les hommes ont d'eux-mêmes et de leurs rapports aux autres[7]. Même si elle n'est jamais complètement homogène, pour l'essentiel, la pensée de Marx n'est ni holistique, ni subjectiviste ; elle est principalement relationnelle, comme l'ont très bien souligné, chacun à leur manière, Bertel Ollman (1993) ou Etienne Balibar (1993) en explicitant la 6e thèse sur Feuerbach : « l'essence humaine n'est pas une abstraction inhérente à un individu singulier. Dans sa réalité effective, elle est l'ensemble de rapports sociaux » (Marx 1982, p. 52). Dans *L'Idéologie allemande* sont décrits les principaux types de rapports[8], dont la conscience :

> Et c'est maintenant seulement, après avoir déjà examiné quatre moments, quatre aspects des rapports historiques originels, que nous trouvons que l'homme a aussi de la « conscience ». [...] Mais il ne s'agit pas d'une conscience « pure » [...] C'est d'emblée un produit social et le demeure aussi longtemps qu'il existe des hommes. (p. 89)

Dans un passage biffé, Marx ajoute : « Ma conscience, c'est mon rapport avec ce qui m'entoure. Là où il existe un rapport, il existe pour moi. L'animal n'est en rapport avec rien, ne connaît somme toute aucun rapport. Pour l'animal, ses rapports avec les autres n'existent pas en tant que rapports » (p. 89). La naissance de la conscience est contemporaine de celle du langage et « le langage n'apparaît qu'avec le besoin, la nécessité du commerce avec d'autres hommes » (p. 89). Comme le remarque fort justement Franck Fischbach (2008b) que nous allons suivre ici de près, l'animal et l'homme sont tous les deux pris dans une activité vitale. Pour autant, entre eux, il y a une différence fondamentale. L'animal « est » cette activité et ne s'en différencie pas tandis que l'homme, lui, « a » cette activité. Autrement dit, le déploiement de cette activité vitale propre à l'homme – pour Marx, rappelons-le, il s'agit de l'activité

7. On peut y voir, à juste titre, comme le propose Franck Fischbach (2005), un parallélisme ontologique à la manière de celui que Spinoza a développé dans *l'Ethique* (1983).

8. Les hommes produisent les moyens de satisfaire les besoins (1), ces moyens engendrent à leur tour de nouveaux besoins (2) ; les hommes se reproduisent et entrent dans des relations naturelles dans le cadre de la famille et (3) en produisant et reproduisant leur vie, ils entrent dans des rapports sociaux de coopération (division du travail).

productive[9] – se redouble d'une connaissance dans l'élément de l'idéalité. La conscience est donc bien plus qu'une simple faculté de l'homme. On retrouvera cette idée dans *L'idéologie allemande :*

> Les représentations que se font (les) individus sont des idées soit sur leurs rapports avec la nature, soit sur leurs rapports entre eux, soit sur leur propre nature. Il est évident que, dans tous ces cas, ces représentations sont l'expression consciente – réelle ou imaginaire – de leurs rapports et de leurs activités réels, de leur production, de leur commerce, de leur (organisation) comportement politique ou social. Il n'est possible d'émettre l'hypothèse inverse que si l'on suppose en dehors de l'esprit des individus réels, conditionnés matériellement, un autre esprit encore, un esprit particulier. » (Marx et Engels 1982, note 1, page 77)

Pour autant, ce langage de la vie réel n'est pas, chez Marx, directement assimilé comme tel, ni même, assimilable, à l'idéologie. Comme le remarque Franck Fischbach (2008b), l'expression, mieux l'« émanation » de la vie réelle dans la vie idéelle peut être, nous dit le texte, soit « réelle » soit « imaginaire ». Dans le premier cas, le langage exprime adéquatement le contenu de la vie réelle tandis que dans le second, il l'exprime inadéquatement en lui faisant subir une déformation. Or, il faut bien comprendre que cette déformation n'est pas un mouvement autonome de l'imaginaire, mais qu'il est toujours, pour Marx, l'effet d'une inadéquation qui est déjà dans la vie réelle.

> Si l'expression consciente des conditions de vie réelles de ces individus est imaginaire, si, dans leurs représentations, ils mettent la réalité en bas, ce phénomène est encore une conséquence de leur mode d'activité matériel borné et des rapports sociaux étriqués qui en résultent. (Marx et Engels 1982, note 1, page 77)

---

9. « [...] La nature telle qu'elle se présente "immédiatement", soit comme objectivité naturelle, soit comme subjectivité humaine, bref la "nature prise objectivement aussi bien que subjectivement n'existe pas immédiatement d'une façon adéquate à l'essence humaine" : la médiation, la suppression de cette immédiateté, la négation de cette inadéquation seront l'œuvre du travail. [...] Le monde produit par le travail est seul monde réel pour l'homme, car c'est en lui et à partir de lui que surgit et se coordonne tout ce qui est réalité et valeur, tout ce qui réalise et valorise l'existence humaine. [...] "L'industrie est la révélation exotérique des forces essentielles de l'homme" [...] Ici le travail atteint la plénitude de son être, parce que la nature toute entière y devient l'objet de la domination technique, le "corps inorganique de l'homme" » (Papaouiannou 1983, p. 89-91).

L'idéologie au sens de légitimation/reproduction d'un ordre social-historique aliénant est donc le produit d'une vie qui précisément est vécue dans des conditions ne permettant pas l'épanouissement individuel. On a là, en fait, une reformulation différente, plus qu'une théorisation nouvelle, de l'articulation entre l'idéologie description/distorsion et l'idéologie légitimation/reproduction. *Les Manuscrits de 1844* ne contiennent pas le fondement théorique du concept opératoire d'idéologie exposé dans *L'Idéologie Allemande*. Mais il y a plus. La perspective des *Manuscrits de 1844* présuppose une anthropologie de référence, une anthropologie « normative ». Cette anthropologie permet de comprendre en quoi et comment, dans la réalité vécue, toutes les potentialités contenues dans la praxis humaine ne parviennent pas à se développer[10]. Mais cette anthropologie ne contient pas les éléments nécessaires à l'analyse de la déformation dont nous parlons et c'est du côté de sa théorie sociale (y compris d'abord, on le sait, du côté de sa théorie économique) qu'il faut aller les chercher. Même s'ils creusent un peu la question du rapport des individus à l'imaginaire, *Les Manuscrits de 1844* n'apportent donc pas véritablement de réponse à la question de savoir ce qui fonde anthropologiquement l'idéologie-description / distorsion. Ce qui semble assez peu élaboré chez Marx (c'est un constat, pas un reproche), c'est l'articulation entre les deux niveaux – anthropologique et socio-historique – en une théorie

10. Chez Marx, c'est du côté de la philosophie du travail qu'il convient d'aller chercher les ressorts de cette anthropologie. Quelques mots sont nécessaires pour préciser ce point (Pour plus de développement, cf. Berthoud (2002)). On trouve chez Marx une détermination générale du travail, valable pour toutes les périodes de l'histoire humaine, et donc quels que soient les modes de production sous lesquelles se présente le travail collectif. Certes, la philosophie du travail, comprise comme discours qui explicite une définition unique et universelle du travail, n'a pas toujours existé comme telle dans l'histoire des hommes. Certes, toutes les sociétés n'ont pas explicité cette notion pour elle-même et seules nos sociétés modernes, dominées par le capitalisme et sa catégorie de travail abstrait, ont mis explicitement le travail au cœur du lien social et de la construction identitaire des individus. Mais il ne saurait y avoir de société qui n'est fait, d'une manière ou d'une autre, l'expérience du travail sous sa forme générale. Chez Marx, la notion générale de travail combine deux aspects ; l'un est instrumental et productif (chapitre 6 du Livre 1 du *Capital*), l'autre subjectif et créatif (*Manuscrits de 1844*). « C'est précisément en façonnant le monde des objets que l'homme commence à s'affirmer comme être générique. [...] Grâce à cette production, la nature lui apparaît comme son œuvre et sa réalité. [...] L'homme ne se recrée pas seulement d'une façon intellectuelle, dans sa conscience, mais activement, réellement, et il se contemple lui-même dans un monde de sa création » (Marx 1968, p. 64).

générale de l'idéologie. Comme nous l'examinerons en détail dans la section 2, il semble qu'Althusser ait essayé de produire une telle théorie, mais en privilégiant le moment « structural » au détriment de la dimension « anthropologique ». Ce qui présente un double risque : ou bien un risque d'incomplétude (par rapport à quoi la déformation idéologique est-elle un problème ?), voire d'incohérence (en quoi une théorie de la structure peut-elle être un point d'appui pour une critique sociale ?) ; ou bien un risque d'impensé anthropologique (quelle est donc cette idée non aliénée de l'humain en société que l'on a malgré tout en arrière-plan de l'analyse socio-historique de l'idéologie ?). Peut-être la position d'Althusser est-elle (trop) dépendante de la façon dont il mobilise les développements « plus structuraux » de Marx. Pour comprendre ce dernier point, un dernier détour par Marx s'impose encore, avant de passer à l'analyse d'Althusser à proprement dite.

Idéologie et superstructure

Dans *La critique de l'économie politique* (1959), Marx suggère une perspective causale, qui va installer, de façon assez forte et durable, la tradition marxiste d'analyse des phénomènes idéologiques sur la voie d'une simple explication en termes de reflet.

> Dans la production sociale de leur existence, les hommes nouent des rapports déterminés, nécessaires, indépendants de leur volonté; ces rapports de production correspondent à un degré donné du développement de leurs forces productives matérielles. L'ensemble de ces rapports forme la structure économique de la société, la fondation réelle sur laquelle s'élève un édifice juridique et politique, et à quoi répondent des formes déterminées de la conscience sociale. Le mode de production de la vie matérielle domine en général le développement de la vie sociale, politique et intellectuelle. Ce n'est pas la conscience des hommes qui détermine leur existence, c'est au contraire leur existence sociale qui détermine leur conscience. (Marx 1963, p. 272-273)

Dans ce texte, la société est envisagée comme une totalité ayant une certaine autonomie ontologique et articulant, d'une part, une base ou (infra) structure – pour l'essentiel, le mode de production – et, d'autre part, ce que l'on peut appeler une superstructure juridique et politique, y compris les « formes de conscience ». Sur le fait que celle-ci (l'infrastructure) conditionne celle-là (la superstructure), il n'y a pas vraiment de débats chez les marxistes. Le débat commence lorsqu'il s'agit de savoir si c'est une détermination unilatérale et directe ou s'il s'agit d'un conditionnement plus subtil, ce que l'on finira par appeler « une détermination en dernière instance », expression ambiguë, dont l'une des propriétés est de laisser à la possibilité de penser quelque chose comme des marges de manœuvre aux acteurs dans l'histoire. Le mode de production est défini comme la combinaison, toujours historiquement déterminée, d'un certain niveau technique de forces productives et d'une certaine configuration de rapports sociaux de production (Abelès 1985). Par forces productives, il faut entendre tout ce qui constitue le processus de travail collectif dans une société donnée à un moment donné, à savoir les objets que le travail modifie, les moyens (notamment la force de travail, les niveaux de qualification et l'état des techniques) que le travail mobilise, et les résultats auxquels conduit le processus. Par rapports de production, il faut entendre le type de rapports sociaux qui structurent les relations interindividuelles à l'occasion de la production, essentiellement les rapports de propriété. Bien sûr, ces rapports sociaux de production ont des conséquences sur d'autres aspects de l'économique comme la distribution des ressources et leur consommation. Cette articulation constitue la matrice de ce qui va devenir la conception matérialiste dominante de l'idéologie dans la tradition marxiste jusqu'à aujourd'hui, à travers les sciences humaines et sociales, de la théorie littéraire à l'histoire en passant par l'anthropologie, la sémiologie, la psychanalyse, la sociologie et l'économie :

> La réalité des phénomènes idéologiques est la réalité objective des signes sociaux. Les lois de cette réalité sont les lois de la communication sémiotique et sont directement déterminées par l'ensemble des lois sociales et économiques. La réalité idéologique est une superstructure située directement au-dessus de la base économique. La conscience individuelle n'est pas l'architecte de cette superstructure idéologique, mais seulement un locataire habitant l'édifice social des signes idéologiques. (Bakhtine 1977, p. 31)

Aujourd'hui, ces débats et leur formulation peuvent donner l'impression d'appartenir au passé glorieux de la « French Theory » (Cusset 2003), et donc d'être dépassés. Le retour de l'acteur dans les sciences sociales et ce qu'on a pu appeler le tournant « herméneutique » (Ricœur 1983) ont contribué à rééquilibrer l'analyse des phénomènes humains en société du côté « herméneutique » alors que les années 1960-1970 avaient semble-t-il vu le triomphe du moment « structural » (sous différentes formes et notamment : linguistique, anthropologique, psychanalytique, économique). Pour autant, rééquilibrage ne signifie pas disparition comme par magie du problème de l'idéologie. Ce n'est pas parce qu'on affaiblit la prégnance « structurale » et que l'on revalorise la dimension « herméneutique » que l'on élimine de cette dernière toute forme d'illusion de l'acteur sur lui-même, sur les autres et, plus largement, sur la société. C'est dire tout l'intérêt qu'il peut y avoir aujourd'hui à expliciter la position d'Althusser, pour autant qu'on ne la réduit pas – comme c'est devenu le cas très majoritairement – au rang d'avatar du moment « structural » des années 1960-70, avant le retour triomphant de l'acteur dans les années 1980.

2. L'INTERVENTION D'ALTHUSSER DANS LA THÉORIE MARXIENNE DE L'IDÉOLOGIE : SIMPLE REFORMULATION, APPROFONDISSEMENT OU DÉPLACEMENT ?

C'est dans cette configuration théorique héritée de Marx que se situe l'intervention d'Althusser à propos de l'idéologie. Qu'apporte-t-il précisément ? Pour nous, Althusser introduit la catégorie de sujet dans la problématique de Marx et met l'accent sur le lien entre l'idéologie[11] et l'individu (en tant que son individualisation passe par sa transformation en sujet). Jusqu'à Althusser et s'agissant de la question de l'idéologie, pour le dire vite, on avait, d'un côté, les états de conscience, les formes imaginaires et, de l'autre côté, les individus, lesquels étaient donnés dans l'analyse, sans théorie capable de rendre compte de leur individualité. Nous allons, dans cette section, expliciter les apports et mais aussi mettre en évidence les ambiguïtés et les limites de cette théorie althussérienne de l'idéologie. Elle s'est

11. Sous les deux aspects exposés en section 1 : l'idéologie description/distorsion (désormais idéologie au sens 1 dans cette section 2) et l'idéologie légitimation/ reproduction (désormais idéologie au sens 2 dans cette section 2).

élaborée en plusieurs temps durant les années 1960, et pour la présenter nous allons suivre les grandes étapes de son élaboration.

Les quelques thèses éparses du Pour Marx

Avant les travaux sur Marx, début des années 1960, notamment rassemblés dans le *Pour Marx*, la notion d'idéologie n'est pas vraiment présente dans les premières publications d'Althusser, notamment son *Montesquieu, la politique et l'histoire* (1959). Dans ces travaux sur Marx (Althusser 1965a, 1965b), sa théorie de l'idéologie reste prise dans la matrice infrastructure-superstructure, Althusser innovant simplement par sa redéfinition de la structure. Ce qu'il dit de l'idéologie se présente sous une forme ramassée dans l'article « Marxisme et humanisme » (Althusser 1965a, p. 238-243). Il n'y a rien de neuf dans la définition générale, sauf peut-être ceci qui marque l'empreinte de la lecture structuraliste qu'Althusser est alors en train d'élaborer : l'idéologie n'est pas un attribut d'individus vivants en société – comme c'est le cas dans *L'Idéologie allemande* de Marx-Engels –, mais un attribut des sociétés elles-mêmes. Dans sa plus grande généralité, Althusser définit une idéologie comme

> un système (possédant sa logique et sa rigueur propre) de représentation (images, mythes, idées ou concepts selon les cas) doué d'une existence et d'un rôle historiques au sein d'une société donnée. Sans entrer dans le problème des rapports d'une science à son passé idéologique, disons que l'idéologie comme système de représentations se distingue de la science en ce que la fonction pratico-sociale l'emporte en elle sur la fonction théorique (ou fonction de connaissance). (Althusser 1965a, p. 238)

La dimension transhistorique de l'idéologie (Idéologie au sens 1) est soulignée clairement, indépendamment de la dimension qu'elle peut prendre lorsqu'elle fonctionne, en plus, comme dissimulation-légitimation d'un système oppressif dans une société historique donnée (Idéologie au sens 2). Cette dimension transhistorique est soulignée en indiquant que l'idéologie sera encore présente dans une société libérée de toute oppression, comme la société que vise à construire l'utopie communiste :

> L'idéologie fait donc organiquement partie, comme telle, de toute totalité sociale. Tout se passe comme si les sociétés humaines ne pouvaient subsister sans ces formations spécifiques, ces systèmes de

> représentations (de niveau divers) que sont les idéologies. Les sociétés humaines secrètent de l'idéologie comme l'élément et l'atmosphère même indispensables à leur respiration, à leur vie historique […] Le matérialisme historique ne peut concevoir qu'une société communiste puisse jamais se passer d'idéologie, qu'il s'agisse de morale, d'art, ou de « représentation du monde » […]. (Althusser 1965a, p. 238-239)

La production de l'idéologie est pensée dans le cadre de la détermination « structurale » initiée par Marx. Cette détermination est elle-même coextensive à l'histoire, et peut, par surcroît, contenir une forme d'oppression spécifique, celle dont relève l'idéologie au sens 2. Celle-ci peut disparaître avec la révolution prolétarienne et l'instauration d'une société communiste, mais l'idéologie au sens 1 ne disparaît jamais, même dans une société émancipée.

> Les « sujets » de l'histoire sont des sociétés humaines données. Elles se présentent comme des totalités, dont l'unité est constituée par un certain type spécifique de complexité, mettant en jeu des instances qu'on peut schématiquement, à la suite d'Engels, réduire à trois : l'économie, la politique et l'idéologie. […] Dans l'état actuel de la théorie marxiste, prise dans sa rigueur, il n'est pas concevable que le communisme, nouveau mode de production, impliquant des forces de production et des rapports de production déterminés puisse se passer d'une organisation sociale de la production, et de formes idéologiques correspondantes. (Althusser 1965a, p. 238-239)

Les individus et leurs consciences sont des catégories de pensée appartenant à l'anthropologie générale et donc, pour Althusser, sont des catégories préscientifiques qui en restent à la surface des phénomènes sociaux. Pour Althusser, il faut que l'analyse se déplace à l'arrière-plan et montre comment ces individus sont saisis par l'idéologie, véritable structure qui s'impose « inconsciemment » à eux et qui produit leurs formes de conscience. Les individus ne sont donc pas des sujets constituants, autonomes, réflexifs, transparents à eux-mêmes et transparents les uns aux autres ; bien au contraire, les individus sont des sujets constitués, supports de l'idéologie globale qui est là pour les intégrer au fonctionnement de la société

> L'idéologie (comme système de représentations de masse) est indispensable à toute société pour former les hommes, les

> transformer et les mettre en état de répondre aux exigences de leurs conditions d'existence. (Althusser 1965a, p. 242)

> Dans une société de classe, l'idéologie est le relais par lequel, et l'élément dans lequel, le rapport des hommes à leurs conditions d'existence se règle au profit de la classe dominante. Dans la société sans classe, l'idéologie est le relais par lequel, et l'élément dans lequel, le rapport des hommes à leurs conditions d'existence se vit au profit de tous les hommes. (Althusser 1965a, p. 242-243)

Les hommes vivent leur rapports au monde « à travers et par l'idéologie » (p. 240). Comme Marx-Engels le soulignaient sans le développer et en tirer les conséquences dans *L'Idéologie allemande*, il s'agit d'un double rapport, d'un rapport complexe, d'un rapport qui n'est jamais direct et purement instrumental (c'est-à-dire complètement maîtrisable par les individus[12]) :

> Dans l'idéologie, les hommes expriment [...] non pas leur rapport à leurs conditions d'existence, mais la façon dont ils vivent leur rapport à leurs conditions d'existence : ce qui suppose à la fois rapport réel et rapport « vécu », « imaginaire ». L'idéologie est, alors, l'expression du rapport des hommes à leur « monde », c'est-à-dire l'unité (surdéterminée) de leur rapport réel et leur rapport imaginaire à leurs conditions d'existence réelles. [...] Les hommes qui se serviraient d'une idéologie comme pur moyen d'action, d'un outil, se trouvent pris en elle, et concernés par elle au moment même où ils s'en servent, et s'en croient maîtres sans appel. (p. 240-241)

Pour bien comprendre le sens de ce double rapport, il faut préciser qu'Althusser redéfinit précisément la totalité sociale dont Marx n'a fait qu'esquisser la structuration (infrastructure et superstructure). Pour Althusser, toute société doit être analysée comme un « tout complexe déjà donné, articulé selon une structure à dominante ». Cette topique sociale est, pour Althusser relisant Marx, profondément différente de la totalité hégélienne, sous la perspective de laquelle la notion de société chez Marx est interprétée le plus souvent par les commentateurs de la tradition marxiste, selon Althusser. La conception hégélienne fait de la société une entité homogène et centrée sur un seul principe, à savoir un noyau dur

12. C'est dire si l'on est loin de la perspective, même idéale, d'une entente communicationnelle comme celle que développe J. Habermas (1981).

central qui concentre la puissance expressive et une périphérie qui déploie l'expression[13]. Au contraire, pour Althusser, c'est l'hétérogénéité qui caractérise intrinsèquement toute société. Dans toute société, il faut distinguer de multiples instances hiérarchisées, des niveaux de pratiques[14] organisées en infra et superstructure, avec une domination en dernière instance de celle-là sur celle-ci.

> La « pratique sociale », l'unité des pratiques existant dans une société déterminée, comporte ainsi un nombre élevé de pratiques distinctes. Cette unité complexe de la « pratique sociale » est structurée [...] de sorte que la pratique déterminante en dernier ressort y est la pratique de transformation de la nature (matière première) donnée, en produits d'usage par l'activité des hommes existants, travaillant par l'emploi méthodiquement réglé de moyens de production déterminés, dans le cadre de rapports de production déterminés. Outre la production, la pratique sociale comporte d'autres niveaux essentiels : la pratique politique [...] qui transforme sa matière première : les rapports sociaux, en un produit déterminé (de nouveaux rapports sociaux), la pratique idéologique (l'idéologie, qu'elle soit religieuse, politique, morale, juridique ou artistique, transforme elle aussi son objet : la « conscience » des hommes); et enfin la pratique théorique. (Althusser 1965a, p. 113)

Ces différentes instances, c'est-à-dire ces différents niveaux de pratiques, sont reliés par des rapports de détermination réciproque, qui ne sont jamais définitifs et complètement univoques. Du coup, les instances sont relativement autonomes; il n'y a pas simplement détermination, mais pour Althusser qui forge ainsi un nouveau

---

13. Pour plus de développement, il faut se reporter à un autre texte d'Althusser, dans lequel il analyse la différence entre la conception du temps chez Hegel et celle de Marx (« Le marxisme n'est pas un historicisme », *in* Althusser (1965b)).

14. « Par pratique en général, nous entendons tout processus de transformation d'une matière première déterminée, en un produit déterminé, transformation effectuée par un travail humain déterminé, utilisant des moyens (de « production ») déterminés. Dans toute pratique ainsi conçue, le moment (ou l'élément) déterminant du processus n'est ni la matière première, ni le produit, mais la pratique au sens étroit : le moment du travail de transformation lui-même, qui met en œuvre, dans une structure spécifique, des hommes, des moyens et une méthode technique d'utilisation des moyens. Cette définition générale de la pratique inclut en soi la possibilité de la particularité : il existe des pratiques différentes, réellement distinctes, bien qu'appartenant organiquement à une même totalité complexe » (Althusser 1965a, p. 113).

concept, surdétermination, ce qui se marque notamment par la présence de contradictions propres à la superstructure (p. 112-113).

> Il faut bien dire que la théorie de l'efficace spécifique de la superstructure et autres « circonstances » reste à élaborer; et avant la théorie de leur efficace ou en même temps (car c'est par le constat de leur efficace que l'on peut atteindre leur essence) la théorie de l'essence propre des éléments spécifiques de la superstructure. (Althusser 1965a, p. 113)

De ce qui précède, on peut tirer quatre idées principales. (1) Althusser s'appuie sur la définition générale de l'idéologie de Marx-Engels, sous ses deux formes (idéologie-description/ distorsion, idéologie-légitimation/reproduction) ; (2) il reprend à son compte, prolonge voire radicalise la critique marxienne de la conscience comme ordre de l'illusion, et plus largement la critique de l'idéalisme de la conscience constituante, du sujet autonome et du libre arbitre; (3) il s'inscrit dans la perspective topologique de Marx (infrastructure-superstructure) et problématise sur cette base la question de l'idéologie; mais (4) sa problématisation de la totalité sociale comme « tout social complexe structuré à dominante », l'insistance sur l'autonomie relative de l'instance idéologique et la thèse selon laquelle l'instance idéologique est une pratique et donc produit quelque chose de spécifique, tout cela conduit à penser qu'Althusser sort la théorie de l'idéologie du cadre dans lequel Marx et Engels l'ont posée dans *L'Idéologie allemande.*

Dès lors, tout le problème est de comprendre ce que produit exactement comme pratique sociale. C'est la seule façon de construire une théorie spécifique de l'idéologie. Or, pour Althusser, c'est précisément ce que Marx ne fait pas et, dans les catégories qui sont les siennes, c'est précisément ce qu'il ne peut pas faire. Il faut donc mobiliser d'autres catégories pour le faire. C'est du côté de la psychanalyse lacanienne, qui se développe dans les années 1960 en France, qu'Althusser va trouver les moyens conceptuels pour construire une théorie marxiste de l'idéologie, c'est-à-dire comme nous allons maintenant le voir, de repenser de fond en comble la catégorie de sujet en tant que sujet constitué.

Le passage par la psychanalyse lacanienne et la problématique de la construction du sujet

Dans le *Pour Marx*, l'idéologie constitue le milieu nécessaire à toute forme humaine de vie sociale. Au début des années 1960, dans deux articles (Althusser 1964, 1996), Althusser analyse l'apport révolutionnaire, pour les sciences sociales, des découvertes de Freud et de leur théorisation par Jacques Lacan (1966). Pour Louis Althusser, Lacan a montré que l'objet de la psychanalyse, dans une perspective ouverte par Freud et sa découverte de l'inconscient, consiste à rendre compte du « devenir-humain » du « petit d'homme », c'est-à-dire du devenir humain de cet être « purement » biologique qu'est d'abord l'enfant[15]. Or, ce devenir humain n'est rien d'autre qu'un devenir-sujet, c'est-à-dire l'assujettissement à l'ordre humain en tant qu'il s'agit du positionnement de l'enfant dans un ordre symbolique. Pour Lacan[16], cet ordre symbolique est celui du langage, l'homme étant un « parl'être ». Ce néologisme est forgé par Lacan et signifie que l'homme est pour l'essentiel un être de langage, un être en proie au langage, c'est-à-dire un être vivant toujours déjà pris dans l'élément du langage. Althusser va se saisir de cette dimension pour élaborer une théorie marxiste de l'idéologie, mais au prix d'une réduction de l'ambiguïté dans laquelle Lacan avait d'emblée penser la condition humaine.

> C'est là, sans doute, la part la plus originale de l'œuvre de Lacan : sa découverte. Ce passage de l'existence (à la limite purement) biologique, à l'existence humaine (enfant d'homme), Lacan a montré qu'il s'opérait sous la Loi de l'Ordre que j'appellerai Loi de la

15. Bien sûr, cette présentation temporelle (« d'abord ») est ici purement « pédagogique », pour présenter le processus d'anthropofacture, puisque, si l'on suit Althusser et Lacan, il n'y a pas d'extériorité « naturelle » au monde humain. Nous ne discutons pas ici cette position, nous contentant de renvoyer, pour initier une discussion critique, aux travaux de François Flahault (2007).

16. Althusser ne dispose pas, au moment où il écrit, des textes de Lacan rassemblés dans les *Ecrits* (1966) et encore moins de la transcription des séminaires de Lacan. Il ne dispose que de quelques articles dispersés, dont : « Le stade du miroir comme formateur de la fonction du je », « La parole et le langage en psychanalyse », et « L'instance de la lettre dans l'inconscient ». L'origine du concept lacanien de symbolique vient sans doute de sa lecture de *L'anthropologie structurale* de Claude Lévi-Strauss (1958), notamment l'article « L'efficacité symbolique ». Pour plus de développement sur ces liens, voir Roudinesco (1993).

> Culture, et que cette Loi de l'Ordre se confondait dans son essence formelle avec l'ordre du langage. (Althusser 1964, p. 30)

Ce passage se structure en deux temps[17] : (1) celui de l'imaginaire de la relation préœdipienne, où l'enfant n'a affaire qu'à sa mère, avec laquelle il se représente former un tout fusionnel et « vit cette relation duelle sur le mode de la fascination imaginaire de l'ego, étant lui-même cet autre, tel autre, tous les autres de l'identification narcissique primaire, sans pouvoir jamais prendre vis-à-vis de l'autre ni de soi la distance objectivante du tiers » (Althusser 1964, p. 30) et (2) celui de la structure ternaire « œdipienne », orchestrée par la « spaltung » (la césure violente), c'est-à-dire l'introduction de l'enfant dans l'Ordre symbolique par la figure du Père (réel ou institutionnel). Cette introduction sort l'enfant du piège narcissique duel et lui donne accès au langage objectivant, ce langage « qui lui permettra enfin de dire : je, tu, il ou elle, qui permettra donc au petit être de se situer comme enfant humain dans un monde de tiers adultes » (Althusser 1964, p. 31). Cet ordre symbolique, précise Althusser, est celui de « la norme humaine (les normes de rythmes temporels de l'alimentation, de l'hygiène, des comportements, des attitudes concrètes de la reconnaissance), – l'acceptation, le refus, le oui et le non à l'enfant n'étant que la menue monnaie, les modalités empiriques de cet Ordre constituant, Ordre de la Loi et du Droit d'assignation attributoire ou exclusive » (Althusser 1964, p. 31).

On sait que chez Lacan (1966) le « stade du miroir » constitue le point nodal dans la constitution du sujet et de son entrée dans le monde humain. Althusser mobilise ce concept, mais sans s'y attarder particulièrement, et surtout, il ne le mobilise que partiellement. Or, comme nous le verrons lorsque nous examinerons les apories et limites de sa problématique du sujet, il est clair qu'Althusser est passé à côté de l'ambiguïté inaugurale sous laquelle Lacan s'efforce de penser l'origine et la constitution du sujet humain. Dans Althusser (1964), le sujet se constitue uniquement en extériorité, dans un rapport à « l'Autre » (l'« Ordre », la « Culture ») et du coup, il ne peut pas être autre chose qu'un sujet social, de part en part

17. Nous ne discutons pas ici l'exactitude de la reprise par Althusser des concepts d'imaginaire et de symbolique de Lacan. Au moment où Althusser le lit, Lacan continue à travailler sa triade Réel-Imaginaire-Symbolique.

assujetti aux appareils idéologiques d'État, comme nous le préciserons plus loin dans l'analyse de Althusser (1976). Or, l'apport de Lacan, c'est d'avoir montré que c'est dans le rapport intrinsèque du sujet « individuel » à lui-même comme autre que l'on peut alors pensé quelque chose comme l'avènement d'un sujet « social ». Dans son éclairant commentaire sur lequel nous nous appuyons ici, Bertrand Ogilvie (1987) souligne que, chez Lacan,

> le sujet n'est si facilement saisi dans la totalité de son étendue par les déterminations de la culture que parce qu'il porte déjà en lui cette altérité, qui elle-même est l'effet de la présence de ce champ dans lequel il surgit et qui l'environne de toute part. [...] Si la genèse du sujet part du dehors (de la nature négative et de la situation [de dépendance] du sujet humain), la question du sujet s'inaugure d'elle-même. (Ogilvie 1987, p. 96-97)

D'où vient cette altérité ? Rappelons quelques connaissances empiriques à partir desquelles Lacan va construire sa théorie dans les années 1930. Très tôt, par des cris ou diverses expressions du visage, l'enfant témoigne d'un intérêt pour son image, que ce soit dans un miroir ou dans le visage d'un autre qui lui renvoie l'image d'un autre lui-même. Avant Lacan, la psychologie s'intéressait à la question de savoir si l'enfant se rend compte qu'il s'agit d'une image (et non pas d'une chose) et que cette image est bel et bien la sienne (et non pas l'image d'une autre chose). Peu importe pour Lacan, qui insiste sur une autre observation : quand le chimpanzé cesse de s'intéresser à son image une fois comprise son inanité, l'enfant lui continue. Lacan y voit le mouvement d'une recherche de soi dans l'élément ou dans un rapport à l'extériorité.

Or, précisément, il va problématiser cette recherche de soi en mobilisant *La phénoménologie de l'esprit*. Fin des années 1930 à L'Ecole Pratique des Hautes Etudes, Lacan était un auditeur assidu du séminaire dans lequel Alexandre Kojève (1947) commentait ce texte de Hegel (Auffret 1990, p. 251-263 ; Macherey 1991, p. 315-321 ; Roudinesco 1993, p. 125-150). Il insiste sur l'idée que la conscience ne parvient jamais à se saisir elle-même, qu'elle n'est qu'une opération répétée et désespérée pour exister comme singularité, et que donc, lors de son surgissement au monde, l'être de l'humain est toujours déjà divisé et ne peut que courir indéfiniment derrière cette division d'avec lui-même sans jamais la résorber. Ce qui nous importe ici, ce n'est pas de juger la pertinence de la lecture de Hegel par Kojève, mais d'insister sur le fait que c'est bel et bien à partir de cette structure « tragique » de la condition humaine qu'il importe de Hegel via Kojève que Lacan bricole sa propre théorie du sujet pour intervenir dans le champ qui est le sien, celui de la psychanalyse. Le stade du miroir n'est pas un stade du développement du « petit d'homme » ayant vocation à être dépassé, mais une structure indépassable au cœur de la condition-sujet de l'être humain, à savoir ce qu'Hegel relu par Kojève appelle « aliénation », que Lacan renommera plus tard « séparation » ou « refente », et dont il fera la pierre angulaire de sa propre théorie de l'inconscient[18]. Le sujet ne se préexiste jamais à lui-même, mais se « précipite » (métaphore chimique de Lacan) indéfiniment dans l'élément du langage, sans jamais « s'attraper ».

> L'assomption jubilatoire de son image spéculaire par l'être encore plongé dans l'impuissance motrice et la dépendance du nourrissage qu'est le petit homme à ce stade infans, nous paraîtra dès lors manifester en une situation exemplaire la matrice symbolique où le je se précipite en une forme primordiale, avant qu'il ne s'objective dans la dialectique de l'identification à l'autre et que le langage ne lui restitue dans l'universel sa fonction de sujet. (Lacan 1966, p. 94)

On sait que Lacan va mobiliser la linguistique de Saussure et le structuralisme de Lévi-Strauss pour élaborer le second moment de sa théorie du sujet[19], à savoir l'inscription de l'impossible mouvement de la saisie de soi dans l'élément du langage (Roudinesco 1993, p. 269-290 ; Dor 2002). Si l'on revient à Althusser, il faut donc considérer que son importation du sujet lacanien est pour le moins incomplète, puisqu'il laisse de côté l'ancrage phénoménologique pour se centrer sur le seul moment structural. Reprenons la construction althussérienne. Une fois toutes ces étapes franchies par le « petit d'homme » sous la conduite de la Loi réglant l'ordre humain de la culture[20], celui-ci devient un homme. En utilisant une

---

18. « L'instance de la lettre dans l'inconscient ou la raison depuis Freud » (1957), repris dans (Lacan 1966, p. 493-528).

19. *Cf.* « Fonction et champ de la parole et du langage en psychanalyse » (1953), repris dans (Lacan 1966, p. 237-322).

20. C'est-à-dire l'ordre du « code d'assignation, de communication et de non communication humain, ces satisfactions portent en elles la marque indélébile et constituante de la

formulation lacanienne, Althusser appelle également ce discours de la Loi : « le discours de l'Autre ». Ce n'est pas le lieu ici de développer pour elle-même l'interprétation althussérienne de la psychanalyse lacanienne[21]. Il nous importe seulement d'insister sur un point : c'est dans cette interprétation qu'Althusser trouve le moyen de problématiser une théorie spécifique de l'idéologie dans le champ de la science sociale marxiste. De même que, pour la psychanalyse lacanienne, l'ordre du langage préexiste toujours déjà à chaque humain que cet ordre accueille, saisit, construit et, littéralement, fait être[22], de même, pour la théorie marxiste, l'idéologie concerne tout membre d'une société en l'intégrant toujours déjà dans un ordre de représentation. Bien sûr, cette analogie engage un partage des tâches théorique : la notion d'inconscient n'est pas complètement superposable à la notion d'idéologie, même si les liens entre les deux sont étroits ; ce qui fait, pour Althusser, de l'articulation de la psychanalyse au marxisme un enjeu important au cœur des sciences de l'homme et de la société. En pleine « fièvre » structuraliste, Althusser a, sans doute, un moment caressé l'ambition d'une anthropologie générale qui intégrerait ensemble les concepts d'idéologie et d'inconscient, anthropologie dont le centre de gravité pourrait être une « théorie générale » du signifiant, la théorie de l'inconscient et celle de l'idéologie n'étant plus que des « théories régionales » :

> Il est absolument indispensable de mettre sur pied une théorie des discours, pour pouvoir définir différentiellement les discours spécifiques que sont [...] le discours scientifique, le discours esthétique, le discours idéologique, le discours inconscient (je laisse de côté le discours philosophique qu'il faut sans doute distinguer du discours scientifique comme tel). (Althusser 1993, p. 162)

Loi humaine, qui comme toute loi, n'est ignorée de personne, surtout de ces ignorants, mais peut être tournée ou violée par chacun, surtout par ses purs fidèles » (Althusser 1964, p. 32).

21. Pour plus de développement sur le rapport d'Althusser à la psychanalyse, voir les textes rassemblés dans (Althusser 1993).

22. En effet pour Lacan et Althusser qui le suit complètement sur ce point, il ne saurait y avoir d'être proprement humain autrement que comme un être vivant qui est tout à la fois « parlé » (on parle de lui, on parlait de lui avant sa naissance, on parlera de lui après sa mort) et « parlant » (il parle, il parle des autres).

Mais ce projet n'est pas allé au-delà des remarques développées dans ce texte de 1966 non publié du vivant d'Althusser. A cela, il y a des raisons de fond et des raisons plus « conjoncturelles ». Sur le plan de la conjoncture « intellectuelle », le milieu des années 1960 est certes le moment où Althusser et Lacan entretiennent une correspondance (Roudinesco 1993, p. 383-402). Mais, comme le souligne E. Roudineco, « à l'évidence, Lacan ne s'intéressait nullement à la pensée d'Althusser et ne croyait pas à son projet de refonte du marxisme. Une seule chose était en jeu [pour Lacan]… les élèves de l'ENS. Il savait qu'Althusser les avait éveillés à sa doctrine et espérait trouver en eux de futurs disciples suffisamment formés à la philosophie pour être capable non seulement de le lire, mais de donner à sa pensée et à son mouvement, un nouveau souffle » (p. 392). Quant aux raisons de fond, elles sont liées à la façon dont Althusser problématise cette affaire en continuant à rabattre – sans plus de procès – le sujet « social » sur le sujet « individuel », sans chercher à problématiser davantage cette tension dont nous avons vu, qu'initialement, Lacan avait cherché à explorer, dans le sillage de Hegel relu par Kojève, toute la profondeur et toute l'ambiguïté. Pour autant, c'est bel et bien dans ce texte, qu'Althusser va s'appuyer sur son interprétation de la révolution lacanienne en psychanalyse pour énoncer pour la première fois sa contribution propre à la théorie marxiste de l'idéologie. Celle-ci se ramène aux idées suivantes : (1) L'épaisseur propre et l'autonomie relative de l'idéologie vient de ce qu'elle est représentation de représentation ; (2) A ce niveau, elle fonctionne par l'effet-sujet et l'interpellation. Nous allons les expliciter dans le point suivant, tout en gardant bien à l'esprit que la focalisation sur le seul moment structural constitue la principale limite sur laquelle nous reviendrons en conclusion.

La formulation radicale des thèses althussériennes dans « Idéologie et appareils idéologiques d'État » (1970)

Ce texte est sans doute le texte publié qui est le plus abouti sur la théorie de l'idéologie. Conformément à la façon dont procède Althusser, trois thèses principales se dégagent, thèses dont l'emboîtement constitue les temps fort d'une théorie positive de l'idéologie.

L'idéologie a une matérialité propre qui consiste dans les « appareils idéologiques d'État
L'idéologie est une représentation » du rapport imaginaire des individus à leurs conditions réelles d'existence
L'idéologie interpelle les individus en tant que sujets

Première thèse. L'idéologie ne flotte pas dans les têtes ou au-dessus des têtes, elle n'existe que sous la forme de conduites, de pratiques, de dispositions socialement instituées, qui sont déployées dans toute une série d'institutions spécifiques qu'Althusser appelle les « appareils idéologiques d'État » (AIE). A ce niveau de l'analyse, nous nous situons dans la topique sociale marxienne (revisitée par Althusser), topique dans laquelle la superstructure, en tout cas dans les sociétés de classes (le pouvoir de la classe dominante s'incarnant dans la forme-État du politique) déploie toute une série d'« appareils d'État ». On peut les regrouper en deux grands types. D'une part, il y a les appareils répressifs d'État (ARE), comme « le Gouvernement, l'Administration, l'Armée, la Police, les Tribunaux, les Prisons », et qui sont répressifs en ce que « l'appareil d'État en question fonctionne à la violence, du moins à la limite (car la répression, par exemple administrative, peut revêtir des formes non physiques) » (Althusser 1976, p. 96). D'autre part, il y a les « appareils idéologiques d'État », qui se présentent de façon dispersée tandis que les ARE semblent davantage faire corps. Si l'on situe dans nos sociétés actuelles (à l'époque où écrivait Althusser), il s'agit d'

> un certain nombre de réalités qui se présentent à l'observateur immédiat sous la forme d'institutions distinctes et spécialisées [...]. Nous pouvons pour le moment considérer comme Appareils Idéologiques d'État les institutions suivantes [...] : l'AIE religieux (le système des différentes églises), l'AIE scolaire (le système des différentes « Ecoles », publiques et privées), l'AIE familial, l'AIE juridique, l'AIE politique (le système politique, dont les différents partis), l'AIE syndical, l'AIE de l'information (presse, radio-télé, etc.), l'AIE culturel (Lettres, Beaux-arts, sports, etc.). [...] Ce qui distingue les AIE de l'appareil répressif d'État, c'est la différence fondamentale suivante : l'Appareil répressif d'État « fonctionne à la

> violence », alors que les Appareils idéologiques d'État fonctionnent à l'idéologie[23]. (Althusser 1976, p. 97-98)

C'est dire si les AIE sous-tendent les représentations ou les croyances subjectives qui sont nécessaires à la reproduction du tout social, c'est-à-dire, dans la topique marxienne, les rapports sociaux de production. Il y a un régime ontologique particulier pour l'imaginaire qui est donc irréductible à l'ordre simple de la représentation du réel, y compris cette représentation inversée qui affecte la conscience dans l'analyse de l'idéologie telle que *L'Idéologie allemande* la fait fonctionner.

Deuxième thèse. Avec les AIE, l'idéologie est envisagée dans sa fonction pratico-sociale. La deuxième thèse est en discussion avec ce qu'Althusser appelle l'interprétation « herméneutique » de l'idéologie, et qu'il fait remonter à Feuerbach (dont la lecture par le Marx de *L'idéologie allemande* a, selon Althusser, un effet sur la pertinence de sa théorie). Dans cette interprétation, on considère que l'idéologie est une « représentation du monde » et l'on regarde ces conceptions de l'extérieur comme des formes imaginaires d'illusion, « ne correspondant pas à la réalité » (Althusser 1976, p. 115). Bien sûr, dans ce type d'approche de l'idéologie, sous le biais de cette représentation, on peut toujours retrouver la vraie « réalité ». Mais, pour Althusser,

> cette interprétation laisse malheureusement en suspens un petit problème : pourquoi les hommes « ont-ils besoin » de cette transposition imaginaire de leurs conditions réelles d'existence pour se « représenter » leurs conditions d'existence réelle ? (Althusser 1976, p. 115)

L'idéologie a une épaisseur propre (et, nous le verrons dans la thèse (3), une production propre) car elle est un rapport (imaginaire) de rapport (au réel), et pas « simplement » un rapport imaginaire au réel. La déformation ne vient pas du simple passage par l'imaginaire, mais du doublement du rapport.

---

23. En fait, « tous les appareils d'État fonctionnent à la fois à la répression et à l'idéologie, avec cette différence que l'Appareil (répressif) d'État fonctionne de façon massivement prévalente à la répression, alors que les Appareils Idéologiques d'État fonctionnent de façon massivement prévalente à l'idéologie » (Althusser 1976, p. 102).

> Pour parler le langage marxiste, s'il est vrai que la représentation des conditions d'existence réelles des individus occupant des postes d'agents de production, de l'exploitation, de la répression, de l'idéologisation et de la pratique scientifique, relève en dernière instance des rapports de production, et des rapports dérivés des rapports de production, nous pouvons dire ceci : toute idéologie représente, dans sa déformation nécessairement imaginaire, non pas les rapports de production existants (et les autres rapports qui en dérivent), mais avant tout le rapport (imaginaire) des individus aux rapports de production et aux rapports qui en dérivent. Dans l'idéologie est donc représenté non pas le système des rapports réels qui gouvernent l'existence des individus, mais le rapport imaginaire de ces individus aux rapports réels sous lesquels ils vivent. (Althusser 1976, p. 117)

Troisième thèse. Par nature, l'idéologie transforme les individus en sujets, et ce, quelles que soient les périodes historiques. Althusser a pu laisser croire, dans certaines formulations de sa pensée, que la catégorie de sujet relevait uniquement de la forme moderne, bourgeoise, de l'idéologie. Mais si l'on veut rester cohérent et tenir la radicalité de cette troisième thèse, il faut considérer que la catégorie de sujet est une production transhistorique de l'idéologie. Pour les besoins pédagogiques de l'exposition théorique, Althusser fait une présentation en séquences (comme si l'individu préexistait à l'interpellation) ; mais cette correspondance est le propre de tout processus d'anthropofacture[24] (tel qu'annoncé, dans le langage de la psychanalyse, dans *Freud et Lacan*). Rappelons que, pour Althusser relisant Lacan, le devenir humain est un devenir-sujet, le petit d'homme est, dès avant sa naissance « biologique », déjà intégré et assujetti à un ordre symbolique préexistant.

> L'idéologie a toujours déjà interpelée les individus en sujets, ce qui revient à préciser que les individus sont toujours déjà interpelés par l'idéologie en sujets, ce qui nous conduit nécessairement à une dernière proposition : les individus sont toujours-déjà des sujets. Donc les individus sont « abstraits » par rapport aux sujets qu'ils sont toujours déjà. (Althusser 1976, p. 128)

24. Néologisme qui signifie : processus de fabrication des humains par la société.

Cette thèse est liée à la conception du tout social qu'Althusser hérite de Marx et dont il énonçait, dans un texte antérieur non publié et plus explicitement que dans l'article de 1970, comment la catégorie de « sujet » en était le pendant

> Dans toute formation sociale, la base requiert la fonction support (*Träger*) comme une fonction à assumer, comme une place à tenir dans la division technique et sociale du travail. Cette réquisition reste abstraite : la base définit des fonctions-träger (la base économique et la superstructure politique et idéologique également), mais qui doit assumer et exécuter cette fonction, et comment cette assomption peut avoir lieu, la structure de base (ou superstructure) qui définit ces fonctions, s'en fout : elle « ne veut pas le savoir » (comme dans l'armée). C'est l'idéologie qui assure la fonction de désigner le sujet (en général) qui doit occuper cette fonction, et pour cela elle doit l'interpeller comme sujet, en lui fournissant les raisons de sujet d'assumer cette fonction. Ces raisons-de-sujet figurent en toutes lettres dans son discours idéologique, qui est donc nécessairement un discours rapporté au sujet auquel il s'adresse, qui comporte donc nécessairement le sujet comme signifiant du discours [...]. (Althusser 1993, p. 134)

L'idéologie fonctionne à la catégorie de sujet (comme un moteur, nous dit Althusser, fonctionne à l'essence) et fait fonctionner cette catégorie de façon concrète dans des rituels et des pratiques tout à fait concrets (*Cf.* la thèse (2)). Chacun est « interpellé » et répond à cette interpellation parce qu'il se voit assignés/offerts/garantis une place/identité/stabilité dans la société ; autrement dit, chaque individu répond car il se voit assurer dans son être. Althusser insiste sur le double mécanisme : reconnaissance (des différents sujets entre eux, de l'un par l'autre ou les autres) et de garantie (du sujet par le Sujet ou grand Autre), dont la fonction est pensée en référence à la religion et, même si ce n'est pas dit explicitement, dans une perspective durkheimienne (Durkheim 2005). Cette insistance sur une structure spéculaire double (et pas simple) est une autre façon de dire que l'idéologie n'est pas un rapport simple, mais un rapport de rapports :

> [...] vous et moi sommes toujours déjà des sujets, et comme tels, pratiquons sans interruptions les rituels de la reconnaissance idéologique, qui nous garantissent que nous sommes bel et bien des sujets concrets individuels, inconfondables et (naturellement) irremplaçables. [...] L'interpellation des sujets suppose l'« existence »

> d'un Autre Sujet, Unique et central, au Nom duquel l'idéologie religieuse interpelle tous les individus en sujets[25]. [...] La structure de toute idéologie, interpellant les individus en sujets au nom d'un Sujet Unique et Absolu est spéculaire. [...] Le Sujet Absolu occupe la place unique du Centre, et interpelle autour de lui l'infinité des individus en sujets, dans une double relation spéculaire telle qu'elle assujettit les sujets au Sujet, tout en leur donnant, dans le Sujet où tout sujet peut contempler sa propre image (présente et future) la garantie que c'est bien d'eux et bien de Lui qu'il s'agit. (Althusser 1976, p. 132)

Si l'on reprend les catégories de Lacan, la constitution du sujet chez Althusser mobilise deux dimensions de la trilogie lacanienne : le Symbolique (le positionnement et la garantie par l'Autre) et l'Imaginaire (reconnaissance-méconnaissance), mais ne les fait pas fonctionner de la même manière que Jacques Lacan (Gillot 2009). Bien sûr, tous les deux s'opposent à la conception, propre à la métaphysique occidentale, d'un sujet substantiel, autonome, transparent, conscient et centrée sur la conscience de soi. Bien sûr tous les deux problématisent un sujet décentré, assujetti, non transparent à lui-même et illusionné par sa conscience. Mais Althusser n'opère pas la distinction entre le sujet (de l'inconscient et qui, chez Lacan, s'institue à partir du Symbolique) et le « moi » qui relève de l'Imaginaire. La théorie de l'idéologie chez Althusser reste une théorie du sujet social, et donc se tient tout entière à ce niveau. Elle ne prétend pas descendre au niveau du vécu du sujet lui-même, dimension qu'explore la psychanalyse. Il y a bien sûr une articulation entre ces deux aspects de chaque humain, le « vécu » et le « social ». Mais Althusser n'a pas été plus loin dans la théorisation de cette articulation, qui est devenue après lui et reste aujourd'hui encore un des principaux domaines d'investigation des sciences sociales. A supposer même que nous en ayons les moyens, notre objectif ici n'est pas de proposer une telle théorisation, mais de repérer ce qui, selon nous, en constitue le point d'achoppement : l'importation partielle,

25. « Tout cela est écrit en clair dans ce qui s'appelle justement l'Ecriture. "En ce temps-là, le Seigneur-Dieu (Yaweh) parla à Moïse dans la nuée. Et le seigneur appela Moïse : "Moïse !" "C'est (bien) moi !, dit Moïse, je suis Moïse ton serviteur, parle et je t'écouterai !". Et le Seigneur parla à Moïse, et il lui dit : "Je suis Celui qui Suis" ». (Althusser 1976, p. 131)

c'est-à-dire réduite au seul moment structural, de la notion de sujet élaborée par Lacan.

CONCLUSION : LE SUJET INTERPELLÉ EST-IL ENCORE UN SUJET ? PROLONGEMENTS POST-ALTHUSSÉRIENS

Dans ce qui précède, nous avons essayé de reconstituer et d'expliciter l'intervention théorique d'Althusser dans la théorie marxiste de l'idéologie. Nous nous somme placés entièrement dans une perspective de critique interne, sans essayer de juger la pertinence de cette théorie au regard de phénomènes sociaux qu'elle a vocation à expliquer et sans essayer de la jauger par rapport à d'autres contributions théoriques concernant le même domaine[26]. Ces deux autres perspectives sont tout à fait intéressantes et légitimes, mais doivent faire l'objet d'études spécifiques.

Pour finir, nous voudrions néanmoins ouvrir un peu la discussion, sans quitter le terrain sur lequel Althusser l'a placée. Nous avons défendu l'idée critique que, même en se plaçant dans son cadre constructiviste (le sujet non pas comme donné substantiel, mais comme construit « social »), une des limites de sa problématisation du sujet reste l'importation partielle de la conceptualisation du sujet telle que Lacan l'a élaborée. Au point que l'on peut se demander si le « sujet interpelé » au sens d'Althusser est encore… un sujet. Pour Althusser, l'assujettissement à la Loi est le prix de la subjectivation et de l'acquisition d'une identité. C'est le ressort anthropologique de l'idéologie au sens 1 de Marx-Engels (description / distorsion) et, partant, le support historique de l'idéologie au sens 2 (Légitimation/reproduction). Mais, dans cette perspective, le sujet est déjà supposé, « toujours-déjà » supposé comme le reconnaît Althusser en usant de cette terminologie ambiguë. Dans l'individu pour ainsi dire pré-subjectif (c'est-à-dire avant qu'il devienne « sujet »), il faut donc qu'il y ait quelque chose comme une prédisposition à être/ à devenir un sujet. Dans une œuvre propre, qui prend appui sur le prolongement critique de la perspective

26. Par exemple, la théorie de l'habitus de Pierre Bourdieu (Bourdieu 1980)

d'Althusser[27], Judith Butler (2002) souligne clairement cette ambiguïté en commentant l'exemple de l'interpellation policière (« Eh vous là-bas ! ») qu'Althusser développe :

> En ce sens, en tant que condition antérieure et essentielle de la formation du sujet, il y a une certaine aptitude à être contraint par l'interpellation autoritaire, une aptitude qui suggère que l'on est, pour ainsi dire, en rapport avec la voix avant même la réponse ; que l'on est déjà impliqué dans le processus de la « reconnaissance inexacte » émanant d'une autorité à laquelle on se soumet ensuite. Ou peut-être s'est-on déjà soumis avant de se retourner. Ce retournement serait alors simplement le signe de l'inévitable soumission qui installe le sujet dans la langue comme possible interlocuteur. En ce sens, la scène du policier est une scène tardive, redoublée, une scène qui rend explicite, de manière unique, une soumission fondatrice. (Butler 2002, p. 172)

Pour Judith Butler, cette préhistoire du sujet relève d'une soumission fondatrice, qui n'est pas pensée par cette théorie de l'idéologie. Il faut supposer, antérieurement, un « désir pour la loi » (p. 173), qui doit être lu « comme la conséquence d'un attachement narcissique à la perpétuation de sa propre existence » (p. 174). C'est lui qui sert de base à l'interpellation, celle-ci n'épuisant jamais la subjectivité, comme le souligne le commentaire de Franck Fischbach à propos de la relecture critique de Judith Butler de la théorie de l'interpellation d'Althusser :

> Judith Butler rejoint [...] l'idée selon laquelle la subjectivité ou la personnalité humaine excède l'identité produite par l'assujettissement à la Loi, de sorte que l'identité produite dans l'interpellation ne parvient pas à épuiser les ressources de la subjectivité ou de la personnalité – cette dernière ayant ainsi toujours en réserve la possibilité de reformuler l'identité qui lui a été conférée et de lui attribuer de nouvelles significations. (Fischbach 2008a, p. 133)

27. Nous nous centrons ici sur Judith Butler, mais nous pourrions bien sûr étudier la position d'un autre « post althussérien » sur la question de la construction problématique du sujet, Slavoj Zizek (2007). Juste une remarque : Butler et Zyzek sont des lecteurs de Lacan, mais aussi de... Hegel. Pour Zyzek, voir notamment son étude « Hegel, ou le sujet qui fâche » (Zyzek 2007, p. 95-164). Pour Butler, voir (Butler 2011).

La perspective althussérienne fait donc signe vers un noyau, certes non substantiel (on ne retombe pas dans la notion pré-marxienne de sujet constituant), mais « présent » et pensée comme puissance ou liberté d'agir. Une subjectivité que Hegel, puis Kojève – à travers lequel Lacan le reçoit – désignait comme intrinsèquement problématique. On peut bien sûr considérer que la perspective – qualifions la pour faire vite de phénoménologique – ouverte par Hegel est aujourd'hui insuffisante pour être reprise telle quelle ; mais force est de reconnaître qu'elle désigne une buttée en deçà de laquelle tout discours d'anthropologie générale manquerait quelque chose d'essentiel de la condition humaine, quelque chose qu'aucune perspective purement structurale de sciences sociales ne peut combler. C'est bel et bien à partir de cela que doit être re-saisie la théorie de l'interpellation pour J. Butler qui cite alors Giorgio Agamben :

> Si l'homme était ou devait-être telle ou telle substance, tel ou tel destin, il n'y aurait aucune expérience éthique possible… Cela ne signifie pas, toutefois, que l'homme ne soit pas ou ne doive pas être quelque chose, qu'il soit condamné au néant et puisse, par ailleurs, décider à son gré d'être ou de ne pas être, de s'attribuer tel ou tel destin (nihilisme et décisionnisme se rencontrent en ce point). L'homme, en effet, est et doit être quelque chose, mais ce quelque chose n'est pas une essence, ni même proprement une chose : il est simplement le fait de sa propre existence comme possibilité ou puissance. (Agamben 1990, p. 198)

L'intervention philosophique d'Althusser tient pour l'essentiel dans la mise à l'écart de la vieille figure de la pensée occidentale, la subjectivité comme substance pleine et constituante. Sa théorie de l'idéologie (c'est-à-dire de la subjectivité comme sujet constitué, comme entité s'échappant toujours à elle-même) peut être convaincante, mais seulement jusqu'à un certain niveau. Elle butte sur la présence d'une subjectivité non substantielle, irréductible à toute anthropofacture dont les tenants et aboutissants seraient envisagés uniquement sous une perspective structurale. Si l'on suit les post-althussériens comme Judith Butler, sans abandonner les acquis critiques de la perspective d'Althusser, le chantier actuel est d'éclaircir les ressorts propres de cette subjectivité, c'est-à-dire comment elle s'intègre mais sans jamais complètement s'y perdre à ce support, à ce destin social de sujet. Si l'on quitte le terrain de l'analyse positive et que l'on se situe sur celui de la théorie normative, l'élaboration d'une conception du sujet ayant une épaisseur éthico-politique propre et en tous cas irréductible à son aplatissement fonctionnel comme rouage d'un appareil de reproduction des rapports sociaux, cette élaboration est évidemment la condition d'une compréhension des processus historiques de résistance et de luttes contre toutes les formes d'oppression, et plus largement la condition d'une véritable pensée de l'émancipation. Dans une perspective marxienne, cette dernière est, on le sait, centrale (Sobel 2011) ; Althusser lui-même en signalait implicitement la problématique exigence lorsqu'il indiquait que même une société sans oppression de classe, celle de l'utopie communiste de Marx, mobilisait des formes d'idéologie (entendez : des formes de subjectivation) pour organiser le vivre-ensemble. Là encore, il n'a fait qu'ouvrir un chantier; mais on sent poindre à nouveau aujourd'hui la résurgence de ces questions de philosophie sociale dans le sillage marxien, et fort heureusement, dans ces nouvelles perspectives, la tension entre moment structural et moment phénoménologique n'est plus éliminée, mais explorer dans sa problématicité intrinsèque[28].

Au total, on se trouve confronté au dilemme suivant qu'Etienne Balibar (1997, 2005) a particulièrement bien identifié : « Ou bien le support est une existence singulière constituée par l'action de la structure, qui détermine toutes ses caractéristiques, autrement dit qui l'engendre. Ou bien au contraire [...] le support est une limite indéterminée, dont la singularité par définition excède toute détermination logique » (Balibar 1997, p. 226-227). S'affrontent deux conceptions du sujet, ou plus précisément, deux modes de subjectivation. La première conception du sujet individuel le constitue comme une synthèse de déterminations structurelles, intériorisée dans un « habitus incorporé » (Bourdieu) ou dans une position idéologique (Althusser). La seconde conception – qui travaille Althusser[29] – fait du sujet le manque, le vide communs à toutes les structures, toujours

28. Pour ne parler que de la France, on pourra citer, dans des registres différents : Haber (2007), Boltanski (2009) ou Fischbach (2009).

29. Une étude approfondie, mobilisant l'anthropologie pascalienne (Bourdieu, 1997) montrerait qu'elle travaille sans doute aussi Bourdieu.

en-deçà des formes déterminées de l'individualité. L'assumer, c'est alors faire retour à l'anthropologie des « individus vivants », présente chez Marx sous une forme lapidaire, et non la prétendre dépassée, « idéologique » (au sens épistémologique de la critique althussérienne de « l'humanisme ») ; c'est la réinvestir à partir des approches phénoménologiques contemporaine en terme de subjectivation ; mais c'est peut-être aussi sortir du positivisme des sciences sociales et s'engager dans le champ de l'éthique. Etonnante postérité d'Althusser si sa relecture pouvait conduire les sciences sociales dans une telle voie !

RÉFÉRENCES

ABELES M. 1985. « Mode de production ». *In* Georges Labica et Gérard Bensussan (dir.), *Dictionnaire critique du marxisme*, p. 744-749. Paris : PUF.

AGAMBEN G. 1990. *La communauté qui vient*. Paris : Le Seuil.

ALTHUSSER L. 1959. *Montesquieu, la politique et l'histoire*. Paris : PUF.

—. 1964. « Freud et Lacan ». *La Nouvelle Critique*, n°161-162. Repris dans *Positions*, p. 11-40. Paris : Editions Sociales.

—. 1965a. *Pour Marx*. Paris : Maspero.

—. 1976. *Positions*. Paris : Editions Sociales.

—. 1993. *Ecrits sur la psychanalyse. Freud et Lacan,* Textes réunis et présentés par Olivier Corpet et François Matheron. Paris : Stock/IMEC.

—. 1995. *Sur la reproduction,* Introduction de Jacques Bidet. Paris : PUF.

—. 1996. *Psychanalyse et sciences humaines. Deux conférences 1963-1964*. Paris : Le livre de Poche, Librairie Générale Française/IMEC.

—. 1992. *L'avenir dure longtemps*, [suivi de] *Les faits, Autobiographie*. Paris : Stock/Imec.

ALTHUSSER L. avec E. BALIBAR, R. ESTABLET, P. MACHEREY, J. RANCIÈRE. 1965b. *Lire le Capital*. Paris : Maspero.

ARON R. 1970. *Marxismes imaginaires*. Paris : Gallimard.

AUFFRET D. 1990. *Alexandre Kojève. La philosophie, l'État, la fin de l'histoire*. Paris : Grasset.

BACHELARD G. 1938. *La formation de l'esprit scientifique*. Paris : Librairie philosophique Vrin.

BALIBAR E. 1993. *La philosophie de Marx*. Paris : La Découverte.

—. « Le structuralisme : méthode ou subversion des sciences sociales ». *In* T. Andréani (dir.), *Structure, système, champ et théorie du sujet*, p. 223-235. Paris : L'Harmattan.

—. 2005. « Le structuralisme : une destitution du sujet ? ». *Revue de métaphysique et de morale*, janvier, p. 5-22.

BAKHTINE M. 1977. *Le marxisme et la philosophie du langage*. Paris : Minuit.

BERTHOUD A. 2002. « Travail, Economie et Religion chez Marx et E. Bloch ». In *Essais de philosophie économique*, chapitre 5. Villeneuve d'Ascq : Presse Universitaire du Septentrion.

BOLTANSKI L. 2009. *De la critique. Précis de sociologie de l'émancipation*. Paris : Gallimard.

BOURDIEU P. 1980. *Le sens pratique*. Paris : Editions de Minuit.

—. 1997. *Méditations pascaliennes*. Paris : Le Seuil.

—. 2001. *Langage et pouvoir symbolique*. Paris : Le Seuil.

BUTLER J. 2002. *La vie psychique du pouvoir. L'assujettissement en théorie.* Paris : Léo Scheer, (Publ. orig. 1997).

—. 2011. *Sujets du désir. Réflexions hégéliennes en France au 20e siècle en France.* Paris : PUF.

CANGUILHEM G. 1986. *Idéologie et rationalité dans l'histoire des sciences de la vie.* Paris : Librairie philosophique J. Vrin.

CAPDEVILA N. 2004. *Le concept d'idéologie.* Paris : La Découverte.

CUSSET F. 2003. *French Theory.* Paris : La Découverte.

DESTUTT DE TRACY A. 1801. *Elément d'idéologie : idéologie proprement dite.* Paris : Didot.

DEWS P. 1994. « Althusser, structuralism and the french epistemological tradition ». *In* G. ELLIOTT G. (ed.), 1994, p. 104-141.

DOR J. 2002. *Introduction à la lecture de Lacan. Vol. 1, L'Inconscient structuré comme un langage.* Paris : Denoël.

DOSSE F. 1992. *Histoire du structuralisme* (2 tomes). Paris : La Découverte.

DURKHEIM E. 2005. *Les formes élémentaires de la vie religieuse.* Paris : PUF, (Publ. orig. 1912).

ELLIOTT G. 1987. *Althusser : The Detour of Theory.* Cambridge MA : Blackwell.

ELLIOTT G. (ed.). 1994. *Althusser A Critical Reader.* Cambridge MA : Blackwell.

FISCHBACH F. 2005. *La production des hommes Marx avec Spinoza.* Paris : PUF.

—. 2008a. « "Les sujets marchent tous seuls…" Althusser et l'interpellation ». *In* J.-C. BOURDIN. 2008. *Althusser : une lecture de Marx,* p. 113-145. Paris : PUF.

—. 2008b. « L'idéologie chez Marx : de la "vie étriquée" aux représentations "imaginaires" ». *Actuel Marx,* n°43, p. 12-28.

—. 2009. *Manifeste pour une philosophie sociale.* Paris : La Découverte.

FLAHAULT F. 2007. *Adam et Eve. La condition humaine.* Paris : Mille et une nuits.

FOLEY D.F. 1975. « Problems vs Conflicts : Economic Theory and Ideology ». *American Economic Review,* may, p. 231-236.

GILLOT P. 2009. *Althusser et la psychanalyse.* Paris : PUF.

KOFMAN S. 1973. « Marx magie noire ». In *Camera obscura De l'idéologie,* p. 13-35. Paris : Galilée.

KOJÈVE A. 1947. *Introduction à la lecture de Hegel* Leçons sur la *Phénoménologie de l'esprit.* Professées à l'Ecole des Hautes Etudes, réunies et publiées par Raymond Queneau. Paris : Gallimard.

HABER S. 2007. *L'aliénation. Vie sociale et expérience de la dépossession.* Paris : PUF.

HABERMAS J. 1981. *Theorie des kommunikativen Handels.* Frankfort : Suhrkamp Verlag.

LABICA G. 1985. « Idéologie ». *In* Georges Labica et Gérard Bensussan (dir.), *Dictionnaire critique du marxisme*, p. 560-572. Paris : PUF.

LACAN J. 1966. *Les écrits.* Paris : Le Seuil.

LÉVI-STRAUSS C. 1958. *Anthropologie structurale.* Paris : Plon.

LEROUX A., G. QUIQUEREZ et G. TOSI. 2002. *Idéologie et doctrines économiques.* Paris : Economica.

MACHEREY P. 1991. « Lacan avec Kojève, philosophie et psychanalyse ». In *Lacan avec les philosophes,* p. 315-321, Bibliothèque du Collège international de philosophie. Paris : Albin-Michel.

MANNHEIM K. 1956. *Idéologie et Utopie.* Paris : Les classiques de sciences sociales, Rivière, (Publ. orig. 1922).

MARX K. 1963, *Le Capital Livre I, Œuvres, Economie I.* Paris : NRF, Bibliothèques de la Pléiade, (Publ. orig. 1867).

—. 1968. *Economie et philosophie, Œuvres, Economie II.* Paris : NRF, Bibliothèques de la Pléiade, (Publ. orig. 1844).

—. 1982. *Thèses sur Feuerbach. In* K. MARX et F. ENGELS, 1982, p. 49-54.

MARX K. et F. ENGELS. 1982. *L'idéologie allemande.* Paris : Essentiel/Editions Sociales.

MOULIER BOUTANG Y. 1992. *Louis Althusser. Une biographie La formation du mythe 1918-1956.* Paris : Grasset.

OGILVIE B. 1987. *Lacan : le sujet.* Paris : PUF.

OLLMAN B. 1993. *Dialectical investigation.* New York : Routledge.

PAPAIOANNOU K. 1983. *De Marx et du marxisme.* Paris : Gallimard.

PREVE C. 2011. *Histoire critique du marxisme.* Paris : Armand Colin, (Publ. orig. 2007).

RENAULT E. 2008. « L'idéologie comme légitimation et comme description ». *Actuel Marx*, n°43, p. 80-95.

RICŒUR P. 1983. *Temps et récit.* Paris : Le Seuil.

—. 1997. *Idéologie et utopie.* Paris, Le Seuil.

ROUDINESCO E. 1993. *Jacques Lacan. Esquisse d'une vie, histoire d'un système de pensée.* Paris : Fayard.

SOBEL R. 2011. « Le règne de la nécessité limite-t-il l'émancipation sociale? Deux lectures croisées de l'utopie communiste chez Marx ». *Revue Economique*, n°2, p. 187-214.

SPINOZA B. 1983. *L'éthique.* Paris : Garnier « GF » (Traduction de Charles Appuhn; publ. Orig. 1677).

ZIZEK S. 2007. *Le sujet qui fâche.* Paris : Flammarion.

RECENSION D'OUVRAGE

Arguing about justice
Axel Gosseries and Yannick Vanderborght (eds.)
Louvain-la-Neuve, Presses Universitaires de Louvain, 2011

STÉPHANE ZUBER*

Philippe Van Parijs est l'un des grands penseurs de notre temps, notamment pour ses contributions en éthique économique et sociale et en philosophie politique. *Arguing about justice,* édité par Axel Gosseries et Yannick Vanderborght, rassemble quarante et une courtes contributions en l'honneur de son soixantième anniversaire. La consigne donnée aux auteurs était de proposer des idées nouvelles et originales afin de susciter la réflexion et le débat. Ces contributions couvrent un ensemble très large de sujets, allant de la théorie de la liberté réelle pour tous à la question de la justice linguistique en passant par des discussions de la théorie marxiste ou de l'allocation universelle.

Cette grande diversité reflète bien entendu la grande richesse de l'œuvre de Philippe Van Parijs. L'ouvrage se revendique clairement comme n'étant ni une discussion ni une synthèse du travail de Van Parijs, mais celui-ci est à l'arrière-plan de la plupart des contributions. Il convient donc de rappeler brièvement certaines des contributions principales de Philippe Van Parijs à l'éthique économique et sociale et à la philosophie politique.

* CES, Université Paris 1 et CNRS, stephane.zuber@univ-paris1.fr

Une des grandes contributions de Van Parijs à l'éthique économique et sociale a été de promouvoir une « liberté réelle » égale pour tous, notamment dans son ouvrage *Real freedom for all : what (if anything) can justify capitalism* (Van Parijs 1995). Pour soutenir cette liberté réelle, il a proposé la mise en œuvre d'une allocation universelle, c'est-à-dire un transfert forfaitaire de ressources (typiquement, mais non exclusivement, des ressources monétaires), versé sur une base individuelle et de façon inconditionnelle. Cette allocation est financée en taxant toutes les rentes, dont les revenus du travail, car Van Parijs considère que dans un contexte de pénurie des emplois, ceux-ci constituent des situations de rente. Le versement de façon inconditionnelle signifie que la coopération, sous forme de participation aux activités productives, n'est pas requise pour toucher l'allocation universelle. Cette propriété répond au cas fameux du surfeur de Malibu : doit-on verser l'allocation à ce surfeur qui passe sa vie de façon oisive sans contribuer au développement du bien-être de la communauté ? Van Parijs répond qu'un véritable libéral ne peut favoriser un choix de vie plutôt qu'un autre, et qu'on ne saurait donc refuser l'allocation à ce surfeur.

Plusieurs contributions ont pour objet cette allocation universelle, soit pour en discuter la structure exacte (I. Carter discute son versement sous forme de revenu ou de capital ; P. van der Veen discute la valorisation de différents types de rentes), soit pour en décrire les conséquences positives (émergence d'une société soutenable chez C. Arnsperger et W.A. Johnson ; promotion d'une société égalitaire et nombreuse chez P.-M. Boulanger). D'autres décrivent sa mise en œuvre concrète (E.M. Suplicy) ou ses chances de mise en œuvre (D. Clerc, B. Jordan, A. Zelleke).

La notion de « liberté réelle » est elle aussi au cœur de plusieurs contributions. Sont ainsi discutées ses implications pour l'éthique familiale (A. Alstott) et pour le choix entre taxation et tarification (F. Blais). Karl Wilderquist propose une autre définition de la liberté qu'un libéral doit égaliser : il la nomme liberté comme contrôle effectif de la propriété de soi-même (*Effective control self-ownership*) et montre qu'elle peut également justifier une allocation universelle.

Récemment, Philippe Van Parijs a beaucoup travaillé sur la question de la justice linguistique, publiant notamment en 2011 son ouvrage *Linguistic Justice for Europe and the World* (Van Parijs 2011). Il y propose de tenir compte du développement de l'Anglais comme *lingua franca*, tout en répondant aux questions de justice sociale posées par l'adoption d'une telle *lingua franca*. Il étudie ainsi la possibilité d'une taxation des pays anglophones ainsi que le principe de territorialité linguistique (une seule langue officielle doit être admise sur un territoire afin notamment de protéger des langues menacées de disparition).

Assez naturellement, plusieurs contributions traitent de problèmes touchant à la justice linguistique. Certaines discutent son articulation à la justice économique (S. Bowles, A. Williams, M. Fleurbaey) et aux règles de partage des coûts liés au choix d'une *lingua franca* (J.H. Drèze). Helder Schutter attaque la proposition de territorialité linguistique et s'appuie sur l'exemple de Bruxelles pour montrer que ce principe n'est pas simple à mettre en œuvre ni juste lorsque les communautés linguistiques sont inextricablement mêlées sur un territoire. Le multilinguisme est bien entendu un défi pour toute démocratie et plusieurs auteurs discutent certains aspects de ce défi. Kris Deschouwer montre que la signification même du terme démocratie change selon l'origine linguistique des personnes. Dave Sinardet souligne, en prenant pour exemple la Belgique, les difficultés à mettre en place une sphère publique commune dans un espace multilinguistique ; il affirme que la mise en place d'un district électoral fédéral pourrait aider à l'émergence d'une telle sphère publique. Nenad Stojanovic met lui en avant les difficultés de l'organisation d'un tel district électoral si l'on veut pouvoir protéger les minorités linguistiques : il propose à cet effet un certain nombre d'amendements aux propositions faites en Belgique par le groupe de Pavie (dont Philippe Van Parijs est l'un des fondateurs).

Concernant cette question de la justice linguistique, il est intéressant de noter que l'ouvrage utilise cette *lingua franca* académique qu'est l'Anglais, mais que les éditeurs ont demandé aux auteurs de fournir un résumé de leur texte dans la langue de leur choix (hors Anglais), afin de contribuer à la diversité linguistique. Sur quarante et une contributions cependant, vingt-trois ont un résumé en Français et huit en Néerlandais (une seule en Esperanto), trace de l'origine géographique des contributeurs.

Philippe Van Parijs est un des membres fondateurs du « groupe de septembre » (*September Group*). L'objectif de ce groupe a été de promouvoir le marxisme analytique qui vise à donner une interprétation de la pensée de Marx à l'aide des outils de la philosophie analytique. Il s'agit aussi pour Van Parijs – notamment dans l'ouvrage *Marxism Recycled* (Van Parijs 1993) qui réunit certains de ses textes sur le sujet – de questionner Marx et d'aller au-delà de sa pensée.

Il n'est donc pas étonnant de retrouver plusieurs chapitres traitant de la pensée marxiste. Certains auteurs ont choisi de reprendre à nouveaux frais certaines positions centrales du marxisme, notamment le rapport aux droits de l'homme (J. Lacroix) ou le matérialisme historique (N. Vrousalis en discute l'aspect tragique en proposant un syndrome des « mains vides » par opposition à celui des « mains sales »). Les perspectives de l'émergence d'une société communiste, sans passer par la phase socialiste, discutée par Philippe Van Parijs et Robert van der Veen dans un article célèbre (van der Veen and Van Parijs 1986), est soumise à réexamen par Almaz Zelleke au vu des développements économiques récents. John Elster, quant à lui, se lance dans un difficile et très spéculatif exercice d'histoire contrefactuelle. Il se demande ce qui ce serait passé si Marx et Freud n'avaient jamais existé, et notamment si le bien-être de l'humanité et l'état de nos connaissances auraient souffert ou bénéficié de cette non-existence. Avec beaucoup de précautions étant données les incertitudes que soulèvent ces questions, il conclut que l'impact global aurait été positif. A n'en pas douter, cette thèse osée et provocatrice suscitera bien des réactions.

Outre les personnes déjà citées, on peut noter la participation à l'ouvrage de plusieurs membres du *September Group* qui n'ont pas choisi de traiter ici de Marx, notamment S. Bowles, J.E. Roemer, H. Steiner, R. van der Veen et E.O. Wright.

Outre celles tournant autour de ces thèmes, l'ouvrage contient de nombreuses autres contributions auxquelles il serait impossible de rendre justice ici, et qui touchent aussi bien à la théorie démocratique, qu'à l'éthique sociale, aux sentiments et idéaux moraux, au rôle du discours de la responsabilité ou aux biais psychologiques qui façonnent nos théories de la justice. Cette extrême richesse thématique est peut-être le plus grand hommage que l'on puisse rendre à l'œuvre de Philippe Van Parijs, puisqu'elle montre l'étendue de son impact. Cela est d'autant plus vrai que les contributeurs recouvrent un large éventail de disciplines : philosophie, sciences politiques, économie, sociologie, anthropologie, etc.

La diversité des contributions tient aussi à la diversité de leurs approches, certains textes étant très théoriques, tandis que d'autres font une place très large à l'enquête ou à la description de dispositifs particuliers. Là aussi, on peut y voir un hommage à l'ampleur du travail de Philippe Van Parijs qui est à la fois un penseur exigeant et un citoyen engagé dans de nombreuses associations (notamment le réseau BIEN – *Basic Income Earth Network* – qui promeut l'allocation universelle au niveau mondial, l'initiative Re-Bel pour repenser les institutions de la Belgique, ou le groupe de Pavie qui promeut l'émergence d'un district fédéral en Belgique).

Cette grande diversité, qui rend plaisante la lecture d'*Arguing about Justice*, en fait aussi un ouvrage déconcertant. Il ne s'agit pas d'un ouvrage académique classique, regroupant de façon organisée et articulée des contributions sur des aspects bien délimités de la question de la justice sociale. Ce n'est pas non plus un ouvrage de synthèse ou de discussion systématique des principales thèses soutenues par Philippe Van Parijs. Il s'agit plus d'un recueil foisonnant et désordonné d'idées autour de la question de la justice sociale dans nos sociétés contemporaines. Le classement des contributions par ordre alphabétique des auteurs et non de façon thématique rajoute encore à cette impression, de même que la diversité des styles et des types d'articles.

L'objectif fixé par les éditeurs de l'ouvrage était ambitieux : proposer en une dizaine de pages des arguments nouveaux ou des thèses originales. Autant le dire, les différents chapitres y parviennent de façon inégale. Mais l'ouvrage contient sans aucun doute des idées susceptibles de lancer de précieuses et difficiles discussions. On pourra citer à ce titre trois contributions particulièrement stimulantes, même si le choix de ces exemples reflète sans doute surtout les goûts de l'auteur de ce compte-rendu et son ignorance de certains champs d'études.

Paul-Marie Boulanger propose une analyse comparative des systèmes d'assurance sociale et d'allocation universelle au moyen de simulations dans le monde artificiel *Sugarscape*. *Sugarscape* simule sur ordinateur l'émergence de propriétés sociales et collectives à partir des comportements individuels modélisés de façon élémentaire (les individus consomment et accumulent une ressource unique, du « sucre », qui leur permet de survivre et de se déplacer). Paul-Marie Boulanger a modifié ce modèle pour étudier les conséquences de l'introduction, dans le monde *Sugarscape*, d'un système d'assurance sociale (cotisation obligatoire et « revenu » de remplacement lorsque l'on tombe sous un certain niveau) ou d'un système d'allocation universelle (taxe proportionnelle au revenu et allocation inconditionnelle). Il montre que le système d'assurance sociale et surtout celui d'allocation universelle peuvent améliorer le monde de *Sugarscape* en termes de survie des individus (surtout pour les moins bien dotés au départ) et de réduction des inégalités. Cette analyse soulève de très nombreuses questions : le modèle n'est pas testé pour indiquer sa pertinence à l'analyse des sociétés réelles ; il n'est pas non plus calibré, ce qui rend difficile l'extrapolation des résultats. Cependant, il introduit un outil intéressant pour la recherche en éthique économique et sociale : celui de la simulation numérique. On peut être sceptique sur la pertinence de cet outil, mais il semble ouvrir des perspectives nouvelles qui mériteraient d'être discutées et prises au sérieux.

Dans un tout autre esprit, Paula Casal présente une nouvelle hypothèse sur l'origine de traits moraux importants qui s'appuie sur des données hormonales et comportementales. Elle met en avant le rôle fondamental de l'ocytocine et de l'investissement maternel dans le développement des phénomènes d'empathie et d'altruisme. En effet, l'ocytocine facilite et stimule les phénomènes de sollicitude et l'instinct protecteur des mères ; en retour, dans les sociétés animales matriarcales, on observe moins de comportements agressifs. Dans ce cas aussi, on pourra discuter, au-delà des résultats biologiques et éthologiques, l'interprétation qui peut être faite des observations, et les conclusions que l'on peut en tirer pour la théorie morale. Est-ce que ces éléments permettent de plaider pour une gynocratie ? N'y-a-t-il pas une possibilité de dérive eugéniste pour orienter l'évolution de nos sociétés ? Il n'en reste pas moins que ces données interpellent la théorie morale.

Dans un style plus traditionnel pour les chercheurs en philosophie politique, Daniel Weinstock discute d'un sujet relativement délaissé : celui de l'auto-détermination des villes et de leur capacité à se saisir de certains sujets comme relevant de leur autorité. Il souligne l'incapacité (constitutionnelle) des villes à déterminer les pouvoirs qui leur échoient. Cette situation est problématique : la souveraineté des villes (au moins de certaines d'entre elles) pour les aspects spatiaux de la vie de leurs habitants peut se justifier par des arguments moraux (les personnes concernées doivent pouvoir se prononcer sur les règles qui affectent leurs intérêts) autant qu'épistémiques (le niveau local est plus à même de connaître et comprendre la situation de ses habitants). Le rôle structurant des villes dans l'identité des individus est également avancé pour justifier une autorité métajuridictionnelle des villes : elles doivent pouvoir intervenir dans le processus de répartition des pouvoir entre différents niveaux de décision politique (infra-national, national, supra-national). L'un des intérêts de cette contribution est de montrer que la philosophie politique, comme l'éthique sociale, ne sont pas des champs figés autour d'un ensemble immuable de questions « légitimes » : ce sont des champs qui doivent être en permanente évolution. C'est d'ailleurs ce mouvement et cette dynamique que cherche à promouvoir le livre.

Au final, l'objectif d'*Arguing about Justice* est très ambitieux : rassembler des contributions originales et décalées visant à stimuler et dynamiser la recherche en éthique économique et sociale et en philosophie politique. La limite de l'exercice et de l'intention des éditeurs tient à l'impossibilité pour les auteurs de développer complètement leur pensée dans les quelques pages qui leur sont imparties, ce qui laisse parfois le lecteur sur sa faim. Mais d'une certaine façon, c'est bien là le résultat attendu : que le lecteur ait envie d'aller plus loin en proposant des contre-arguments, des objections ou des exemples contradictoires.

RÉFÉRENCES

VAN PARIJS P. 1993. *Marxism Recycled.* Cambridge : Cambridge University Press.

—. 1995. *Real Freedom for all : what (if anything) can justify capitalism.* Oxford : Oxford University Press.

—. 2011. *Linguistic Justice for Europe and for the World.* Oxford : Oxford University Press.

VAN DER VEEN R.J., VAN PARIJS P. 1986. « A capitalist road to communism ». *Theory and Society*, vol. 15, p. 645-655.

RECENSION D'OUVRAGE

Famous Figures and Diagrams in Economics
ouvrage collectif dirigé par Mark Blaug et Peter Lloyd
Edward Elgar, 2010.

JEAN-FRANÇOIS JACQUES*

L'ouvrage édité par Mark Blaug et Peter Lloyd se situe à la frontière de la théorie économique et de l'histoire de la pensée économique. Cet ouvrage réunit les contributions de 52 auteurs portant sur 58 thèmes de l'économie[1]. L'originalité de l'ouvrage réside dans la présentation des thèmes abordés sous la forme de graphiques[2] très largement diffusés dans la littérature (nous parlerons uniquement de graphiques dorénavant). Les thèmes économiques illustrés par les graphiques sont regroupés en trois grandes catégories : l'équilibre partiel, l'équilibre général et la macroéconomie. Chaque auteur présente le graphique et le thème économique qui y est associé en y incorporant des éléments historiques. Selon M. Blaug et P. Lloyd ce livre est conçu sur la *croyance selon laquelle nous ne savons pas autant que nous le devrions sur le rôle des graphiques dans le développement de la théorie*

* CRIEF, Université de Poitiers, UFR Sciences Économiques, Bât. A1, 2 rue Jean Carbonnier, TSA 81100, 86073 Poitiers Cedex 9. L'auteur remercie chaleureusement B. Bayramoglu et J. Wittwer pour leurs commentaires utiles.

1. La liste exhaustive des thèmes abordés sont présentés dans la page web suivante http://www.e-elgar.com/bookentry_main.lasso?currency=US&id=13310. Dans le texte nous indiquons entre crochets le numéro du chapitre évoqué.

2. Le mot français « graphique » sera utilisé comme traduction des mots anglais « figure et diagram ». Les phrases en français qui sont en caractères italiques sont également une traduction libre, mais espérons sans contresens, de l'auteur de cette note.

économique. Ils assignent deux objectifs aux contributeurs : évaluer l'apport de chacun de ces graphiques dans l'analyse économique et présenter leur histoire.

La recension de cet ouvrage se réalisera en deux temps : des éléments de son introduction seront présentés tout d'abord, le contenu de l'ouvrage sera ensuite discuté. Des remarques personnelles ponctueront l'ensemble de cette présentation.

Au préalable attardons-nous sur l'introduction générale en ce qu'elle contient d'éléments méthodologiques sur l'usage des graphiques dans la découverte en économie. Blaug et Lloyd nous rappellent que *des graphiques ont été utilisés de différentes manières en économie théorique [...] pour découvrir des résultats théoriques [...], pour prouver des résultats [...] mais aussi comme dispositif descriptif*. Pour le premier motif ils évoquent le rôle joué par l'induction dans le processus de découverte (comme l'usage des courbes d'Engle et Lorenz en attestent). Certaines découvertes ont été présentées uniquement sous la forme de graphiques *sans que les auteurs nous disent comment le résultat était obtenu et ni même compris*; les courbes de Scitovsky ou même l'analyse de Marshall portant sur la stabilité de l'équilibre en sont des illustrations. Les deux éditeurs rappellent alors que le stricte usage des graphiques comme moyen d'établir une preuve peut se révéler dangereux comme Marshall le soulignait par ailleurs; ils citent comme exemple une erreur de démonstration graphique de la loi des rendements décroissants, mais il en existe d'autres. On observe cependant un déclin de l'usage de la géométrie comme outils de preuve d'un résultat théorique, ceci est dû selon les deux éditeurs au *changement de la nature des modèles économiques* car *ils deviennent plus complexes en termes de variables et relations*. En outre, la méthode algébrique présente aujourd'hui l'avantage d'être plus précise.

C'est probablement dans son troisième rôle, celui de description de la théorie, que les graphiques ont une fonction importante à remplir : il suffit de consulter *des manuels de microéconomie, de macroéconomie ou d'autres branches de l'économie* pour s'en convaincre. Cependant les deux éditeurs pensent qu'ils sont davantage que de simples illustrations : ils constituent selon eux, et ce dans plusieurs branches de la théorie, *la manière par laquelle les économistes comprennent les concepts économiques*.

M. Blaug et P. Lloyd évoquent ensuite des questions d'ordre historique.

Ils rappellent tout d'abord que l'on ne connaît pas, de manière générale et avec précision, les dates d'apparition des graphiques en économie ; l'*exemple surprenant est celui de l'isoquant.* Souvent le graphique est venu après la publication de la théorie pour débattre et clarifier (la courbe d'offre croissante, la boîte d'Edgeworth, le concept d'élasticité de substitution, le diagramme à quatre quadrants en économie internationale). *Dans d'autres cas il y a des controverses sur la nature et la signification du graphique.* Ceci est particulièrement avéré en macroéconomie davantage qu'en microéconomie à une exception près, celle concernant le concept de fonction homogène comme représentation d'une technologie à rendements constants. Pourquoi les graphiques en macroéconomie font-ils l'objet de controverses ? Une première raison réside dans la complexité des modèles qu'un simple graphique ne saurait traduire. Les éditeurs soulèvent alors un point essentiel concernant la pédagogie et la compréhension des modèles de la macroéconomie : *le mélange d'analyses graphique, verbale et algébrique caractérise ces modèles.* Mais n'est ce pas une caractéristique générale en économie pourquoi la limiter à la macroéconomie ? Les débats en microéconomie existent mais ne durent pas si longtemps nous disent Blaug et Lloyd. En macroéconomie d'autres controverses sont apparues concernant l'interprétation des variables ou encore l'absence de description des ajustements économiques qui permettent de passer d'un équilibre à un autre. Mais cette dernière controverse provient selon eux de l'absence de fondements microéconomiques précis. Une même fonction peut être utilisée dans des théories différentes *mais la description des relations était souvent imprécise.* Ceci donne souvent lieu à des discussions portant sur les signes et amplitudes des pentes des courbes d'un graphique, sur leur degré de non-linéarité également. La présentation de Lipsey du modèle de quasi offre quasi demande [49] est éloquente à ce sujet.

Qui sont les auteurs des premiers graphiques en économie ? Blaug et Lloyd rappellent que les premiers auteurs de la discipline (A. Smith, D. Ricardo ou encore J.S. Mill), n'ont jamais réalisé un graphique dans leur ouvrage fondateur. *Stricto sensu* il est possible d'invoquer les circuits de Quesnay (1758), l'utilité de Bernouilli (1738), les prix naturels de P. du Pont de Nemour dont la courbe ressemble à celle des rendements décroissants utilisée par von Thünen, le graphique de G. Silio (1792), le triangle de la demande bien de G. Garnier (1796) ou encore le graphique de taxation de T. Perronnet Thompson (1830). Cependant le premier économiste à avoir placé les graphiques au centre de son analyse est, selon Blaug et Lloyd, A. Cournot (1838) pour *ses graphiques d'offre et de demande.* Ils contredisent ainsi Keynes, qu'ils citent, qui attribuait à Marshall le titre de fondateur de l'économie graphique moderne (« founder of modern diagrammatical economics »).

La suite de l'introduction concerne l'éponyme, pratique qui consiste ici à associer à une découverte scientifique, un graphique par exemple, le nom de son auteur ou découvreur. Pour les graphiques économiques, cette pratique s'avère trompeuse en général. Blaug et Lloyd invoquent alors le sociologue R. Merton qui avance l'hypothèse selon laquelle les découvertes étaient dans l'esprit du temps et non pas le résultat d'un unique génie.

Venons-en au cœur de l'ouvrage : parlons de sa construction puis de son contenu. Comme nous l'avons dit, l'ouvrage se divise en trois parties : une consacrée à l'équilibre partiel intitulée « Single market analysis (partial equilibrium) », une autre consacrée à l'équilibre général intitulée « General equilibrium analysis » et une dernière consacrée à la macroéconomie intitulée « Macroeconomics » couvrant ainsi, au moins en apparence, l'ensemble de la discipline. Chaque partie est divisée en deux ou trois sous-parties. Ainsi la partie concernant l'équilibre partiel comprend une sous-partie sur les outils de base, une autre consacrée à l'économie du bien-être et la troisième consacrée à l'analyse de marchés spécifiques. La seconde partie comporte deux sous-parties l'une consacrée aux outils de base de l'équilibre général et une autre consacrée aux théories du commerce international. Enfin la troisième partie comporte deux sous-parties : l'une consacrée à la macroéconomie de court terme et l'autre principalement à la théorie de la croissance.

Cette classification habituelle permet de regrouper par thèmes proches des contributions très hétérogènes tant par leur forme que par leur fond. Cette classification utile est ici parfois artificielle. On peut par exemple trouver surprenant de trouver un concept d'équilibre (« Nash equilibrium » [11]) et l'équilibre de Cournot (« Duopoly reaction curves » [17]) dans deux sections distinctes. Il est tout aussi curieux de trouver l'article « Kinked demand curves » [19] dans la section consacrée à l'*économie du bien-être* quand on sait son importance en macroéconomie pour expliquer la présence de rigidités nominales. Curieux également le choix de classer l'article « The theory of second and third best » [38] dans la partie consacrée aux *outils basiques de l'équilibre général* et non celle à *l'économie du bien-être*.

L'hétérogénéité des articles se manifeste tout d'abord dans le choix des graphiques mais aussi dans leur traitement. Certains auteurs privilégient les aspects historiques (« Monopolistic competition » [18] par exemple) tandis que d'autres se concentrent davantage sur les aspects analytiques (« Nash equilibrium » [11] par exemple). Si des thèmes se prêtent aisément au traitement historique tant les graphiques présentés sont datés (« Circular flow diagram » [29], « Cobweb diagrams » [23], ou encore « Location theory : the contributions of von Thünen and Lösch » [21]), on peut cependant regretter que les aspects analytiques soient parfois relégués au second plan comme dans l'article « The IS-LM Diagram » [47] qui n'évoque ni l'équilibre du marché des fonds prêtables ni de la contrainte de rentabilité des firmes. La remarque vaut à l'inverse pour des articles strictement théoriques comme « Nash equilibrium » [11]. Peut-être que ces articles auraient gagnés à être écrits « à deux mains ». L'hétérogénéité des articles se manifeste ensuite par leur fond : graphiques empiriques et graphiques mathématiques, graphiques théoriques et graphiques « critiques », tous se côtoient reflétant ainsi la grande diversité des économistes sur la manière de concevoir la discipline.

Des graphiques empiriques tels que « The UV or Beveridge curve » [51] qui connaît une seconde vie grâce aux travaux sur la recherche de travail ou encore « The Phillips curve » [50] présenté ici sous tous ses aspects théoriques ou encore « Kuznets curve » [58] sont réunis avec « Graph theory and network » [28] ou encore « The unit simplex » [30] si utile pour prouver l'existence de l'équilibre général, ou encore « The phase diagram technique for analysing the stability of multiple-markets equilibrium » [37] plus historique néanmoins que technique.

La grande majorité des articles présente de manière précise les aspects théoriques du graphique avec une mise en perspective historique répondant davantage peut-être ainsi aux attentes des éditeurs. On peut alors distinguer deux types de contributions : le premier type consiste à expliquer une théorie dans son contexte historique et le second type consiste à rappeler des contributions critiques.

Concernant le premier type, on peut citer à cet égard par exemple, « Rent-seeking diagrams » [26] ou encore « The taxation of external costs» [15] ou encore «Classification of technical change»[10]. Dans le même esprit de présentation théorique, on peut encore constater qu'une grande partie des graphiques est consacrée à la théorie du commerce international. La partie consacrée à l'équilibre général en atteste avec une sous-partie entière dédiée au commerce. Mais d'autres articles en font références explicitement avec la théorie de Stopler–Samuelson comme «Production possibilities frontiers»[33], «The factors price frontiers» [35] ou encore «Pareto efficiency» [36]. En revanche l'économie publique et du bien-être et la macroéconomie sont traitées avec plus de parcimonie malgré la présence de deux sous-parties leur soient consacrées.

Concernant le second type d'articles, des articles plus polémiques rappellent également quelques lignes de fractures entre économistes. Deux font références aux deux problèmes fondamentaux d'agrégation : celle des préférences et celle des biens capitaux et l'autre concerne l'interprétation de la théorie keynésienne à partir des modèles à prix fixes.

«Community indifference curves and the Scitovsky "paradox"» [14] illustre le problème d'agrégation des préférences. Il repose fondamentalement sur le paradoxe d'Arrow, curieusement non cité, dont Scitovsky avait réalisé une illustration graphique dès 1941. Il dit qu'il est impossible de classer des états de l'économie respectant les préférences individuelles. Scitowski montre qu'il n'est pas possible de comparer deux états de l'économie même si l'on permet des transferts pour compenser des perdants afin que leur bien-être initial soit au moins préservé. La présentation du paradoxe repose explicitement sur la non possibilité de construire une fonction d'utilité sociale, via des courbes d'indifférence, qui satisfasse les préférences des agents.

«Reswitching and reversing in capital theory» [24] rappelle qu'il n'existe pas toujours de lien monotone entre rendement du capital et la technique de production. Si le taux d'intérêt baisse, des anciennes techniques de production, moins capitalistiques, peuvent ré-apparaître ce qui n'est pas possible avec une fonction de production dite néo-classique avec capital homogène, ce qui limite son usage.

Enfin «The aggregate demand aggregate supply diagram» [49], dernier article polémique, porte sur une critique du modèle keynésien à prix fixe et apporte une réponse à cette critique. Cette critique ancienne selon laquelle le modèle de Hicks ne reflète pas la pensée keynésienne s'exprime ici sous une forme un peu différente selon laquelle la « demande agrégée » et l'« offre agrégée » ne reflètent ni la demande ni l'offre de l'économie à proprement parler. Cette construction graphique prend en effet en compte simultanément des équilibres de plusieurs marchés ce qui n'est pas pédagogique.

Ce livre parcours l'économie de manière originale et instructive. Les éditeurs atteignent ainsi leur objectif sur leur volonté à porter à notre connaissance l'origine historique de la construction des graphiques. En effet, il faut lire ce livre davantage comme un ouvrage d'histoire de la théorie qu'un livre théorique. Même si quelques articles sont purement théoriques, la plupart d'entre eux consacrent une large part aux aspects historiques sans que le titre de l'ouvrage en fasse état. La quantité d'informations contenues dans ce livre est grande. Les articles consacrés aux théories du commerce sont par exemple très instructifs et mettent l'accent sur le rôle structurant de la théorie de l'équilibre général si utile à l'analyse. On se laisse également facilement convaincre par le message initial des auteurs à savoir que l'histoire de la théorie est utile pour comprendre plus en profondeur les théories actuelles.

Cet ouvrage aurait cependant gagné à intégrer d'autres graphiques importants. Quelques exemples parmi d'autres : la croissance selon Ramsey, l'équilibre de Stackelberg, le dualisme de Lewis, la théorie du salaire d'efficience de Shapiro-Stiglitz, et le rationnement du crédit de Stiglitz-Weiss et les asymétries d'information en général, qui s'illustrent tous sous la forme de graphiques, sont absents de cet ouvrage.

BULLETIN D'ABONNEMENT

Revue de Philosophie Économique

Je soussigné(e), M./Mme

Nom :... Prénom : ....
Institution :...................................... N° TVA : ....
Rue : .... Numéro :...
C.P. :............... Ville : .... Pays : ....

commande :

au prix de 50 euros TTC (frais de port inclus) pour la France et de 55 euros TTC (frais de port inclus) pour l'étranger

.... abonnement(s) annuel 2013 à la *Revue de Philosophie Économique* (deux numéros par an).

au prix de 30 euros TTC (frais de port en sus)

.... ex. du numéro 1, vol. 14, juillet 2013, *Critical Realism in the Social Science, Agency and the Discusive Self*, 978-2-7116-5208-2
.... ex. du numéro 2, vol. 13, décembre 2012, *Varia*, 978-2-7116-5207-5
.... ex. du numéro 1, vol. 13, juillet 2012, *Experimental Economics: Some Methodological Aspects*, 978-2-7116-5206-8
.... ex. du numéro 2, vol. 12, décembre 2011, 978-2-7116-5205-1
.... ex. du numéro 1, vol. 12, juillet 2011, 978-2-7116-5204-4
.... ex. du numéro 2, vol. 11, décembre 2010, 978-2-7116-5203-7
.... ex. du numéro 1, vol. 11, juillet 2010, *Markets, Governance and Human Development*, 978-2-7116-5202-0
.... ex. du numéro 2, vol. 10, décembre 2009, 978-2-7116-5201-3
.... ex. du numéro 1, vol. 10, juillet 2009, *Enjeux éthiques en économie de la santé*, 978-2-7116-5200-6
.... ex. du numéro 2, vol. 9, décembre 2008, 978-2-7117-3511-2
.... ex. du numéro 1, vol. 9, juillet 2008, *Démocratie d'entreprise*, 978-2-7117-3510-5
.... ex. du numéro 14, 2006/2, 978-2-7117-3507-5
.... ex. du numéro 13, 2006/1, 978-2-7117-3506-8
.... ex. du numéro 9, 2004/1, *Le concept d'identité*, 978-2-7117-3502-0
.... ex. du numéro 8, 2003/2, 978-2-7117-3501-3
.... ex. du numéro 7, 2003/1, *Autour de John Rawls*, 978-2-7117-3500-6

Paiement :

- ❒ par chèque vancaire à l'ordre de « Librairie Philosophique J. Vrin » (joindre le chèque au bulletin d'abonnement)
- ❒ par règlement administratif (joindre le bon de commande au bulletin d'abonnement)

Date : .... Signature

À renvoyer à : Librairie Philosophique J. Vrin
À l'attention de Frédéric Mendès – fmendes@vrin.fr
6 place de la Sorbonne
75005 Paris – France